JN164417

組織行動　組織の中の人間行動を探る

ORGANIZATIONAL BEHAVIOR

著・鈴木竜太
　　服部泰宏

有斐閣ストゥディア

はしがき

　組織と関わっている人であれば，誰でも，「なぜこんなことが起こるのだ」という事態に出くわしたことが，一度や二度ならずあるだろう。昨日まで気分よく働いているように見えた人が，突然に会社を辞めてしまう。マネジャーとして一生懸命に動き回り指示を出しているのに，一向に業績が上がらない。そうかと思うと，マネジャーは何もしていなさそうなのに雰囲気がよく，みなが自発的に動く職場がある。

　このように，組織の中の人間行動には，一見不可解に思われることがある。しかし，不可解と感じる理由のほとんどは，自身の経験からその人間行動を捉えようとするからである。たとえば，マネジャーに厳しく育てられて今がある人は，仕事を厳しく評価され続けると無力感を感じて行動を起こせなくなってしまう場合があるということに，思いが至りにくい。あるいは，自分というアイデンティティを強く持っている人は，組織のアイデンティティを強調することによるマネジメントの効果に懐疑的になるだろう。

　組織にはさまざまな人々がいる。そして，そうしたさまざまな人々の，さまざまな行動によって，組織は活動する。組織をマネジメントする人が，このことを理解しなければ，円滑な組織運営は難しい。また，そのような立場にない人であっても，自分の経験という眼鏡だけで他者の行動を理解するのではなく，理論的な眼鏡によって理解しようとすることで，自らの仕事をより効果的に行えるようになるのではないだろうか。

　本書は，組織の中の多様な人間行動を理解するためのテキストである。こうした組織の中の人間行動に関する理論は，経営学では組織行動論（organizational behavior）と呼ばれている。本書は2部に分かれており，第**1**部では組織の中の個人の行動に焦点を当てる。ここでは，組織と個人との関係および個人と仕事との関係の中での人間行動に関わる理論を紹介している。第**2**部は集団と組織のマネジメントとして，集団内・集団間に特有の行動に関わる理論，およびリーダーシップなど個人や集団の行動をいかにマネジメントしていくかに関す

る理論を紹介する。

　第1章から第12章は，集団や組織の中で起こりうる不可解な事象を描いたSITUATION PUZZLEから始まっている。これらの事象は，ある読者にはすぐにその理由がわかるかもしれないし，まったく理由が想像つかないという読者もいるかもしれない。いずれにせよ，各章を読み始めるとき，それぞれの事象について少しだけでもその理由を考えた上で続きを読み進め，章の内容を理解するのと並行して，最初に示された不可解な事象を解きほぐしていくようにしてもらいたい。といっても，1つ1つの事象には答えとなるような決まった理由があるわけではないし，そもそも答えを当てることが目的なのではない。事象を通して理論を理解し，また，現実の事象を理論的に理解する術を，身につけてもらいたいのである。

　各章では，要所要所で「A ⟶ B」といった形で因果関係を図式的に示している。組織行動論は，基本的には組織の中の人間行動をめぐる因果関係を理解しようとするものである。このようにしてシンプルに因果関係を図示することにより，その章（あるいは節）が何について述べているかを理解する助けになればと考えている。ただ，その際には，その因果関係の図式そのものを覚えるのではなく，要素と要素の間をつなぐ「⟶」が示す論理を理解してもらいたい。

　本書は新しい学説を二人で発表しようなどといった野心的な思いをもって書かれたテキストではない。組織行動論という魅力的で実際的な学問分野への関心を少しでも高められないかという，ささやかな思いをもって書かれた初学者向けのテキストである。学問に限らず，自分たちが面白いと思うものを他人にも面白いと思ってもらうのは難しい。本書の執筆を通じて，私たち筆者もそう感じることが多かった。しかし，組織の中の人間行動という，誰もが経験しうるごく身近な現象についての理論を理解することは，まさに日常の謎解きであり，有益であるとともにわかる喜びを与えてくれるものであると考えている。このテキストを通して，組織行動論に興味を持つ人が一人でも多くなれば幸いである。

　私たちをこの組織行動論の世界へと誘ってくださったのは，筆者二人の恩師

である金井壽宏先生である。私たちは先生と接する中で，組織の中の人間行動を理解することの面白さを知った。改めて先生に心より感謝申し上げたい。また，本書を上梓するにあたり，最初にこのような執筆の機会を私たちに持ってきてくださった尾崎大輔氏（現，日本評論社）と，書籍をまとめる段階においてさまざまなサポートを迅速にしていただいた有斐閣の得地道代氏に，大変お世話になった。記して感謝したい。

    2019年3月

著　者

著者紹介

鈴木　竜太（すずき・りゅうた）　　　　　　　　　　　　序章，第 1, 3, 4, 6, 7, 8 章

神戸大学大学院経営学研究科教授，博士（経営学）（神戸大学）

1994 年，神戸大学経営学部卒業。1996 年，神戸大学大学院経営学研究科博士前期課程修了，99 年，同後期課程修了。静岡県立大学経営情報学部助手を経て，2001 年，同専任講師。2005 年，神戸大学大学院経営学研究科助教授。2013 年より現職。

主要著作　『組織と個人：キャリアの発達と組織コミットメントの変化』（白桃書房，2002 年；経営行動科学学会優秀研究賞受賞），『関わりあう職場のマネジメント』（有斐閣，2013 年；日経・経済図書文化賞，組織学会高宮賞（著書部門）受賞），『経営組織論』（東洋経済新報社，2018 年），など。

服部　泰宏（はっとり・やすひろ）　　　　　　　　　　　第 2, 5, 9, 10, 11, 12 章，終章

神戸大学大学院経営学研究科教授，博士（経営学）（神戸大学）

2004 年，関西学院大学経済学部卒業。2006 年，神戸大学大学院経営学研究科博士前期課程修了，09 年，同後期課程修了。同年，滋賀大学経済学部専任講師，2011 年，同准教授。2013 年，横浜国立大学大学院国際社会科学研究院准教授。2018 年，神戸大学大学院経営学研究科准教授。2023 年より現職。

主要著作　『日本企業の心理的契約：組織と従業員の見えざる約束』（白桃書房，初版：2011 年，増補改訂版：2013 年），『日本企業の採用革新』（共著，中央経済社，2018 年；日本労務学会賞（学術賞）受賞），『組織行動論の考え方・使い方：良質のエビデンスを手にするために』（有斐閣，初版：2020 年，第 2 版：2023 年；組織学会高宮賞（著書部門）受賞），など。

目　次

CHAPTER 0　序章　組織行動論を「学ぶ」ということ　　1

1. 組織行動論の学問としての特徴 ………………………… 3
2. 組織行動論が念頭に置く3つの行動 …………………… 6
3. 組織行動論を学ぶ意義 …………………………………… 9
4. 組織行動論の学び方 ……………………………………… 11

第1部　組織の中の個人

CHAPTER 1　行動を駆動する力　　17
ワーク・モチベーション

1. モチベーションの構造 …………………………………… 18
2. 多様な欲求 ………………………………………………… 21
   マズローの欲求階層説（22）　　ERG 理論（24）
3. 仕事におけるモチベーション ▶より高次の欲求への注目
   ……………………………………………………………… 25
   モラールの発見：ホーソン工場実験（26）　　より積極的に働く人々：X 理論と Y 理論（26）　　達成欲求（27）
4. 満足は成果をもたらすのか ……………………………… 30
   ハーズバーグの 2 要因理論（30）　　ハッピー・ワーカー仮説（32）

CHAPTER 2 やりがいの設計　　　　　　　　　　　　　　　35
職務設計と内発的動機づけ

1　報酬と動機づけ …………………………………… 37
仕事のそのものの中に宿る面白さ・楽しさ（37）　ソマパズルによる実験（37）　外的報酬の功罪とアンダーマイニング効果（39）　重要なのは報酬の与え方（42）

2　内発的動機づけを引き出す組織的取り組み ………… 42
「やりがい」のある仕事の構成要素（42）　ハックマンとオルダムの職務特性モデル（43）　個人を動機づける職務のポテンシャル（45）　職務の「再」設計（47）

CHAPTER 3　やる気を引き出す評価　　　　　　　　　　　53
公平理論と組織的公正

1　業績の評価 ……………………………………… 54
何を誰が評価するのか（56）　評価におけるエラー（60）

2　報酬のシステム ………………………………… 62
報酬の種類（62）　報酬を決める要素（63）

3　評価と報酬の公平性 …………………………… 65
分配的公正（66）　手続き的公正（66）　組織的公正の影響（68）

4　チームの業績評価 ……………………………… 69

CHAPTER 4　組織とのよき出会い　　　　　　　　　　　73
採用の意思決定

1　募集と選抜 ……………………………………… 75
採用活動の2つの側面（75）　募集のポイント（75）　魅力を伝える場としての選抜（76）

2 採用におけるマッチング ……………………………… 77

マッチングの2つの側面（77） 期待のマッチング（78） 能力のマッチング（79） リアリスティック・ジョブ・プレビュー（80）

3 仕事と企業の選択 ……………………………………… 83

企業・仕事を決めるプロセス（83） 仕事選択に影響を与える要因（85）

4 よい人材とよい採用 …………………………………… 87

CHAPTER 5　組織に馴染むプロセス　91
組織社会化

1 組織社会化とは ………………………………………… 93

会社組織の2面性（93） 組織社会化の定義（94） 組織社会化の中身（96） 「馴染む」とは（96）

2 社会化の3つの主体　▶組織，個人，社会 …………… 97

組織による社会化（社会化戦術）とは（97） 新人自身や社会による社会化（99） 予期的社会化とリアリティ・ショック（101）

3 社会化のネガティブ・サイド ………………………… 103

4 リアリティ・ショックが促進するキャリア発達 ……… 104

CHAPTER 6　組織と個人の約束　109
心理的契約と離職モデル

1 心理的契約とは ………………………………………… 111

心理的契約の定義（111） 心理的契約に含まれるもの（112） 契約の不完備性（113）

2 心理的契約の中身 ……………………………………… 114

取引的契約と関係的契約（115） 契約内容を決める要因

　　　　（116）　　契約内容による成果（117）

3　契約の不履行・違反 ……………………………………… 118
　　　契約違反はやっぱりまずい（118）　　心理的契約が人々の態度・行動に与える影響（120）

4　転職・離職 ………………………………………………… 122
　　　移動の願望と移動の容易さ（122）　　離職・転職の展開モデル（123）

第2部　集団と組織のマネジメント

CHAPTER 7　マネジャーの仕事　　　　　　　　　　　　　　　129
モチベーション論とリーダーの行動

1　モチベーションのプロセス ……………………………… 131
　　　古典的なモチベーションのプロセス理論（132）　　期待理論の考え方（133）　　期待理論のプロセス・モデル（134）

2　モチベーションを高めるリーダーシップ ……………… 137
　　　古典的なリーダーシップの行動論（137）　　リーダーシップの2つの行動（137）　　リーダーシップの行動と期待理論（139）

3　状況に応じたリーダーシップ …………………………… 141
　　　リーダーシップのコンティンジェンシー理論（141）　　状況好意性の影響（142）　　パス゠ゴール理論（144）　　リーダー行動が効果を発揮する状況（146）　　4つのリーダー行動の影響（147）　　リーダーシップ実践の難しさ（148）

4　リーダーの2つの働きかけ ……………………………… 150
　　　リーダーシップの成果とは（150）　　集団の成果を高める論理（151）

CHAPTER 8　組織を動かすリーダー　　155
変革型・カリスマ型リーダーシップ

1 変革型・カリスマ型リーダーシップ …………… 157
　カリスマ型リーダーシップ（**157**）　　フルレンジ・リーダーシップ（**159**）

2 変革型・カリスマ型リーダーの影響 …………… 161
　変革型・カリスマ型リーダーシップがもたらすモチベーション（**161**）　　リーダーシップによる組織文化の定着（**163**）

3 フォロワーの主体性をもたらすリーダーシップ …… 165
　リーダーシップの2つのモード（**165**）　　倫理的リーダーシップ（**167**）　　暗黙のリーダーシップ論（**169**）

4 リーダーシップ・スタイルの3つの考え方 ………… 171

CHAPTER 9　集団の持つ力　　175
グループ・ダイナミクス

1 集合知のパワー ………………………………… 177

2 より複雑な状況における意思決定 ……………… 182
　集団決定 vs. 個人合計（**182**）　　3種の協働（**182**）

3 集団的な協働に潜む諸問題とその解決 ………… 184
　連接的・離接的協働に潜むグループ・ダイナミクス（**184**）　　集団の問題の克服（**188**）

4 多様性のマネジメント　▶多様性を力に変えるために
　　………………………………………………… 189
　多様性のバリエーション：表層と深層（**189**）　　フォルトライン（組織の断層）（**191**）

CHAPTER 10 もめごとを乗り越える　　195
コンフリクトと交渉

1 コンフリクトとは ………………………………… 197
組織につきもののコンフリクト（**197**）　　コンフリクトの意外な効用（**198**）

2 コンフリクトの解決方法 ………………………… 200

3 創造的解決手段としての交渉 …………………… 204
マネジャーの交渉フィールド（**204**）　　交渉のバリエーション：分配型と統合型（**205**）　　交渉における7つの落とし穴（**207**）

CHAPTER 11 貢献を引き出す関わり合い　　215
文化とコミットメント

1 組織の存続の難しさ ……………………………… 217
組織の存続につながる3つの行動（**217**）　　組織と個人の根本的なズレ（**220**）

2 組織に居続け，努力し，革新を起こす行動を説明するコミットメント ………………………………… 221
3つの関わり合い：コミットメントの3次元モデル（**221**）　　3つのコミットメントがもたらす行動の共通点・相違点（**224**）

3 コミットメントを引き出す文化 ………………… 228
コミットメントを引き出す諸要因（**228**）　　組織文化とは（**229**）　　強い組織文化の弊害（**230**）　　組織は文化を「保存」したがる（**230**）

CHAPTER 12 「私らしさ」と「我々らしさ」　　235
組織アイデンティティ

1 「私らしさ」とは ……………………………… 237
「私らしさ」をめぐる探求（238）　アイデンティティとパーソナリティ（239）　「私らしさ」は，社会的？（239）

2 「我々らしさ」とは ……………………………… 240
組織アイデンティティとは（240）　アイデンティティと組織アイデンティティ（241）

3 組織アイデンティティと組織イメージ ……………… 245
「我々らしさ」の形成（245）　「我々らしさ」の変化（247）

4 組織アイデンティティの影響 ………………………… 250
組織アイデンティティによる意味提供（250）　「我々らしさ」の呪縛（251）

CHAPTER 13 終章　組織行動論を「使う」ということ　　255

1 how と what と why ……………………………… 257

2 可変的な how，安定的な what と why ……………… 258

3 組織行動論の挑戦は続く ………………………… 261
プロアクティブ行動（261）　創造性（262）　スター社員（262）　従業員のウェルビーイング・幸福・健康（263）　倫理の問題（263）

4 組織行動論には終わりがない ……………………… 264

参考文献一覧　267

索　引　271
事項索引（271）　人名索引（278）

Column 一覧

❶ 社会の本質に迫る「モデレータ」という視点　48
❷ 信頼性と妥当性　58
❸ 制約された合理性モデル：満足化原理による意思決定　84
❹ アメリカのコミューンにおける社会化戦術　98
❺ 鍵を握る多様性予測定理と認知的多様性　181
❻ 集団浅慮が引き起こした世紀の大惨事　186
❼ 古典落語の世界に見る「妥協」　202
❽ 組織市民行動　219
❾ 次元とは　226
❿ 機能主義と解釈主義　244
⓫ ダットンとデュークリッチによるケース・スタディ　248

本書のコピー，スキャン，デジタル化等の無断複製は著作権法上での例外を除き禁じられています。本書を代行業者等の第三者に依頼してスキャンやデジタル化することは，たとえ個人や家庭内での利用でも著作権法違反です。

CHAPTER

序 章

組織行動論を「学ぶ」ということ

とある大学のそばの静かな喫茶店。ここでアルバイトをしている経営学部生・ショウゴとカナコは，お客さんが少ない時間帯に，新学期の時間割について情報交換と作戦会議をしているところです。2人とも単位がとれることがまず大事だと考えてはいるのですが，できればその中でも面白い科目を受講したいとも贅沢に考えているところです。気になっている科目は「組織行動論」。でも，いったいどんな内容で，何が学べる科目なのか，シラバスを見てもピンときません。そこへ，最近よくこの店に来るお客さんが，声をかけてきました。

ショウゴ　この組織行動論って，いったいどんな授業なんだろう？　この先生，去年はいなかったよね。単位とりやすいかなぁ？

カナコ　それはわからないけど，組織の中の人間行動に関する学問だって書いてあって，なんだか面白そうな気がする。直感だけど。

お客さん　お，2人とも時間割の検討かい？　「組織行動論」を履修しようか考えているのかい？

ショウゴ　へぇ，お客さん，組織行動論のことを知っているんですか？　（小声で）人は見かけによらないな。

カナコ　失礼よ！　すみません……あの，でも何か知ってたら教えてください。そもそも組織行動論で何をやるんですか？　面白そうな気はするんですけど，この先生のシラバス，聞いたことのない言葉が多くてよくわからないんです。

お客さん　なるほどね。じつは，僕の仕事は組織行動論に関係あることなんだ。答えられる範囲で教えてあげよう。ところで2人は，「ウミガメのスープ」という話を聞いたことがあるかい？

ショウゴ・カナコ　聞いたことないです。

お客さん　これは，いわゆるシチュエーション・パズルと呼ばれる推理ゲームの1つなんだけど，ある男が海の見えるレストランでウミガメのスープを食べるんだ。そこで男はウェイターを呼んで，「これは本当にウミガメのスープですか」と間違いなくウミガメのスープであるかを確認した。その後，お勘定を済ませた男は，その日に自宅で自殺をしてしまう。いったいなぜかという理由を，Yes／Noの質問をしながら推理するというゲームなんだ。

ショウゴ　それ面白そうですね。で，それが組織行動論とどういう関係があるんですか？

お客さん　組織行動論は，組織の中の人間行動を理解する学問，つまり，組織の中で起こるさまざまな人間行動がなぜ起こるのか，ということを理解する学問

なんだ。たとえば、なぜある職場でみんな仕事のやる気がなくなっちゃったんだろう、とか。組織行動論は、こういう組織の中での「ウミガメのスープ」問題を考えるのに役立つ学問なんだよ。

ショウゴ・カナコ　え、どういうことなんですか？

1　組織行動論の学問としての特徴

　組織行動論は，英語では organizational behavior といい，組織における人間行動に関する理論を指します。人間行動に注目していますから，取り扱うのは組織の中で活動する個人あるいは集団です。こうした組織の中の人間行動を理解しようとするのが，組織行動論の目指すところです。

　では，組織行動論は，学問としてどのような特徴や意義を持っているのでしょうか。以下でもう少し詳しく見ていくことにしましょう。

　組織行動論の考え方の特徴は，図序.1 にあるように，因果を考えるところにあります。つまり，ある要因が組織の中の特定の人間行動に与える影響の因果関係を考えるということです。たとえば，マネジャーのある行動が組織で働く人の働く意欲（行動や態度）へ及ぼす影響を考える，といったふうになります。重要な点は，組織行動論では，その関係のあるなしを単に理解しようとするだけでなく，なぜ因果関係があるのか（あるいは，ないのか）についても考えるということです。

　この二者の関係を説明するのが，組織行動論のいくつかの理論ということになります。たとえば職場において，給料が高くなればなるほど，そこで働く人の満足も高くなるとは限らないのです。なぜなら，もし自分より働いていない人も同じように（あるいは自分以上に）給料が高ければ，自分はもっともらえるべきだという不満につながるからです。こうしたことは，モチベーションの公

CHART　図序.1　因果関係を考える

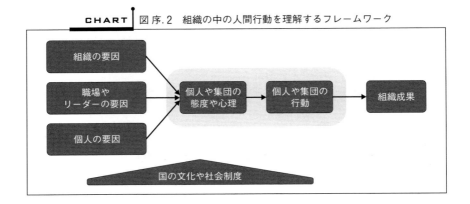

図序.2　組織の中の人間行動を理解するフレームワーク

平理論（▶第**3**章）で説明することができます。

　このような組織の中の人間行動を理解しようとする組織行動論は，社会心理学や心理学の理論や考え方をベースにしたものがほとんどです。その点では，産業組織心理学と呼ばれる学問と重なるところが多い分野でもあります。ただ，組織行動論は，組織の中の人間行動を対象とし，経営学の中に位置づけられているため，組織の経営制度や，属する産業の特性，組織がある国の文化が及ぼす影響などについても考えることがあります。また，行動の結果としての組織成果との関係にも注目します。したがって，組織の中の人間行動を理解するフレームワークは図序.2のように描くことができます。

　図序.1では，「要因X →（個人や集団の）行動や態度」としていましたが，ここではより分解して態度と行動を分けて考えましょう。態度とは，ある物事に対する姿勢や構え方を指します。このような態度が，行動に影響を与えます。たとえば，仕事へのやる気という態度が，残業時間というような実際の仕事行動に影響を与える，といったことが考えられます。

　もちろん，態度と行動は常に1対1で対応するとは限りません。組織への愛着という態度は，勤勉に働くという行動にも影響を与えますし，仕事における発言といったことにも影響を与えると考えることができます。組織行動論には，こうした態度と行動の関係についての研究も数多くあります。また，組織行動論では，個人だけでなく集団の態度や行動を扱うこともあります。たとえば，集団の仲のよさという態度は集団内での助け合いに影響を与えると考えられますが，これは集団の態度と行動の関係ということができます。もちろん，集団

の態度がその集団に所属する個人の個別の行動に影響することも，十分に考えられます。

　このような態度や行動に影響を与える要因は数多くありますが，ここでは3つに分けて考えてみることにしましょう。すなわち，組織の要因，職場やリーダーの要因，そして個人の要因です。

　組織の要因には，組織の制度や構造，組織理念といったものが含まれます。時間給と歩合給では働く人の行動は異なってきますし，何ごとも上位者の判断を仰がなければならない集権的な組織と現場での裁量が大きい分権的な組織でも，そこで働く人々の行動は異なってきます。

　職場や職場を預かるリーダーの要因には，仕事の構造やリーダーの行動などが含まれます。仕事の構造にはいろいろありますが，たとえば，みなで協力しなければならないような仕事の構造と，それぞれが自分のやり方で進めてよいような仕事の構造では，人々の仕事に対する態度や行動は異なってくるでしょう。リーダーに関してはいわずもがなですが，職場のリーダー次第でその職場の人々のやる気や行動が変わるのは自然なことです。

　個人の要因とは，その人が持っている特性や属性のことを指しています。特性としては性格やパーソナリティなどがあげられますし，属性としては性差や年齢などがあります。たとえば，教えるという行動に関しては，当然ながら年齢が高い人ほど職場の仲間に教える機会が多くありますし，反対に，学ぶという行動をとる機会は年齢が低い人のほうが多いでしょう。もちろん，その論理はさまざまです。また，国の文化や社会制度も，個人の態度や行動，あるいはそれに影響を与える要因，さらにはそれらの関係に影響を与えます。

　最後に，個人のさまざまな行動が，組織成果に影響を与えます。組織の成果といってもさまざまであることから，両者の関係は単純ではありません。行動によっては，成果につながることもあれば，つながらないこともあります。たとえば，いろいろな意見や発言があるということは，多くのアイディアがあることが成果につながるようなときにはプラスに働きますが，一方で，効率的に物事が進まず時間がかかってしまう原因にもなります。よりよいアイディアよりも，とりあえず見える成果を出すほうが大事な場合，発言を促すことは，かえって組織成果を減退させてしまうのです。

組織行動論では，このようなフレームワークの中で，それぞれの個別の因果について理論が生み出され，その関係が日々研究されているのです。

カナコ　なんか，組織行動論の考えていることが少しわかってきたような気がします。なぜ組織の中で人がこのような行動をとるかがわかることで，組織の中の人々をうまく動かすことができるんですね。

お客さん　そういうことなんだよ。ある特定の行動をする人の特徴や状況がわかり，その理由がわかれば，そのような状況をつくれば，そういう人たちを適切にマネジメントできるということになるわけだよ。だけど，本当に大事なのはXではなくて，なぜXがYに影響するかという理由（ロジック）なんだよ。なぜなら，一見同じように見える経営現象でも，まったく同じということはほとんどないからね。勉強方法だって，英語の成績アップにはボキャブラリーを増やすことが欠かせないけど，その方法は，単語帳を使ったり，繰り返し長文を読んだりと，たくさんあるよね。

ショウゴ　でも，組織の中で必要とされる行動って，それこそ無数にあるんじゃないですか？　それを1つ1つ明らかにするのはとても難しいように思うし，実際にうまくマネジメントなんてできるのかなぁ？

お客さん　たしかにそうだね。仕事における行動は無数にある。でも，組織の中での行動は大きく3つに分けることができるんだよ。

組織行動論が念頭に置く3つの行動

　組織において組織メンバーに求められる行動は，大きく3つあります。組織に所属し，居続けてもらう行動（参加），役割を果たす行動（役割内行動），そして役割を超えた行動（役割外行動）です。組織行動論は，この3つの行動を引き出すために，どのようなXを用意したらよいかを考えるわけです。

　まず，組織に所属し，居続けてもらう行動の代表的なものに，離職や転職があります。離職や転職をしない行動というほうが正しいかもしれませんが，ややこしいので，ここでは離職や転職としておきましょう。離職や転職に関係するXがわかれば，それによって離職や転職を抑えることもできるはずです。組織コミットメント（▶第11章）や心理的契約（▶第6章）といった概念は，離

職や転職に関わる要因と捉えられ，多くの研究があります。

　では，なぜ組織にとって離職や転職を抑えることが重要なのでしょうか。組織メンバーは誰しも，メンバーになったときから組織が期待した通りに活躍するわけではありません。そこで組織は，社会化（▶第5章）という形で，仕事や組織へのよりよい適応を促します。たとえば，仕事のやり方を教えたり，仕事を行う能力に投資したりすることで，新しく入った組織メンバーがいち早く組織の力になるように，さらにはより大きな力を発揮できるように支援します。しかし，離職や転職をしてしまえば，単純にそのようにして仕事ができるようになった人を失うだけでなく，それまでその人にかけられてきたコストも合わせて失うことになるのです。代わりとなる新しい人材がすぐに見つかるかどうかもわからず，人材を探すためのコストや，見つかったとしてもその人材を組織に適応させるためのコストがまたかかります。このように，メンバーが組織に居続けるということ自体が，組織にとっては重要な行動となるのです。とくに近年のように，さまざまな場面で人材不足が顕在化するようになると，そのマネジメントは企業業績にも直結する大きな課題になってきます。

　2つめの，役割を果たす行動とは，メンバーが組織が望む行動をとることを指します。たとえば，マネジャーに命じられた仕事をきちんとこなすというようなことです。組織のメンバーであれば当たり前ではと思われるかもしれませんが，組織にとっては根幹に関わる点です。なぜなら，組織メンバーが組織の指示や思惑通りに動かず，勝手な行動をしてしまえば，組織の目標を達成することが怪しくなるどころか，組織自体が成り立たなくなってしまうからです。また，勝手な行動までいかなくとも，時間を守らない，職場や社内のルールを守らない，あるいは近年よく話題になるハラスメント行動をとるなど，社会人や仕事人として期待されるように行動できないことも，組織活動をしていく上では大いに困ります。このような行動は放っておいて改まるものではなく，むしろきちんとマネジメントしなければ抑制されなくなることも考えられます。

　最後は，役割を超える行動です。これらは，組織活動に必要な行動として役割の中に含まれているのであれば，本来は不要にも思える行動です（組織行動論では，このような行動のいくつかを組織市民行動として取り上げています▶第11章）。しかし，実際の経営の現場では，1人1人が臨機応変に判断し，役割を超えて

行動することが必要な場面が少なくありません。また，経営環境が目まぐるしく変化していく中で，これまで通用していたやり方が通用しなくなっていくこともあります。上司にも適切な答えがわからないような経営課題も出てきます。このような場合には，組織メンバーがそれぞれの役割を超えて，これまでとは異なる解決行動をとらなければならなくなりますし，上司も答えがわからない課題を自分なりに解決していくように部下を仕向ける必要があります。このようなリーダーシップは，役割をきちんとこなさせるようなリーダーシップとは性質が異なり，フォロワーの主体性をもたらすリーダーシップとして取り上げられています（▶第 **8** 章）。

カナコ ショウゴくんにはもう少し役割を果たす行動をしてもらいたいなぁ。この前だって，遅刻したし，貸した本も返してくれないし。

ショウゴ う……こんなところで言わなくたって。

お客さん ショウゴくん，約束を守るのは大事なことだよ。

ショウゴ すいません。気をつけます。

カナコ じゃあ，組織行動論を学べば，ショウゴくんの行動も変えることができるのかしら。それならとっても便利な学問ですよね。私，ほかにも困っていることがいっぱいあるんです。最近サークルの後輩になんだか急に辞めちゃう子が何人かいたし，この間のグループ・レポート課題もあんまりみんなで協力しようって感じがなかったし。そのせいで少し太ってきちゃった。

ショウゴ 最後のはあんまり関係ないんじゃないかなぁ。

お客さん まぁ，学問がすぐに役立つようなことはないかもしれないけど，組織行動論の見方を身につけることが何かを理解するための手がかりになるという点では，組織行動論にも意義があるかもしれないな。たとえば，パソコンに詳しい子は，パソコンが不具合を示したとき，いろいろ試しているうちに直してしまうことがあるだろ。あれは，パソコンの構造をよく理解しているから，エラー・メッセージからその原因に行き当たることができるんだね。同じように，組織行動論を知っていれば，もしかしたらゼミやサークルの人間行動のトラブルについても，なぜそんなトラブルが起こったかは理解することができるし，場合によったら解決できることもあるかもしれないよ。ま，そのためにはしっかり勉強する必要はあるだろうけどね。

3 組織行動論を学ぶ意義

　組織行動論を学ぶ意義は，どこにあるのでしょうか。残念ながら，組織行動論の知識は，文学や芸術のように，知っていることでみなから一目置かれるといったことはあまりないかもしれません。組織行動論を学ぶことの何よりの意義は，実際に使うことによる意義です（▶**終章**）。組織行動論を学び，それを実践することによって，よりうまく組織をマネジメントすることができます。これは，予測と説明という2つの点から，そう言うことができます。

　1つめの予測としての意義とは，実際的な示唆を得たりアクションを起こしたりする上での助けになるということです。第①節で述べたように，組織行動論を理解することによって，より成果につながる組織の中の個人の行動を引き出すことができます。あるいは，成果を押し下げてしまうような行動を抑制することができます。また，組織行動論の理解は，組織の中の個人の行動に関する想像力を豊かにします。あるアクションを起こしたときに，それがいったいどのような個人の反応や行動を引き起こす可能性があるか，その想像力・予測の精度や広さが増すのです。

　実際の組織活動や経営は，単純な世界ではありません。それぞれの個人も，さまざまな考えや価値観を持っています。だからこそ，実際にマネジメントが必要になる場面は，どれも一度切りの現象です。そのような場面場面においては，取り扱い説明書を読むように組織行動論のテキストを見て，単純に対処方法を探せばよいというわけにはいきません。固有の状況の中で，あるアクションやマネジメントが何を起こすのかを想像しなくてはなりません。その想像力が，バラエティに富み，豊かであるほど，それに基づいて考えられるアクションやマネジメントは精緻なものになります。それは，人体に関して，大雑把な，自分の経験による理解だけで治療をすることと，より詳細な，多くの人によって体系化された経験を踏まえた理解に基づいて治療をすることとの違いのようなものです。どの治療をすればどのように回復するか，どの薬を与えればどのように治癒するか，手の打ち方のバラエティと起こりうる可能性の予測に，違

いが出てくるのです。

　もう1つの意義は，説明としての意義です。組織活動をする上で，思い通りに事が運ぶことはほとんどありません。誤算や思いもかけない反応が起こることは決して特別なことではなく，当たり前に起こることです。とくに，リーダーと部下の関係をはじめとする職場や組織での人間関係においては，相手が人間なだけに予想通りにいかないことが多くあります。組織行動論は，上述のように，予測の精度を上げることにも貢献しますが，それでも起こる想定外の結果を説明することにも貢献します。自分のアクションが何をもたらしたのかということは結果からわかりますが，それが想定外だった場合，結果のよしあしにかかわらず，いったいなぜそうなったのかということを考え，説明することは，次のアクションにとって重要になります。なぜならば，それこそが学びにほかならないからです。

　鯖や鮭などの生魚にはアニサキスという小さな寄生虫が付いていることがあり，これを生きたまま口にするとお腹の中で暴れ，激しい腹痛を起こします。鯖などを生で食べて，激しい腹痛になったとき，寄生虫のことを知らなければ，鯖や鮭を生で食べてはいけないという教訓しか得られません。しかし，寄生虫による腹痛であることを理解し，今回は調理の仕方が悪かったのだというように，腹痛を説明することができれば，調理の仕方を変えれば生で食べられるようになることもわかります。これが，説明できることの意義なのです。

ショウゴ　なるほど。さっき理由（ロジック）が大事と言われた意味がわかりました。

カナコ　たしかに，理屈がわかれば打つ手を考えることができるかもしれませんね。あんまり考えずに行動して失敗しちゃうこと，ありますもんね。

お客さん　もちろん普段の生活では，考えずに行動することがあってもいいと思うよ。でも，組織をマネジメントする立場やリーダーとして成果を上げなくてはいけない立場では，そうとばかり言っていられないよね。といっても，あれこれ考えるだけで何もできないのも困るから，やっぱり時には思い切っていろいろとアクションを起こすリーダーやマネジャーであってほしいよね。たとえそれで失敗しても，そのことをしっかり理解できれば必ず次に生きるはずだよ。そういう考え方も，組織行動論で学ぶことができるんだよ。

ショウゴ　なんだかすごい学問のような気がしてきました！

お客さん　まぁそこまで期待してはいけないんだろうけど，そういう意味で組織行動論は実践的な学問の1つということができるだろうね。

4. 組織行動論の学び方

　それでは，組織行動論を学ぶ意義を大きくするためには，どのように学んでいけばよいでしょうか。そのポイントは，つなげて考えることです。これには，複数の理論をつなげて考えることと，具体的な事象と理論をつなげて考えることの，2つがあります。

　先に，具体的な事象と理論をつなげるという点について述べることにしましょう。組織行動論の1つ1つの理論は，抽象的な概念で表現されます。たとえば，仕事へのやりがいや仕事に対して能動的に行動しようという態度は，モチベーションという概念で表現されます。中でも仕事をしていること自体に動機づけられたモチベーションは，内発的動機づけ（内発的モチベーション）と表現されます。また，仕事において，自分で手順ややり方を決められる裁量があったり，自分で計画を立てたりすることができる状況を，仕事の自律性が高い状況だといいます。一方，マニュアルがきちんと用意され，その手順が定まり，裁量の余地が少ない仕事は，自律性が低い仕事だといわれます。この仕事の自律性が高いことは，内発的動機づけを高めるという理論があります（▶第2章）。

　このことを，理論では「自律性 → 内発的動機づけ」という抽象的な概念によって表現します。しかし，仕事の自律性や内発的動機づけという言葉だけを覚えて理解するのではなく，これは，自分の仕事において裁量が少ないことが仕事のやりがいを減じてしまうということをいっているのだ，といったように，より具体的な形で理解してもらいたいと思います。もっというと，「だからやらされ仕事では，やる気が出ないのだな」「自分で計画を立てるほうが，前向きに取り組むのだな」というように，概念を概念のまま理解するのではなく，その理論の持つ意味をさまざまな現実の状況（つまりは自分の生きている世界）

に置き換えて，あるいは反対に，現実で起こっている状況から，理論を理解してもらいたいと思います。このようにして，抽象的な理論と具体的な社会現象を頭の中で何度も往復しながら考えることが，組織行動論をより深く理解する学び方といえます。

　また，1つ1つの理論を理解するだけでなく，それぞれの理論のつながりも考えるように学んでもらいたいと思います。もちろん1つ1つの理論の内容をしっかりと理解することは大事です。しかし，そこで終わるのではなく，複数の理論の関係やつながりを考えながら学んでもらいたいのです。たとえば，ある要因Xはある行動Yをもたらすということが，理論からわかったとします。しかし，他の理論の説明では，同じ要因Xが行動Zをもたらすことが示唆されていたとします。このとき，それぞれを別のこととして理解するのではなく，XはYとともにZももたらすのだというように理解するということです。

　これは，現実の世界を理解するときに，より必要になります。たとえば，組織メンバーのコミットメントを高める，つまり組織への一体感をもたらすことは，メンバーの組織への貢献意欲を高め，業績につながるといわれています。しかし一方で，組織メンバーのコミットメントの高さは，組織への過剰な防衛意識をもたらすことがあり，それまでの組織のやり方に反した新しい試みを実施しにくくする側面もあります。実際の場面では，どちらのメリットを生かすべきか，上司や組織は経営の現状を理解した上でマネジメントの方針を考えなければなりません。

　このように，1つの要因がさまざまな人間行動を引き出すことがあります。しかも，よいことと同時に悪いことを引き出すことも少なくありません。したがって，その要因を生かすのかどうかは，理論の問題ではなく，まさしく現実の問題といえますが，その判断の材料をより豊かに与えるのが理論なのです。熱いものを食べると舌が火傷をすることがある，ということを知っているからこそ，熱々でおいしそうでも私たちは慎重に食べ始めます。まさに，「熱いもの → 火傷」ということを理解しているからこそ，慎重になれるわけですし，少し冷ましてから食べるということをするわけです。

　繰り返しになりますが，組織行動論では，理論と具象を往復しながら理解していくことが重要です。理論を理解するときには，概念や概念と概念の関係を

そのまま記憶するような理解の仕方ではなく，つまりこの理論がいうのはたとえばこういうことだなというように，具体的な場面を想像しながら理解してください。同様に，現象を見るときにも，つまりはあの理論と同じことだな，というように理解することで，より理論への理解が深まるのです。

こうした中で「本当にそうかな」と思うことも出てくるでしょう。それこそが最も大事なことです。理論はたしかに多くの現象を理解する上で助けになりますが，必ずしもすべての現象を理論で理解することができるわけではありません。むしろ現実の世界は，典型的な例は少なく，その例外であふれているともいえます。なぜ理論通りではないのか，なぜあてはまらないことが起こっているのか，そう考えることが，組織行動論のより深い理解につながるはずです。

カナコ それにしてもお詳しいですね。やっぱり仕事でこういうこと使われているんですか？

お客さん そうだなぁ。使うといえば使うかな。

ショウゴ あ，もしかして……

カナコ え，どうしたの，ショウゴくん。あ，たいへん！

お客さん ふふ，どうだい，2人とも。組織行動論は謎解きみたいで面白いだろう？ 面白いと思うなら，ぜひ履修したらどうかな？ 僕も君たちのような学生は嬉しいよ。

ショウゴ やっぱり！ お客さん，この授業の先生?！ えー，カナコちゃん，聞いた？

カナコ ショウゴくん，この授業，私たち来年にならないと受けられない科目みたい。あーあ，せっかく履修する気まんまんなのに。

ショウゴ カナコちゃん，それどころじゃないよ。おじさん，この授業の先生なんだって！ あ，すいません，先生……。

お客さん（先生） はは，じゃあこの先は教室で，とはいかないわけか。なら，よかったらこの本を読んでごらん。もしわからないことやもっと勉強したいことがあれば，ここでもいいし，研究室へ来てくれてもいいからね。幸い留学から帰ってきたばかりで時間があるから，遠慮はいらないよ。おっと，会議が始まっちゃう。ではお代はここに置いておくよ。

第 1 部

組織の中の個人

PART 1

CHAPTER		
	0	
	1	行動を駆動する力：ワーク・モチベーション
	2	やりがいの設計：職務設計と内発的動機づけ
	3	やる気を引き出す評価：公平理論と組織的公正
	4	組織とのよき出会い：採用の意思決定
	5	組織に馴染むプロセス：組織社会化
	6	組織と個人の約束：心理的契約と離職モデル
	7	
	8	
	9	
	10	
	11	
	12	
	13	

CHAPTER

第 1 章

行動を駆動する力

ワーク・モチベーション

SITUATION PUZZLE

> 不満が多いこの職場の業績を上げるには，部下が働きやすくすることがまずは大事だと考えた新任課長のAさんは，5人の部下の仕事における不満を聞き出し，次から次へとその不満を解消していった。パソコンが古いといえば新しいものを総務に買ってもらうよう頼んだり，勤務形態がうまく合わない部下に関しては，人事に掛け合って柔軟に働けるようにしたりした。しかし，不満は減ったものの，この職場の業績は一向に上がらず，部下も今ではややしらけ気味だ。A課長はいったい何を間違えたのだろうか？

カナコ 課長さん，一生懸命，不満を聞いてあげていたのに，かわいそうだなぁ。部下のことを考える，いい課長さんだと思うんですけど，何がダメだったんでしょう？

先生 たしかにそうだね。モチベーションを上げるというのは，簡単なようでなかなか難しいんだよ。

カナコ どうしてなんでしょうか？

先生 それは，人それぞれだからかな。

ショウゴ 先生……，それ言っちゃったら，どうしようもないじゃないですか。なんか勉強する気なくなりました。

先生 いやいや，人それぞれだからこそ，モチベーションを理解する必要があるんだよ。料理人だって，いろんな「おいしい」を知らないと，いい料理人になれないだろう？

ショウゴ う……そりゃそうですね。でもなんか，うまくゴマカされている気がしないでもないなぁ。

1 モチベーションの構造

　私たちは，なぜ働くのでしょうか。もう少しいえば，なぜ一生懸命働こうとするのでしょうか。その答えは簡単なようで難しいものです。
　たとえば，戦後すぐの，誰もが食べるのに困っていた時代には，みな生き延

びるために働こうとしました。その「働くこと」の中には違法行為や犯罪も含まれたかもしれませんが，ともあれ生き延びるために人々は働いたわけです。

ひるがえって今はどうでしょうか。私たちは，「なぜ働くのか」という問いに，多くの答えを考えつくのではないでしょうか。ある人は，家族を抱え，家族の生活を豊かにするために働いているかもしれません。またある人は，自分の趣味に費やすお金を稼ぐために働いているかもしれません。あるいは，働くことが人生そのもののような人もいます。別の見方もできます。今日は早く帰ってやりたいことがあるから日中仕事を頑張るということもありますし，何年越しといった長い時間をかけて多人数の携わるプロジェクトをまとめ上げようとする人もいます。これらの頑張りや働く意欲を，私たちは「モチベーション」という言葉で表現しています。

日常的にも使われるモチベーションという言葉ですが，一般には「目標に向かって努力し，その達成を目指そうとする心理的エネルギー」を意味します。仕事におけるモチベーションは**ワーク・モチベーション**と呼ばれ，「個人の内部および外部にその源を持つ一連の心理的エネルギーの集合体であって，仕事に関連する行動を始動し，その様態や方向性，強度，持続性を決定づけるもの」と定義されます（Pinder［1984］）。

この定義から，モチベーションには3つの要素のあることがわかります。すなわち，方向性，強度，持続性です。このうち，方向性とは，目標のように心理的エネルギーが向かう先を指します。つまり，目標のような方向性を定めるものがないと，モチベーションは成立しないということです。また，強度は心理的エネルギーの強さを指し，持続性はモチベーションが発揮される長さを指します。ですからモチベーションには，集中力のようにある短期的な目的の達成のために発揮される強い心理的エネルギーもあれば，夢への道のりを歩むといったような長期間にじっくりと発揮される心理的エネルギーもあるといえるのです。

また，モチベーションには**接近動機**と**回避動機**があるといわれています。接近動機はその対象に近づくほど充実感や心地よさが強まるもの，回避動機はその反対に，対象に近づくほど不快感や緊張感が強まるものです。たとえば，よりよい生活をしたいから仕事を頑張る，というのは接近動機ですが，今の生活

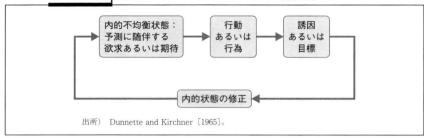

CHART 図1.1　モチベーションのシステム的捉え方

出所）Dunnette and Kirchner［1965］。

から一刻も早く抜け出したい，となれば回避動機です。

　これらの動機は，それぞれ，肯定的な感情，否定的な感情と結びついています。接近動機は喜び・楽しさ・希望などと結びつきますし，回避動機は不安・緊張・恐れ・怒りといった感情と結びついています。とりわけ否定的感情は，人間の生存そのものに関わるものと考えられています。私たち人間は，恐ろしい敵や危険など自分の生命を脅かすと考えられるものに対し，教わらなくても否定的な感情を生まれながらに感じているのです。たとえば，高い所や毒を持つ蛇，暗闇などに対し，多くの人は否定的感情を抱き，それを回避したいと思うでしょう。私たちは，生得的にこのような感情と，それに伴う回避動機を持つことで，生き延びてきたともいえるのです。

　モチベーションは心理的エネルギーですから，私たちは実際にはモチベーションを見ることができません。ですから私たちは，外から観察される行動をもとにして，そのモチベーションを推測することしかできません。それゆえ，その推測には注意する必要があります。たとえば，夜遅くまで残業している部下は仕事へのモチベーションが高いように思えますが，もしかしたら家に帰るのが嫌で仕事をしているだけかもしれません。だとすれば，仕事への接近動機ではなく，家へ帰ることの回避動機のほうが大きいわけです。

　話が少し横道に逸れましたが，ともあれここまで説明してきたモチベーションは，図1.1のように捉えることができます。

　この図からわかるように，内的な不均衡状態にあるとき，つまり自分の持つ欲求が十分に充足されていないとき，それを満たそうと心理的エネルギーが発揮され，誘因や目標に向かって行動あるいは行為を起こします。そして，それが満たされると，その欠乏状態が修正されることになります。たとえば，今日

締め切りのこの仕事が終わらないと，周りの人に迷惑がかかってしまい，自分の評価が下がってしまうと考えれば，今日までに何とかしようというモチベーションが湧き，今日中に仕事を終えるために仕事に向かうでしょう。あるいは，将来弁護士になりたいという欲求があれば，それを満たそうとロースクールへ行き，司法試験のための勉強を一生懸命するでしょう。

欲求 ➡ 行動

カナコ　なるほど。モチベーションというのは不足する欲求を埋めようとする心理的エネルギーで，その欲求を充足するために行動するんですね。

先生　カナコちゃんは話についてきてくれているみたいだけど，ショウゴくんはわかっている？

ショウゴ　先生は先ほど人それぞれだとも言いましたよね。どこが人それぞれなんですか？

先生　おぉ。聞いていないようでよく聞いているね。しかも，なかなかいい質問です。たしかにモチベーションの構造は人それぞれではないんだけれど，人によって，あるいは場合によって，不足する欲求が違うことがあるんだよ。

ショウゴ　先生は僕を誤解していますよ。でも，その話はよくわかります。今朝はパンが食べたかったけど，今はラーメンが食べたいですもん。先生，後でご馳走してください。

先生　さりげなく欲求を伝えてこないでもらいたいな。パンもラーメンも食欲の1つだけれど，場合によって変わるというのは，まぁそういうこととも言えるね。

 多様な欲求

では，人間の**欲求**にはどのようなものがあるのでしょうか。私たちは，さまざまなものに惹かれて行動を起こします。また，そのさまざまなものも，人によって，惹かれるものもあればそうでないものもあります。たとえば，心から理解し合える家族や友人に恵まれている人は，そうでない人に比べて，信頼で

きる人間関係を新たに結びたいという欲求はあまりないかもしれません。あるいは，反対に，信頼できる人間関係を持つことのよさを知っているだけに，もっと心から理解し合える人間関係を広げていきたいという，さらなる欲求を持つかもしれません。食べ物の好き嫌いのように，ある人からすれば何の魅力も感じないものに，別の人が強く惹かれるということもあります。大事なことは，自分と異なる欲求を持つ人がいるということを，きちんと理解することなのです。

マズローの欲求階層説

この欲求のありようについて，古典的かつ最も知られているのが，20世紀半ばに活躍したアメリカの心理学者アブラハム・マズローによる**欲求階層説**です。欲求階層説では，欲求を5つに分類しています。すなわち，**生理的欲求，安全欲求，親和欲求，自尊欲求，そして自己実現欲求**です。生理的欲求は，食べることや水・空気，温度，休養など，自己の生存に関わる欲求を意味します。安全欲求は，健康の維持や住居の確保，安定した仕事など，安全な状況や不確実な状況を回避しようとする欲求です。親和欲求は，社会的欲求とも呼ばれ，所属や愛情・友情への欲求です。自尊欲求は，他者からの尊敬や承認を得たい，名誉ある地位を得たいという，自尊心に関わる欲求です。自己実現欲求は，自己の成長や潜在能力の発揮に関わる欲求で，自分の成長や発展の機会を求める欲求です。

マズローは，この5つの欲求は階層になっていると考えました（図1.2）。そして，生理的欲求から自己実現欲求へ，より下位の階層が満たされると，上位の欲求の充足を欲するようになると考えました。つまり，生存が脅かされている状況では，誰もがまず生理的欲求の充足から行動（たとえば働くこと）を起こし，それが満たされると，安全，親和，自尊，そして自己実現へと，欲求が満たされるごとに移っていくと考えました。ただし，自己実現欲求だけは満たされることがなく，ある時点で満たされたとしても，さらにまたより高い自己実現欲求が現れると考えたのです。欲求を5つに分けたことだけでなく，欲求の間の関係性についても触れているのが，マズローの欲求階層説の特徴的な部分です。

CHART 図1.2 マズローの欲求階層説

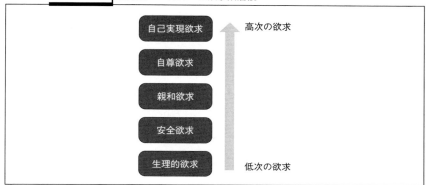

　さて、すでに述べたように、モチベーションというものは目には見えません。また、その根底にある欲求も、場合によっては本人ですら気がつきにくいものです。マズローの欲求階層説は、「わかりやすさ」と「もっともらしさ」という点から長い間受け入れられてきていますが、必ずしも人々の欲求がこのように階層的になっているとは限りません。

　たとえば、戦後の食糧難時代に裁判官であった山口良忠氏は、闇市へ行けば闇米があり、それを買うことができたにもかかわらず、違法である闇米を取り締まる裁判官という立場であったことから家族にも闇米に手を出すことを許さず、配給食料や自宅栽培した芋などで生活をしていました。しかし、栄養事情は改善せず、栄養失調のために死去するに至りました。山口氏の例は、明白に生存が脅かされているにもかかわらず、その欲求を満たすことなく、むしろ自分の裁判官としての尊厳を守る行動をとった例だとすると、マズローの欲求階層説とはやや異なる行動だと考えることができます。あるいは、国境なき医師団やジャーナリストのように、自尊欲求や自己実現欲求に引っ張られて、紛争地域などの命の危険にさらされる地域へ赴く人もいることを考えれば、必ずしも下位の欲求が満たされなければ上位の欲求が生まれないというわけではなく、階層間の関係はもう少し緩やかなものかもしれません。

　実際、マズローの欲求階層説は、その後の研究ではあまり支持されていません。マズローは、欲求階層説で示した5つの欲求は、どのような背景・文化・社会でも見出されると考えましたが、複雑な考え方をする人は5つの欲求をよ

り多段階に捉えていることもありますし，単純な考え方の人は2つで考えることもあります。欲求階層説では，また，ある欲求が充足されない限り，人はその欲求を充足しようとすると考えますが，実証研究では，山口氏の例のように，ある欲求が充足されていなくとも，そのことを重要だと考えない人がいることが示されています。ある欲求が満たされるとより上位の欲求を充足しようとするということも，実証研究では支持されていません。自己実現欲求に限らず，自尊欲求や親和欲求であっても，充足していたとしてもさらにそれを求めることがある可能性は考えられるでしょう。

ERG 理論

マズローの欲求階層説を踏まえて，同じくアメリカの心理学者クレイトン・アルダファーは欲求を3つに分け，やはり同様に階層性があると考えました。そういう点では，一言でいうとマズローの欲求階層説をまとめたものを示したわけです。具体的には，生理的欲求と安全欲求に含まれる，生きるために必要なさまざまな欲求を生存欲求（Existence）と呼び，親和欲求や自尊欲求のような，対人的な面での安心感や他者からの尊敬・承認などのように，他者との有意義な人間関係を保とうとする欲求を関係欲求（Relatedness）と呼び，そして自己の発展や成長，あるいは環境へ創造的に働きかけたいといった自己実現欲求を成長欲求（Growth）と呼びました。これら3つの欲求の頭文字をとって，アルダファーの理論は **ERG 理論**と呼ばれています。

ERG 理論においても，マズローの欲求階層説と同様に，欲求は満たされるのに伴って下位から上位へ移っていくとされていますが，その階層性はもう少し複雑に考えられています。まず，ERG 理論では欲求階層説と異なり，同じ個人が異なる欲求を同時に持つことがあると考えます。また，ERG 理論では，上位の欲求が充足されていない状態のとき，その欲求への渇望が大きくなると同時に，下位の欲求への渇望も大きくなることがあると考えています。アルダファーは，子どもが赤ちゃん返りをするような欲求不満退行仮説をもとに，このように考えました。たとえば，仕事でもっと成長したいと思っていてもなかなかその機会に恵まれないとき，もちろんその機会を求めて行動を起こすこともあるでしょうが，一方で人間関係をより充実させることでその欲求を紛らわ

そうとしたりすることがあります。つまり，成長欲求が満たされないことが，関係欲求をより強くするわけです。

カナコ なるほど，ほんとに欲求ってさまざまなものがあるんですね。そういえば，先生は最初に回避と接近の動機があると話されてましたが，もしかしたら，低次の欲求は回避動機で，高次の欲求は接近動機になるんじゃないですか？

先生 そうそう，そう考えることができると思うよ。生理的欲求や安全欲求は，どちらかといえば，それがない状態を避けるために，つまり満たされていない状態に否定的感情を持つために，人々が行動するという側面を持つけれど，高次になるにつれ，その欲求が満たされた状態に接近するため，つまり肯定的感情を持つために，人々が行動する動機になるといえるね。

カナコ ところで先生，言いにくいんですが，欲求がいろいろあるのはわかったんですが，それだけではみんなのモチベーションを上げることはできませんよねぇ。

先生 要するに，欲求がわかっても，それをどうやって活かして，みんなのモチベーションを上げるのかがわからないということだね。

ショウゴ そこなんです！　じつは，後輩が最近，部活にやる気をなくしているみたいなんですけど，どうしていいかわからなくて。

先生 たしかに欲求の多様性がわかっただけでは，モチベーションを引き起こすことはできないね。じゃあ，少し歴史的な話にもなるけれど，もう少しモチベーションを引き起こすことに注目して，モチベーションを理解していくことにしよう。

3　仕事におけるモチベーション
▶より高次の欲求への注目

　従業員にサボらずに効率的に働いてもらうことは，今も昔もマネジャーにとって大きな課題の1つです。働く人のモチベーションの問題は，マズローたち心理学者によってのみ考えられていたわけではなく，実際の経営の現場でも，さまざまな形で考えられてきました。ここでは，そうした中から3つの研究を紹介することにします。

モラールの発見：ホーソン工場実験

経営の現場で人の動機が着目されたのは，決して工場や会社というものができた最初からではありませんでした。初期の経営管理では，効率的に働かせるための方法として，作業手順の効率化や肉体疲労の軽減，あるいは報酬の決め方に，主眼が置かれていました。そのような経営環境の中で，後に**ホーソン工場実験**と呼ばれることになる大規模な実験が，ハーバード大学のエルトン・メイヨーとフリッツ・レスリスバーガーらの研究グループによって行われました。

初期の彼らの実験は，当初の予測とはまったく異なる結果を示しました。さまざまな作業条件を設定したにもかかわらず，工場の中で実験対象に選ばれた女性たちのグループは高い生産性を保ち続け，また，作業条件を元に戻したところ，それでもグループは過去最高の生産性を示したのです。

こうした結果から研究者たちは，彼女たちの生産性を支えているのは，作業条件の良好さではなく，職場の人間関係（モラール）であると結論づけました。実際，実験では，監督者が高圧的に監視することはなく，女性工員たちは自由な雰囲気の中で仕事ができるようになっていました。また，作業条件の変更の際には女性工員に事前に相談がなされ，工員たちが反対した変更が強行されることはありませんでした。したがって，このような彼女たちへの配慮が働きやすい関係性を構築し，喜んで仕事をすることで生産性が上がったと考えられました。それまでは疲労や報酬と罰のあり方のような作業条件によって生産性が上下すると考えられていましたが，それだけではなく，職場の人間関係や監督者の態度といった社会的条件が，働く人々が前向きに仕事に取り組む気持ち，つまり仕事へのモチベーションを高め，生産性に影響を与えることが示されたのです。

より積極的に働く人々：X理論とY理論

改めて，仕事をするのは嫌なことでしょうか，それとも楽しいものでしょうか。仕事をするのは嫌なことではないかと考える人が多いかもしれません。たしかに，仕事は肉体的・精神的な疲労をもたらすし，自分が自由にできる時間を減らす存在でもあります。ですから，働かなくてもよい状況であれば働きた

くないと思うことは自然なことです。しかし，仕事を生きがい・楽しみと考える人もいないわけではありません。時には仕事が楽しくてしかたがないという状態になることもあるでしょう。アメリカの心理学者であり経営学者でもあったダグラス・マグレガーは，このことに対し，**X理論とY理論**という2つの考え方を提唱しました。

X理論とは，従業員は仕事が嫌いで怠け者で，責任を避けたがる性質を持っているため，効果的に働いてもらうためには，報酬や罰によって厳しく管理しなくてはならないという考え方です。このような考え方は，彼の理論が提唱された時期には比較的当たり前とされていました。ですから，経営者やマネジャーは，単なる日給ではなく，仕事の出来高で報酬が決まる歩合給や，仕事の責任に応じた報酬などで，報酬や罰の与え方を工夫して，人々に働いてもらっていました。

一方，Y理論は，従業員は創造的で，仕事を楽しみ，むしろ責任を自ら進んで求め，自分たちで方向を決定し仕事を進めていく性質を持っているため，効果的に働いてもらうためには，むしろ責任のある仕事を任せたり，困難な仕事を任せたりするような管理の仕方をする必要があるという考え方です。つまり，X理論では，どのようなものであっても根本的に仕事は従業員にとっては面白くなく，楽しくないものであるため，報酬や罰でうまく従業員を働かせる必要があると考えるのに対し，Y理論では，仕事内容や従業員の捉え方次第で仕事は面白く，楽しいものになることもあり，そうなれば従業員はむしろ積極的に難しいことや期待以上の仕事に進んで取り組むようになると考えたわけです。

このY理論に基づいたマネジメントでは，人間を生まれながらに怠け者であるとは考えません。人々は，さまざまな組織での経験の結果として，組織の求めに対して受動的になり，場合によっては抵抗的になると考えています。したがって，組織マネジメントの最も基本的な要素は，組織で働く人々が組織の目的に向かって努力することによって，自分個人のゴールが成し遂げられるように，組織の環境や仕事の手順などを調整することだと考えられたのです。

達成欲求

これ以外の仕事にまつわる欲求として，達成欲求理論についても触れておき

たいと思います。アメリカの心理学者デイビッド・マクレランドは，欲求を，パワー・親和・達成の3つに分けました。パワー欲求は，他者に影響力をもたらしたいという欲求です。仕事の場面では，一人で仕事をするだけでなく，多くの人とともに何ごとかを成し遂げることが少なくありません。会社もまさにそのような場です。他者に影響を与え，コントロールしたいというパワー欲求は，組織の仕事においてはさまざまな形で満たされることになります。典型的には，より上位の職位に就くことで，より多くの人に影響を与え，コントロールすることができるようになります。他者との関係性の欲求と自尊欲求の双方が含まれるような欲求と考えることができます。

　こうしたパワー欲求は，個々人の成熟とともにそのあり方が変わると，マクレランドは考えました。最初の段階では，自分にはパワーがなくとも，パワーのある人と近しくなることで，パワー欲求を満たそうと考えます。次の段階では，パワーを外部に依存するのではなく，徐々に自分の中に求めます。たとえば，さまざまなことが一人でできるようになるといったことです。さらに段階が進むと，他者に影響を与えることで，パワー欲求が満たされるようになっていきます。たとえば，同じ職場の人にアドバイスや指導をしたり，あるいは他者よりも優れた成果を示したりといったことです。そして最後の段階では，他者に影響力を示しながらも，自分のためではなく，それによってより大きな組織的成果を出すといったことによって，パワー欲求を満たすことになると考えられています。

　親和欲求は，友好的で親密な人間関係を結びたいという欲求です。これは欲求階層説における親和欲求と同じで，仕事の場面でも満たされる欲求であるといえます。職場での人間関係がうまくいかなくなると，仕事をしているだけでストレスが溜まり，仕事そのものにも影響が出てくることがあります。よい仲間と一緒に働きたいという欲求は，組織で働く上では無視できない欲求といえます。

　達成欲求は，困難な課題に対し，成功の喜びを味わうために努力したい欲求ということができます。マクレランドは，パワー欲求と親和欲求を取り上げながらも，達成欲求により注目しています。なぜなら達成欲求は，仕事によってもたらされる性質のものであり，企業家精神や新製品開発をはじめとして企業

組織や社会を変える行動に結びつきやすいと考えることができるからです。

　達成欲求に特徴的なのは，仕事などそれ自体が欲求の対象になるのではなく，その仕事の置かれている状況が達成欲求を喚起すると考えられている点です。その状況とは，次のようなものです。1つは，その人の責任のもとにある仕事であること，あるいは，自分の名前がクレジットされるような仕事であることです。つまり，達成欲求にとっては，何より自分の努力によって成し遂げられる仕事であるという点が重要になります。

　2つめの状況は，中程度の難易度やリスクであるということです。あまり難易度が高い仕事や失敗するリスクの高い仕事は，成し遂げる可能性が低いことや，たとえ達成できたとしても運や偶然の要素に左右されると考えるため，達成欲求をあまり喚起しません。反対に簡単すぎる仕事も，たとえ成し遂げてもできて当たり前と考えることから，やはり達成欲求を喚起しません。

　3つめの状況は，はっきりとしたフィードバックがなされるということです。達成欲求は達成したことが認識されることで欲求が満たされるので，それがわかりにくい状況ではあまり喚起されなくなってしまいます。たとえば，結果が出るのに時間がかかるものや，はっきりとした成果がわかりにくい仕事，あるいは上司があまり成果についてフィードバックをしてくれないような状況が，これにあたります。

　パワー・親和・達成の3つの欲求に加えてマクレランドは，4つめの欲求として回避欲求をあげています。これは，失敗や困難な状況を回避しようとする欲求で，達成欲求の裏側にある欲求といえるでしょう。私たちは，何かに挑戦して成功したいという気持ちがある反面，失敗したら嫌だという気持ちも同時に抱くことがあります。実際の達成欲求は，こうした回避欲求との関係性の中で，その大きさが決まると考えられています。つまり，その仕事で失敗するのは避けたいと思えば，たとえその仕事を成し遂げたいという気持ちが強くとも，行動を起こすことにつながりにくくなると考えられるのです。

ショウゴ　働く人の気持ちがあんまり考えられていなかっただなんて，今では信じられませんね。それと，わかりやすいものから，達成とか，やりがいとかいう，わかりにくいものに，注目が移ってきたんですね。

先生　たしかに歴史的にはそうだね。経営の現場でも徐々に，欲求階層説でいう

低次の欲求から，より高次の欲求の重要性に気づいてきたというわけだ。

ショウゴ まぁでも，こうやっていろいろわかってくれば，マネジャーはだいぶ楽になりますよね。みんなが不満に思っていることや，足りないと思っていることを探していけばいいんですから。といったって，やりがいとか達成感なんか，そう簡単に用意できない場合もあるでしょうけど。

先生 ところがそんな簡単な話でもないんだよ。ちょっと考えてみてもらいたいんだけど，ショウゴくん・カナコちゃんは，お母さんから「宿題が終わらなければ，おやつをあげない」と言われたことはない？

カナコ ありました，小さいころだけど。

ショウゴ 僕もあります，あります。ママはけっこう厳しかったから。

先生 ショウゴくんはまだママって言うの？　かわいいねぇ。

ショウゴ いいじゃないですか，そんなこと！　それよりそれがいったい何なんですか？

先生 そう言われたとき，宿題以外の勉強もした？

ショウゴ するわけないですよね。宿題さえすればおやつもらえるのに。

先生 そうだよね。つまり，欲求によっては，行動までは起こしてくれても，それ以上のことが起きないことがあるんだよ。それに，おやつでお腹がいっぱいになっちゃったときも，もう勉強はしないよね。欲求を満たしていくことが何につながるのかを，少し考えてみることにしよう。

4. 満足は成果をもたらすのか

　上司に目を向けられることは，部下からすると嬉しいことでしょう。また，部下が何を考えているのかや，どのような不満を抱えているのかを考えることが，上司に求められる心がけであることは間違いありません。しかし，それだけで本当に部下のモチベーションは高まり，チームの業績は上がるのでしょうか。

ハーズバーグの2要因理論

　アメリカの臨床心理学者フレデリック・ハーズバーグは，働く人々の欲求を

直接探求するのではなく，働く人々に満足をもたらす要因と不満足をもたらす要因について考えました。具体的に彼は，仕事においてよい感情を持つときと悪い感情を持つときとを，丹念にインタビューしていき，その結果，満足をもたらす要因と不満足をもたらす要因とが異なることを発見しました。つまり，満足の対極に不満足があるわけではなく，満足の反対は満足ではないということであり，不満足の反対は不満足ではないということであると示したのです。そして，満足をもたらす要因を**動機づけ要因**，不満足をもたらす要因を**衛生要因**と呼びました。このことから，この理論は**2要因理論**と呼ばれます。

　動機づけ要因には，達成や責任，成長などといった，仕事そのものから生じる内的な要素が含まれます。一方，衛生要因には，上司や同僚との関係や，職場環境，給与，プライベートの生活，企業方針など，仕事そのものではない外的な要因が含まれます。ここまでに述べてきたことを踏まえれば，より高次な欲求，すなわち接近動機につながる要因が動機づけ要因に多く，低次な欲求，すなわち回避動機につながるものが衛生要因に含まれることがわかります。もちろん，これらの要因が必ず不満足だけ，あるいは満足だけを促進するのではなく，上司や同僚との関係であっても，満足をもたらすことが多少はあることもわかっていますが，影響するとすると不満足を改善する要因としての効果が大きいと考えられています。

　上司や同僚との関係や企業方針が衛生要因に含まれているのを，意外に思うかもしれません。しかし，みなさんも経験を振り返ってもらえば，先生や友達との人間関係は，意外と動機づけにはならないことがわかると思います。たとえば，先生が自分に冷たくあたってくる，教室がギスギスしているということは，勉強へのやる気を失わせ，間違いなく多くの人の不満足を促進しますが，たとえ先生との関係がきわめてよくなったとしても，勉強の面白さにはそれほど大きな影響を与えないのではないでしょうか。やはり，仕事の満足をもたらす要因には，仕事そのものにまつわることが多いのです。

　このことからわかるのは，動機づけ要因だけ，あるいは衛生要因だけを考えていても，問題が残るということです。たとえ仕事へのやりがいがあっても，不満足が残っていればやはり仕事へのやる気は減退しますから，仕事環境や職場の人間関係を考えなければなりません。一方で，不満はなくとも，仕事そのもの

ものに面白味・やりがい・達成感がなければ，やはり仕事への満足は大きくなっていきません。

ハッピー・ワーカー仮説

ホーソン工場におけるモラールの発見とその重要性の指摘以降，仕事の場面においては，単純に報酬と罰によって人々をマネジメントするのではなく，働く人々の心持ちを大事にすることや働く人々の欲求を満たすことも企業業績を高める上で重要であるとされ，さまざまな欲求に基づく仕事への満足度を高めることが生産性につながると考えられてきました。このような考え方を**ハッピー・ワーカー**（happy worker）**仮説**と呼びます。

しかし，**仕事の満足度**（職務満足）と業績の関係は，じつはそれほど強くないということも，調査の結果からはわかっています。仕事の満足度と業績との関係については，ハッピー・ワーカー仮説を含め，3つの考え方がありそうだと考えられています。ハッピー・ワーカー仮説は，これまで見てきた通りの，「仕事の満足 → 業績」という考え方です。近年の研究では，幸福度をその人の身体的な行動の特徴から捉え，生産性との関係を調べたところ，幸福度が高い人ほど生産性が高いことが示されています。

2つめは，「業績 → 満足」という考え方です。仕事の結果が出ていると，仕事や仕事環境をポジティブに捉えがちになります。成功した人のインタビューで，自分は周りに恵まれていた，幸せな環境にいた，といった発言がよく聞かれることからもわかるように，結果が出ている人ほど自分の置かれている状況をよい方向に見がちであることは十分に考えられます。あるいは，達成欲求の考え方を踏まえれば，成果が上がっていること自体が仕事の満足をもたらすことも考えられます。

3つめは，ある特定の条件においては仕事の満足が業績に関係すると考える考え方です。たとえば，生産性を上げるためのプレッシャーが強いところでは，生産性は上がるでしょうが仕事への満足度は下がることになる結果，見かけ上，満足度と生産性は負の相関関係を示すことになってしまいます。あるいは，たとえ満足がやる気をもたらしたとしても，間違った方向で頑張っていたら成果にはつながりません。また，そもそもハングリー精神という言葉があるように，

何かに不満を抱えているからこそ出てくるエネルギーもあります。安易に不満足をそのままにすることは問題でしょうが，何もかも満たしてしまうことが高い生産性につながるかどうかは，欲求の側面からだけでは捉えきれないのです。

> 欲求 → （行動） → 満足 --➤ 生産性・成果

カナコ 先生，たしかに先生の言う通りだと思いますが，結局どうしたらいいんでしょう？ SITUATION PUZZLEの課長さんではないですが，一生懸命部下の不満に対処しても生産性が上がるとは限らないなんて，なんか切ないです。

先生 まず大事なことは，ある人が仕事の上でどのような欲求を持っているか，何を不満に思っているかということを，きちんと捉えることだろうね。まずはそれに対処するというのは決して間違っていないと思う。その上で，仕事へのやりがいや達成感，成長といった，より高次の欲求を部下に気づかせ，それを呼び起こすことが大事なんじゃないかな。

カナコ たしかに，人によって欲求は違いますもんね。文化や生い立ちの違いによっては，またさらに違ってくるでしょうし。仕事を使ってモチベーションを引き起こすというのはヒントになるような気がします。

ショウゴ 先生，言いにくいんですが……。

先生 なんだい，ショウゴくん。

ショウゴ もう少しわかりやすくならないんでしょうか？

先生 なかなか贅沢なことを言うなぁ。じつは，マクレランドの満足と生産性の研究も，欲求だけでなく，それが行動につながるメカニズムの研究へと進んでいったんだよ。それはまた別の機会に触れることにしよう。

KEYWORD

ワーク・モチベーション　　接近動機　　回避動機　　欲求　　欲求階層説　　ERG理論　　ホーソン工場実験　　X理論とY理論　　動機づけ要因　　衛生要因　　2要因理論　　ハッピー・ワーカー仮説　　仕事の満足度

さらなる学習のための文献リスト　　　　　　　　　　　　Bookguide

- Latham, G. [2011] *Work Motivation* (*2nd ed.*), Sage Publications. (ゲイリー・レイサム／金井壽宏監訳『ワーク・モティベーション』NTT出版，2009年）
- 金井壽宏［2016］『働くみんなのモチベーション論』日経ビジネス人文庫。

CHAPTER

第 **2** 章

やりがいの設計

職務設計と内発的動機づけ

SITUATION PUZZLE

若手社員のやる気の低下に気づいたF社では、協議の結果、給与の月額を少しだけ増やすことにした。まずベースとなる基本給を上げ、加えて、目標よりも高い成果を上げた社員についてはさらに多くを支払うことにしたのだ。効果はすぐに表れた。多くの部門において、この発表がなされた直後から仕事意欲の向上が見られ、社員がそれまでよりも頑張って働くようになった。給与の上昇が、「うちの会社はちゃんと成長しているのだ」という実感を社員にもたらしたこともあって、社内の雰囲気も全体的にはよくなった。ただ困ったことに、全社的なやる気の向上が見られる中で、ある営業所だけ、社員のやる気がむしろ低下するという事態が起こってしまった。この営業所は、もともと全社的にもかなり上位の営業成績を収めており、今回の給与変更後もある程度その成績をキープしていた。にもかかわらず、社内アンケートなどの結果を見ると、明らかに営業職のメンバーのやる気の低下が窺えるのだ。この間、営業所長のリーダーシップ・スタイルにも、メンバーの顔ぶれにも、とくに変化はなかった。いったい何が起こったのだろうか？

先生 ショウゴくんもカナコちゃんも、そろそろ将来の進路のことを考えないとね。こんな仕事に就きたいなんていう希望は、あるのかな？

カナコ えぇと……。あんまり具体的には決まってないんですけど、譲れないのは、仕事のやりがいですね。この間のモチベーションの話（▶第1章）ではないけど、せっかく働くのだから、単に生活するためだけじゃなくて、やりがいのある仕事じゃないと。

先生 たしかに、どうせ働くのなら、やりがいのない仕事よりもやりがいのある仕事のほうがよさそうだよね。では聞くけれど、カナコちゃんにとって、やりがいのある仕事って具体的にどういうものなのだろう？

カナコ 具体的に、ですか……？　誰かの役に立つ仕事、かな。それから、あんまり誰かに命令されないような仕事。

先生 なるほど。それじゃあ、ひたすら1つの技術を掘り下げていくような仕事、たとえば何かの職人さんのような仕事はどうかな？

カナコ そうですねぇ。とてもかっこいいなとは思いますけど、私のやりたいこととはちょっと違うかもしれません。

先生 でも,職人さんの仕事は,誰かの役に立っているだろうし,人から命令されることもあまり多くはなさそうだよね。だけど,そういう仕事はカナコちゃんの希望とは違う,と。

カナコ そうなんです。あ,でも,友達のYさんとも,同じように「やりがい」を大事にしたいねって話したことがありますが,彼女は研究者とか職人さんのような生き方がしたいって言ってました。私とは違うんですよね……。

ショウゴ うーん,仕事のやりがいって,思っている以上に奥が深そうだなぁ。

1 報酬と動機づけ

仕事そのものの中に宿る面白さ・楽しさ

私たちは,金銭的・物質的な報酬や社会的な報酬を獲得するためでなく,やっていることそのものに動機づけられることが多々あります。たとえば夏の夕暮れに,自宅の前庭で庭の手入れを一生懸命している少年がいたとします。一見すると,両親から小遣いをもらったり,褒められたりすることを目的にお手伝いをしているかのように見えるのですが,近づいてよく見てみると,この少年,芝刈り機を飛行機に見立てて,操縦するパイロットのモノマネをして遊んでいるのです。あたかもパイロットになったかのように,口でエンジン音を出しつつ,芝刈りに勤しんでいるのです。このとき,少年を動機づけているのは,両親が与える小遣いでも,「お手伝いをして偉いね」という称賛でもなく,「パイロットの真似」そのものなのです。このように,人々がやっていることそのものに動機づけられていることを,**内発的動機づけ**(intrinsic motivation)と呼びます。

ソマパズルによる実験

内発的動機づけを提唱したのは,エドワード・デシという心理学者でした。デシは,当時大学生の間で流行っていたソマというパズル形式の玩具を使った実験によって,人々の動機づけに関わる重要な発見をしました。ソマパズルは,

CHART 表2.1 デシらの実験

	第1セッション	第2セッション	第3セッション
グループ1	報酬なし	報酬あり	報酬なし
グループ2	報酬なし	報酬なし	報酬なし

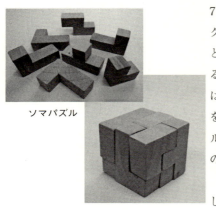

ソマパズル

7種類からなるさまざまな形状のブロックを組み合わせ，飛行機や犬や立方体など，指示されたものの形を忠実に再現するというゲームです（写真参照）。デシらは，被実験者である大学生を集めて彼らを2つのグループに分け，それぞれのグループにこのソマパズルをしてもらったのでした。

第1セッションでは，両グループに対して，単にパズル解きをするよう指示しました。ここではどちらのグループの学生たちも，純粋にソマパズルを楽しむことになります。次の第2セッションでは，2つのグループ間でソマパズルを解く条件が変更されました。1つめのグループについては，学生がパズルを解くたびに報酬を与えることが約束され，実際にそれが与えられました。学生たちは課題を与えられ，それを解くたびに報酬を手にし，また次の課題へと向かっていったのです。一方，2つめのグループに対しては，第1セッションと同様に，純粋にソマパズルを解くという条件が継続されました（つまり報酬はなし）。

最後に第3セッションでは，両グループとも，第1セッションと同じ条件で実験が行われました。2グループ間の条件の比較という観点から見れば，この第3セッションの条件はまったく同じものであるわけですが，それが持つ意味は，それぞれのグループでまったく異なります。2つめのグループ（第1セッションでも第2セッションでも報酬なしのグループ）にとって，第3セッションの条件は，これまでと同じ条件の継続でしかないのに対して，1つめのグループ（第1セッションで報酬なし，第2セッションでは報酬ありのグループ）にとって，第3セッションの条件は，一度与えられた「ゲームに正解すれば報酬がもらえ

る」という条件の剥奪を意味することになるからです。

　各セッションの途中で，デシら実験者は，もっともらしい口実をつけて，8分間だけ実験室を離れるということを行いました。実験室には *The New Yorker* などの雑誌やソマパズル以外の魅力的な玩具が用意されており，学生たちには「8分間は自由に時間を過ごしていい」と伝えられました。

　デシらが本当に知りたかったのは，まさに，この8分の間に何が起こるかということでした。この実験室にはマジックミラー（デシらのいる部屋の外側からは中が見えるが，学生たちのいる内側から外を見ることはできない）が設置されており，休憩中に学生たちがどのくらいソマパズルに継続して取り組んでいるかということを，デシらは外側から観察していたのです。より具体的にいえば，2つのグループにはそれぞれ，自由時間中にソマパズルに取り組み続ける学生がどのくらいいるのかということを測定していたのです。

　結果は，非常に興味深いものでした。

　まず，どちらのグループにおいても，第1セッションの自由時間には相当数の学生が課題に取り組み続けたということです。上述のように課題を継続することを強要されず，しかも他の誘惑が豊富にある状況下であるにもかかわらず，8分間を必死にソマパズルを解くことに費やす学生がいたという事実は，学生たちが，外的な報酬がない状況下であっても，課題そのものの面白さに魅せられてそれに取り組む高い動機を持ちうるということを表しています。まさに，内発的動機づけの存在が科学的に確認された瞬間でした。

外的報酬の功罪とアンダーマイニング効果

　もう1つ，デシらの研究は，重要な発見をしています。上述の実験の第1セッションから第3セッションにかけて自由時間にも課題に挑み続けた時間の変化を見ると，「報酬なし」グループでは変化が見られなかったのに対し，「報酬あり」グループでは低下が見られたのです。与えられた課題に対して，いったんは報酬が与えられ，やがてそれが奪われるということが起こると，人々がその課題に対する動機を低下させる可能性があることを，この結果は示しています。

　デシらはこれを，**アンダーマイニング効果**と呼び，その後もさまざまな実験

を繰り返すことで，この発見の頑健性を確認しています。アンダーマイニング効果について理解するために，この実験の「報酬なし」グループで起こったことを丁寧に確認してみましょう。ソマパズルという，それ自体面白いゲームをする場に，みなさん自身が参加したと想像してみてください。みなさんにとってソマパズルを行うことは，少なくとも参加した当初は，単純に「楽しい」「挑戦しがいのある」ことであったと仮定します（オンライン・ゲームなどが巷に溢れている現代では，これをまったく面白くないと感じる人もいるでしょうけれど）。つまりこの段階では，

ソマパズルをすること ──────▶ 動機

という関係が，たしかに成立しているのです。

　しかし，もし仮に，何らかの理由により，それらの活動に対して金銭が支払われるようになったとします。「ソマパズルに正解したら，1問につき100円（デシらの実験では1ドル）あげます。たくさん正解して，お金をゲットしてください」といった具合に説明がなされたとき，みなさんはどのように感じるでしょうか。おそらく多くの人が，「面白いゲームをして，お金がもらえるなんてラッキー！」などと考えるでしょう。そして，少なくとも報酬がもらえているうちは，それまでと同じように，ソマパズルに懸命に取り組むことでしょう。

　このとき，外見的には何の変化も起こっていないかのように見えるかもしれませんが，実際には，この段階で，

ソマパズルをすること ─▶ 報酬 ─▶ 動機

というふうに，当初とは少し異なった捉え方が，みなさんの頭の中に芽生えているはずなのです。かつては活動をすることそのものの楽しさややりがいなどが，みなさんの動機を支配していたのに対して，今やみなさんの頭の大部分が，報酬によって占められています。仮に高い動機を持っているとしても，それはあくまで報酬を得るためであるかもしれません。つまりここでは，ソマパズルをすることが報酬をもたらすという関係と，報酬をもたらすことが動機をもたらすという2段階の関係が，頭の中で成立しているのです。

　報酬が無尽蔵にあるのであれば，これでも大して問題はないのかもしれませ

ん。問題は，報酬が有限であるということです。もし何らかの理由で報酬が支払われなくなったり，あるいは報酬が減ぜられたりして，ソマパズルをすることが報酬をもたらすという関係が崩れると，それに伴って，ソマパズルをすることと動機の関係性もまた，崩れてしまいかねないのです。

活動　→　×　--→　動機

ここに至ると，かつては楽しさやりがいゆえに行っていたソマパズルというゲームは，もはやみなさんを動機づけるだけの魅力を持たなくなってしまいます。活動を行うことに対して対価が支払われたことで，みなさんの中でその活動が報酬を得るための手段と化してしまったのであり，悲しいかな，金銭が得られないならその活動をする意味などないと思うようになってしまうということです。この実験結果を受けて，デシは，金銭のような「外的な報酬は内発的な動機を減じる」という大胆な結論を提唱しました。

> 内発的動機づけ　→　努力や成果

ショウゴ　外的報酬は内発的動機を減じる……衝撃的な結論ですね!!　でもたしかに，どんなに楽しい活動だって，「これが成功したらお金をあげますよ」なんて言われたら，僕の目はそちらにいってしまいますよ。

先生　で，あるとき突然，「もうお金はあげられません」なんて言われたら？

ショウゴ　やる気なくします。なんだか損した感じがして……。

先生　英語のアンダーマイニング（undermining）には，「ひそかに害する」という意味があるのだけど，このようにして外的な報酬が与えられることは，「楽しい活動 → 動機」という関係を，まさに「ひそかに害してしまう」わけだね。

カナコ　……先生，ちょっと思ったんですが。

先生　なんだい？

カナコ　もしこれが本当だとしたら，お金をもらって仕事をしている社会人はみんな，自分の仕事が「楽しい」とは思ってないということになってしまいませんか？　それってなんだかおかしくないですか？　それに，もしこのことを知ったら，会社はみんなお金を支払わなくなっちゃうんじゃないですか?!

先生　いい点に気づいたね。じつはこの話，続きがあるんだよ。

重要なのは報酬の与え方

　その後の研究によって，この「外的な報酬は内発的な動機を減じる」という命題は若干の修正がなされることになります。デシ自身によるものを含めた後々の研究の中でわかってきたのは，もともと面白い仕事に外的報酬が与えられたとしても，与えられ方が適切であれば，その活動の楽しさが持つ動機づけの効果は減じられない，ということでした。

　外的報酬には，①人々を動機づけ，コントロールするという機能（コントロールの機能）と②それが提供されることによって，その人が有能であるということをその人に伝達するという機能（有能さのフィードバックの機能）の2つがあり，このうち後者の側面が前者よりも明確である場合，アンダーマイニング効果は大幅に緩和されるのです。それどころか，外的報酬が，達成の承認（たとえば，「君がソマパズルを見事に解き明かしたから，報酬を与えるのだ！」ということ）や，有能感の確認（「君は優秀だから，その証として報酬をあげよう！」）として提示されてさえいれば，外的報酬はむしろ，もともとの活動の楽しさややりがいを増幅させる効果すらあることがわかりました。

　このように，デシの発見が示唆しているのは，「仕事においては，外的報酬など与えないほうがよい」ということでは決してありません。マズローの欲求階層説（▶第1章）も主張しているように，十分な食べ物によって生理的欲求を満たしたり，安全安心な住居によって安全欲求を満たしたりすることは，私たちにとって大事な基本的欲求であり，それを可能にしてくれるのは金銭などの外的報酬にほかなりません。重要なのは，外的な報酬を与えられることそのものではなく，それがどのように与えられるかということだったのです。

2　内発的動機づけを引き出す組織的取り組み

「やりがい」のある仕事の構成要素

　デシは，内発的動機づけをもたらすのは，**有能感**と**自己決定**であるといいま

す。私たちは，他者から得られる外的な報酬のためではなく，内から湧き出るものゆえに，高い動機づけを生起させることがあるわけですが，その活動を他の誰よりもうまくやれると自負しているとき，また，それをやるということ自体を自ら決断して行っているようなとき，それはより顕著になるというのです。たとえば，野球がすごくうまくできる人，また，それを親や先輩にいわれることによってではなく，自らやると決めて打ち込んでいる人は，内発的な動機づけを強く持つことになります。心理学者のリチャード・ドゥシャームは，自己決定を，チェスにおいて「駒になるよりは，指し手になる」ことであるという，絶妙の喩えで表現しています。

　個人の内発的動機づけが，このように有能感と自己決定によって決まるとして，それは仕事の場面にどのように応用することができるのでしょうか。個人の高い内発的動機づけを引き出すために，組織としては何ができるのでしょうか。

　この点を探求したのが，**職務特性**（job characteristics）の研究です。職務特性の研究者たちは，個人が従事する職務には，労働時間が長い／短いあるいは給与が多い／少ないなどといった客観的な条件以上にさまざまな特徴があり，それらの特性こそが個人の動機づけに重要な影響を与えると考え，そうした職務の条件を解明しようとしました。これにはハーズバーグの2要因理論（▶第1章）の研究成果が，大きく貢献しています。

ハックマンとオルダムの職務特性モデル

　ここでは，職務特性の代表的なモデルとして，心理学者のリチャード・ハックマンとグレッグ・オルダムが提唱した**職務特性モデル**を紹介しましょう。ハックマンらは，内発的動機を高める効果を持つ職務に共通する特性として，次の5つをあげています。

　1つめは，職務を遂行する個人に求められる技能の多様さ（**技能の多様性**，skill variety）です。たとえば，あるキャンペーンの実施のために多くの参加者を募るという仕事があるとして，その中で，「参加者に依頼するためのハガキに切手を貼る」という，きわめて単調かつ単純なタスクを与えられた場合，多くの人は高い動機づけを持つことができないでしょう。こうした，きわめて単

調かつ単純な作業は，面白みのないタスクと認識されることが多く，そうした作業を割り当てられた人は仕事に対する内発的な動機を低下させてしまうからです。これに対して，たとえばそのキャンペーンの趣旨に沿ってハガキのデザインを考案したり，さらにはキャンペーンの中身そのものについて議論したりするような，さまざまなスキルを要求されるような仕事であれば，それは個人を内発的に動機づける魅力的なタスクになる可能性が高くなります。

2つめは，その職務が，仕事全体の「始まり」から「終わり」までのすべての流れに関わる程度（**職務の完結性**，task identity）です。たとえば，キャンペーンの集客のために多くの人々にハガキを送るというタスクがあるとして，その前後にある一連のタスクについても，自分自身でキャンペーンの企画を立て，上司に承認をもらい，勧誘ハガキのデザインを考え，ハガキを郵送するために切手を貼り，さらにはその後，参加者からの反応を待ってさらなる勧誘をかける……といったように，仕事の「始まり」から「完結」までの流れすべてに関わることになれば，人々はそのタスクを大いに有意義と認識するでしょう。こうなると，単純かつ単調で，プロセスの一部でしかなかった切手貼りという作業をも，意味のあるものと感じられるかもしれません。

3つめは，その職務が他者の仕事や満足などに影響を与える程度（**職務の重要性**，task significance）です。キャンペーンを成功させるために多くの参加者を募るという目的を成功させるために，勧誘ハガキに切手を貼るという作業は絶対に欠かすことができません。にもかかわらず，職場内で，「切手貼りなんて誰にでもできるつまらない作業だ」と思われているとしたら，それを行う個人はその作業に意義を見出すことなどできないでしょう。他方，「切手貼りはこのキャンペーン実施のためにとても大切な仕事だ！」と職場のみなが思っていれば，その仕事を行う個人もまた，「自分は重要な仕事をしている」と感じ，仕事への動機を持つことができるはずです。

4つめは，その職務を行うにあたって，個人に許容されている自由や裁量の程度（**自律性**，autonomy）です。自分が従事する仕事の内容ややり方に関してある程度自由に決定できるほうが，上司や周囲から「ああしろ，こうしろ」と細かな指図を受けるよりも，その仕事に対する責任の意識が高まり，高い動機をもたらします。

5つめは，その職務を通じて自分が行っているタスクの進捗具合，成果のよしあしや効率性について，明確なフィードバックが提供されている程度（**フィードバック，feedback**）です。たとえば，その仕事に関する上司の評価，顧客からの感謝の言葉，営業成績の数値などは，自分がやった仕事の「手ごたえ」を私たちに実感させてくれます。そうしたフィードバックがないことには，自分が行った仕事がどのような成果をもたらし，どのくらい役に立ったのかということがわからず，結果的に，動機が下がることになるのです。そうしたフィードバックが自らの仕事の「成功」を伝えてくれれば，それは達成感につながるでしょうし，仮に「失敗」を伝えるものであったとしても，それは次の仕事に向けた反省と改善の方向性を指し示してくれるでしょう。その意味でも，フィードバックはやる気の源泉になるのです。

個人を動機づける職務のポテンシャル

　ハックマンとオルダムによれば，個人にとってやりがいのある仕事とは，①多様な能力が求められ，②任された仕事がある程度自己完結しており，③全体にとって重要で，④自律性があり，⑤しっかりとしたフィードバックが得られるようなものです。これら5つの職務特性のうち，①〜③（技能の多様性，職務の完結性，職務の重要性）が高い仕事では，それに関わる人がその仕事に対して有意義感を実感するようになります（**有意義感の実感**）。また，自律性は責任の実感を増し（**責任の実感**），フィードバックの存在は仕事の結果についての理解を高めます（**結果についての理解**）。そして，この3点の相乗効果によって，内発的動機づけなどの個人的成果が高まるということが想定されています。ここで相乗効果というのは，これらのうちに1つでも0に近いものがあると，動機を高める効果がなくなってしまうということです。たとえば，有意義感と責任をきわめて強く実感できるような仕事であったとしても，自らの仕事の結果についてほとんど理解する機会が与えられなければ，その仕事が私たちを内発的に動機づけることはないのです。

　これに対し，技能の多様性と職務の完結性と職務の重要性が，有意義感の実感にもたらす効果は，加算的です。つまり，仮にその仕事がとても単調で，他者の仕事に大いに依存したものであったとしても（すなわち技能の多様性と職務

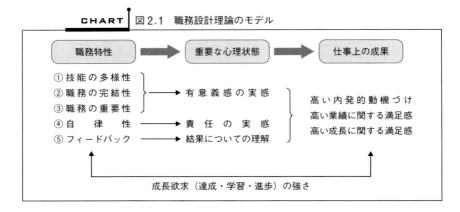

の完結性が0に近かったとしても），たとえばそれが会社の根幹に関わるような仕事であるならば（すなわち職務の重要性が高ければ），その分だけ仕事の有意義感が生じるということです。

　こうした理解に立って，ハックマンらは，特定の仕事が内発的動機づけをもたらす度合いを表す総合的な指標として，以下のような定式化を行いました。このスコアは，MPS（Motivating Potential Score）と呼ばれています。

$$\text{MPS} = \frac{\text{技能の多様性} + \text{職務の完結性} + \text{職務の重要性}}{3} \times \text{自律性} \times \text{フィードバック}$$

　ハックマンとオルダムのモデルに関して，もう1つ忘れてはならないのが，5つの職務特性が内発的動機づけをもたらす効果に関して，成長欲求の強さによるモデレータ効果（**Column ❶**）が指摘されていることです。5つの職務特性が有意義感の実感や責任の実感や結果についての理解をもたらす程度，そしてそれらが内発的動機づけなどのポジティブな成果をもたらす程度は，その職務に従事する個人の成長欲求（その人が自分自身を高め，さらに成長したいと考えている度合い）の強さによって異なる，というのです。仮に5つの特性が高い職務に就いたとしても，その人が自己の成長にほとんど関心がない場合には，その仕事は個人の動機づけにはつながらない。反対に，きわめて成長意欲の強い人であれば，5つの特性が揃った職務に就くことは，きわめて強い動機づけ効果を持つわけです（図2.1）。

> 職務設計 → 内発的動機づけ → 努力や成果

先生 有名な理論の中には，じつは，その後の実証研究ではまったく支持されていないようなものもあるんだよ。一般に有名であるからといって，それが必ずしも，実証研究によって支持されているとは限らないんだ。たとえば，第1章でも説明したように，マズローの欲求階層説は，今でも多くのテキストで紹介されている有名なものだけど，これが実態に合っていることが実証されたわけではないんだ。

カナコ そう！ この間それを聞いたときビックリしました。なんかショックです。

先生 うん。たとえば，マームッド・ワウバとローレンス・ブリッドウェルという心理学者が，マズローの欲求階層説の検証を行った 23 種類の研究をすべてチェックした結果，人間が実際に持っている欲求の順序は，マズローの言う 5 階層の順序と必ずしも一致しない（人によっては階層の順番が異なったりする）ことがわかったんだよ。もちろん，すべての研究結果がマズローの理論を否定しているわけではないんだけどね。

ショウゴ 正しい理論をつくるって難しいんですね。あれ?! ということは，もしかして職務特性理論も……。

先生 いや，職務特性理論については，実証研究による支持が，かなりの程度あるんだ。「成長意欲の強さに関わりなく，職務特性は内発的動機づけにつながることもある」など，成長欲求の強さによるモデレータ効果については，ハックマンらのモデルが想定するのとは違う結果が得られたりもしているんだけど，モデルが主張している内容は，おおむね支持されているんだよ。

ショウゴ よかった。

カナコ ちょっと安心しました。この間，偉そうに友達に話しちゃったところだったから。

職務の「再」設計

　ハックマンとオルダムのモデルは，現実の組織における職務を再設計するということに関して，非常に実践的な示唆を与えてくれます。たとえばある仕事が，5 つの職務特性に基づくと低い MPS にしかならないような場合，それを

> **Column ❶　社会の本質に迫る「モデレータ」という視点**
>
> 　長きにわたり，組織行動論に限らず経営学全般の研究者にとっての理論づくりとは，ほぼ例外なく，どのような状況でも普遍的に成り立つやり方というものがあると仮定し，そのやり方を追求することにほかなりませんでした。唯一最善のリーダーシップとは何か。最も高い業績をもたらすベストな組織構造とは何か。こうしたことを問い，明らかにすることこそが，経営学者の使命だと考えられてきたのです。最も正しい，唯一最善のあり方を探求するという意味で，こうした考え方を，ワン・ベスト・ウェイ・アプローチ（one best way approach）といいます。
>
> 　　　ワン・ベスト・ウェイ・アプローチ：
> 　　　　　　　　　　　原因　───→　結果
>
> 　ところが，研究が蓄積されていくにつれて，普遍的によいと一般に思われているやり方であっても，場合によっては組織の業績にマイナスの影響を与えるといったことがありうるとわかってきました。たとえば，一般的に「よいリーダー」と思われやすい配慮型のリーダー（フォロワーのことを気遣い，配慮するタイプのリーダー）ですら，ある状況下では組織パフォーマンスにマイナスの影響を与えるなど，物事の因果関係が当初想定していたよりも複雑であることが，理論的にも経験的にも明らかになってきたのです。
>
> 　そこで登場したのが，世の中に唯一最善の組織やリーダーシップなどなく，私たちにできるのはある特定の条件下での組織やリーダーシップのあり方を問うことなのだという，コンティンジェンシー・アプローチ（contingency approach）の考え方です。ある特定のやり方が有効かどうかは，それが置かれ

改善するために有効な手の打ち方がいくつか提唱されているのです。

(1) 仕事の組み合わせ

　それを行うために要する技能が非常に乏しく（つまり技能の多様性が低く），仕事全体の中のごく一部しか扱っていない（職務の完結性が低い）場合には，その仕事を周囲の他の仕事と結合することによって，より MPS の高い魅力的な仕事にすることができます。分断された仕事をまとめて，より大きな仕事の単位を新規に形成することで，魅力度を高めるというやり方です。

た環境に依存するという考え方のもとに，より有効な組織やリーダーシップのあり方と，それが有効に機能する条件要因を，ともに探求するという研究のスタイルです（▶第 **7** 章）。

コンティンジェンシー・アプローチ：

　コンティンジェンシー・アプローチは，現実の複雑さを私たちに教えてくれるだけでなく，リーダーシップにせよ組織にせよ，物事の有効なあり方を左右する「条件要因」を特定すれば，複雑な問題をコントロールするのがある程度可能になることを，私たちに示してくれます。たとえば，職務特性の 5 つの要因と内発的動機づけとの関係が調査対象によって異なるというような事態は，ワン・ベスト・ウェイ・アプローチの立場をとる研究者にとっては，理論の欠陥を意味するのかもしれません。他方，コンティンジェンシー・アプローチの立場をとる研究者であれば，この両者の関係を左右する条件要因を探求することに努力を傾けていくことでしょう。物事の因果関係に潜む第 3 の「条件要因」の存在を示すことで，組織や人の問題について深く考え，理解し，コントロールしようとする人に，常に「それが置かれた状況とは何か」を問い続けることの価値を教えてくれるのが，コンティンジェンシー・アプローチなのです。こうした状況要因は，その高低によって原因と結果の関係性が変動するという意味で，調整要因（モデレータ，moderator）と呼ばれます。

(2) 自然な仕事ユニットをつくる

　MPS の向上は，仕事の分け方を，それに従事する個人にとってより自然なまとまりにし直すことによっても，実現することができます。分断化され，重要性を実感できないような仕事が，どのように組み合わされば働き手にとって意義を感じられるものとなるかと考えながら，仕事のまとまりを考えていくというやり方です。先にあげた，キャンペーンの集客のために多くの人々にハガキを送るというタスクの例でいえば，ハガキに切手を貼るという作業に加えて，勧誘ハガキのデザインを考え，上司に承認をもらい，その後，参加者からの反

応を待ってさらなる勧誘をかける……ということを 1 人の仕事のユニットとすれば，仕事の「始まり」から「完結」までの流れの全体に無理なく関わることもでき，有意義さを認識させることになるでしょう。

(3) **顧客との関係を確立する**

働き手にとって，自分たちの製品やサービスの最終的なユーザーである顧客は，とても重要な意味を持つものです。顧客はあくまで組織の外部者に過ぎませんが，顧客との接点を強めたり，自分の仕事が顧客にどのように受けとめられているかが明確にわかるようになったりすることは，その人の仕事にきわめてポジティブなフィードバックを提供することがあります。お客さんからの「ありがとう」が私たちの動機を高めるということは，直観的にも理解できると思います。

(4) **職務の垂直的な拡大**

それまでは上司が行ってきたような仕事を，部下が行うように職務を垂直的に拡大することも，仕事の魅力を高める方向に作用することがあります。以前は自分よりも上位者である上司が持っていた責任や管理の権限が提供されることで，仕事に対する責任の意識が高まるからです。先の例でいえば，以前は勧誘ハガキのデザインについて細かいチェックを受け，上司の承認を得なくてはならなかったのに，デザインの権限を任されるようになれば，その仕事に対する責任の意識が高まり，動機づけにつながるはずです。

(5) **オープンなフィードバック・チャネル**

フィードバックは，働く人にとって，自らが自分の仕事をどの程度うまく行うことができているかということを認識させる役割を果たします。よいフィードバックとは，上司や仲間からときどき提供されるというよりも，仕事を行う中で直接かつ即時的に行われるものです。「あなたの仕事はこの点では優れているけれど，この点はまだまだ改善の余地がある。たとえばこういう改善をしてみてはどうか」というように，リアルタイムでフィードバックが提供されると，私たちは，自分が現時点でどの程度うまくやれているのか，何が足りないのか，そして次は何に取り組むべきか，といったことを明確に理解できるようになるのです。

このように，5つの職務特性を高めるために職務を再設計し，実際に再編成し，働く個人の働きがいを高めることを，**職務充実**と呼びます。このほかにも，職務が過剰にルーティン化している場合には，その人を同様のスキルを要する同一レベルの職務に配置転換することで退屈さを軽減したり（ジョブ・ローテーション），その人が行う仕事の数を増やしたりするといった方法も有効です。

カナコ　先生は以前，「組織行動論は実際のマネジメントの役に立つ」っておっしゃってましたけど，そのことがわかってきた気がしました。「職務特性理論」とかって字面だけを見ると，とても抽象的な感じがしてしまうのですが，実際には私たちの日常的な感覚にフィットするものが多いんですね。

先生　たしかに，ハックマンとオルダムやハーズバーグなど，この時代の研究者は，とくにそうした傾向が強いかもしれないね。必ずしもすべての研究者が「実践に役立つ」ことを目的に研究しているわけではないし，またそれを目指すことが常に正しいとも限らないんだけどね。

カナコ　どうしてですか？　「実践にすぐに役立つ」研究をすることが，マイナスになることもあるってことですか？

先生　いやいや，実践に役立つ研究をすること自体は，とてもよいことだよ。でも，もし研究者たちが，いま世の中で問題になっていることや，現場の人たちが困っていることばかりに耳を傾けて，すぐに人々の役に立つ研究テーマばかりを選ぶようになったらどうだろう？

カナコ　え？　それって，すごく素晴らしいことのように思えるのですが……。

先生　もしそうなったら，より長期的な視点，あるいはもっと冷静な視点に立って，社会の問題を眺めたり，批判したりする人がいなくなってしまうよね。社会の役に立つことはもちろん大事なことなのだけど，すぐには役に立たないことであったり，時には社会のトレンドに逆行したりするような研究をすることも，研究者には必要なんだ。社会心理学者のクルト・レヴィンは，「よい理論ほど実践的なものはない」という言葉を残しているのだけれど，まさにその通りだと思うんだ。

ショウゴ　ふーん。先生も，たまにはかっこいいこと言うんですね。

カナコ　ショウゴくん！

KEYWORD

内発的動機づけ　アンダーマイニング効果　外的報酬　有能感　自己決定　職務特性　職務特性モデル　技能の多様性　職務の完結性　職務の重要性　自律性　フィードバック　有意義感の実感　責任の実感　結果についての理解　職務充実

さらなる学習のための文献リスト　　　　　　　　　　Bookguide

- Deci, E. L., and Flaste, R. [1995] *Why We Do What We Do: The Dynamics of Personal Autonomy*, Penguin Books.（エドワード・L. デシ = リチャード・フラスト／桜井茂男訳『人を伸ばす力：内発と自立のすすめ』新曜社，1996 年）
- Pink, D. H. [2011] *Drive: The Surprising Truth about What Motivates Us*, Canongate Books.（ダニエル・ピンク／大前研一訳『モチベーション 3.0：持続するやる気（ドライブ）！をいかに引き出すか』講談社＋α文庫，2015 年）

CHAPTER

第 **3** 章

やる気を引き出す評価

公平理論と組織的公正

SITUATION PUZZLE

　　　　　　　　　　ある工場で新たに保安業務に就いたA氏は
悩んでいた。保安業務の目的は，重大な事故が起こらないように予防をす
ることである。そこで，いわゆるヒヤリハットの対策を立てようと，工場のさ
まざまな業務について，ヒヤリハット事例を調べようとしたのだが，いろい
ろヒアリングしてみたところ，どの部署の責任者も「ヒヤリハットはない
よ」と答えてくるのだ。実際にないのであればそれでよいのだが，どうも
そうとは思えない。当然ながら，ヒヤリハットのケースがわからなければ，
対策しようがない。いったいなぜ，この工場ではヒヤリハットの事例がまっ
たく報告されてこないのだろうか？

ショウゴ　これどうしてなんですか？　先生。
先生　答えは簡単だよ。ヒヤリハットの件数が部署の責任者の評価基準になって
　　　いたからなんだ。ヒヤリハットがあると，きちんと安全対策ができていないと
　　　見なされて，責任者の評価が下がるようになっていたんだよ。
カナコ　そうか。責任者は実際にはヒヤリハットがあっても，そのことを言うと
　　　評価が下がると思って，「ない」と言ったんですね。でも，なんだか本末転倒
　　　のような気がしますね。
先生　そうだね。たしかに本末転倒で，マネジメントとしては問題だね。でも，
　　　ショウゴくんなんかよくやってるじゃないか。出席点が評価されるようになっ
　　　ていると，ずっと教室で寝ているだけなのに授業に行くだろう？　何にも聞か
　　　ないのに授業に出たって意味がないし，自宅で寝ていたほうがその日はよっぽ
　　　ど充実するはずだよね。
ショウゴ　う……たしかに。

1　業績の評価

　経営組織であれば当然，そこで働く従業員の**業績**を**評価**する必要性が必ず生
じます。なぜなら，評価は，組織と個人の間をつなぐものだからです。自分の
業績が高く評価されれば，従業員は自分のやってきたことが組織にとっても評

価に値することであったと理解をしますし，反対に評価が低ければ，従業員は自分は組織の望むことをしていないのだと理解することになります。ところが，評価は，それほど簡単ではありません。その人をきちんと評価しようとすれば，単純に業績だけではなく，能力や仕事ぶりなども多様に評価することが必要になります。具体的には，そのときの業績だけでなく，後輩の面倒をよく見てくれることやこれまでの職場への貢献なども，多面的に評価しなくては，組織の中長期的な業績を維持することは難しくなります。もし，その期の業績だけを評価の対象とすれば，「ずる」をしても業績を上げようとしたり，業績が上がりやすい仕事ばかりを選んだりするほうに行動がシフトしてしまいます。

　サッカーを例にとってみても，とにかくシュートを打つことがパスをするよりも高く評価されるチームがあったとしたらどうでしょうか。その評価が試合への出場機会の獲得やその後のキャリアに影響するとしたら，ポジションにかかわらず，多くの選手がパスをせずにシュートする機会を窺うようになるでしょう。そうして，すべての選手がパスよりもシュートを優先するようになれば，当然ですが，試合にはなかなか勝てなくなってしまうでしょう。

　また，評価は報酬と結びついているからこそ意味を持ちます。もし評価が報酬に結びついていなければ，ほとんどの人は評価をあまり気にしないのではないでしょうか。評価を考える上では報酬を考えなければならないし，報酬を考える上では評価との関係を考えなければならないわけです。

　組織が業績を評価する理由は，こうした報酬の決定ならびに従業員へのフィードバックのみにとどまりません。1つには，昇進や解雇などといった人事上の意思決定に用いるために，評価が行われます。能力のある人をしかるべきポジションに就けるためには，きちんとした評価が必要だからです。2つめには，従業員の能力開発や育成のためです。従業員を育成するためには，それぞれの人について時々の評価がきちんとなされている必要があります。身長の測り方がその都度いい加減であれば，その人の成長を正確に捉えることはできないでしょう。また反対に，組織にとってみれば，従業員の不足している能力などを理解することで，必要な研修や育成計画を立てることができるのです。

何を誰が評価するのか

(1) 評価の基準

では，業績の何を評価すればよいのでしょうか。SITUATION PUZZLE のように，評価の基準を間違えると，従業員を間違った行動へ方向づけてしまうことがあります。また，マネジメントにおいて評価すべき点は数多くあり，業種や職種などによっても多様です。しかし，大きくは，個人の業務成果，行動，そして特性，という3つに整理することができます。

個人の業務成果は，個人が業務を通して成し遂げた結果です。車の営業であれば販売台数・売り上げ・契約数などが業務成果になりますし，工場の生産現場であればコストの額や前年比のコスト削減幅あるいは生産台数の増減といったことも基準になると考えられます。ただし，このような業務の成果は運に左右される面があり，また，業務成果に焦点が当たりすぎて手段を選ばなくなってしまうことが問題になることもあります。たとえば，ポスティングと呼ばれるポストにチラシや広告を入れていく仕事は，通常，配布した枚数によって評価されます。したがって，マンションが立ち並ぶエリアと一戸建てが並ぶエリアでは，マンションが立ち並ぶエリアのほうが当然ですが成果が上がりやすくなります。また，配った枚数が評価されるのであれば，1軒に複数枚同じ広告を入れたり，ひどい場合にはゴミ箱にまとめて捨てたりしてしまうこともあるかもしれません。もちろん，不正を行わないようにチェックすることでこうした行動を抑制することは可能ですが，業務成果の評価は，どのように行ったとしてもこの種の危険性を孕みます。

そこで，行動を評価することが，もう1つの基準になってきます。これは，たとえば，マネジャーに関して日々どのような指示を出しているかを評価するといったことです。行動で評価するのが有効なのは，グループやプロジェクトなど集団で目標を達成しようとするケースです。新製品の開発や新規事業の立ち上げなど，集団で1つの目的を果たそうとする際には，個々の働きのそれぞれを切り分けて成果に結びつけることが難しい場合があります。そのようなときには，集団の成果に対する各人の貢献を，行動を見ることによって評価することがあります。

3つめの評価の基準として，個人的特性があげられます。勤勉かどうかといった勤務態度や，経験が豊富であることなどが，個人の特性として評価の基準となることがあります。個人的特性には，業績に直結しないものも含まれるため，ここまで述べてきた業務成果や行動に比べると，評価の基準としては弱いといえます。しかしながら，これらの個人的特性が評価の基準として組み込まれることは，今でも少なくありません。

(2) **評 価 主 体**

　評価を誰がするのか，ということも重要です。一般に企業組織においては，ある一定の職位までは直属の上司が評価を行うのが通常ですし，それが自然に思えますが，必ずしも上司による評価が正確とは限りません。仕事によっては，上司が部下の仕事ぶりを常には確認できていない場合があるからです。近年，テレワークや在宅勤務などが増えていることも，評価を難しくさせる可能性があります。とりわけ，多くの部下を抱えた上司の場合，個人の業務成果だけが評価基準であれば大きな問題は生じないでしょうが，行動や特性も基準である場合には，すべての部下に対して十分に目を配ることが難しくなるため，評価の**信頼性**（Column❷）が低下してしまうこともあるかもしれません。

　上司以外の評価主体としては，同僚，自己評価，直属の部下があります。同僚も信頼できる評価主体の1つと考えられます。なぜなら，同僚は日々一緒に仕事していることが多いからです。そのため，行動や特性といった日々の観察によって得られる評価に関しては，より信頼のおける評価を期待することができます。しかし一方で，身近にいるだけに，同僚とのよい関係あるいは悪い関係が評価に偏りをもたらす可能性もありますし，双方に評価をし合うことになれば，なかなか厳しい評価はしづらくなるという欠点もあります。

　自己評価には，当然ながら，自分にとって都合がよいように評価が偏ってしまったり，もっといえば過大評価をしてしまうという欠点があります。しかし，その一方，自分で自分を評価することで，自らの仕事ぶりを内省する機会につながることや，組織の評価への抵抗感を減ずる効果などが期待できます。

　最後に，部下のいる従業員であれば，直属の部下も評価の主体と考えることができます。日ごろ上司と接することが多い直属の部下には，ある程度信頼の置ける評価が期待できます。とはいえ，部下が評価者である上司からの報復を

> **Column ❷　信頼性と妥当性**
>
> 　あなたはどれくらい通った後に，この店はおいしいという評価を固めるでしょうか。1度だけで決める人もいれば，何度か通った上でという人もいると思います。そして，後者のようにする理由は，出される料理は同じだとしても，そのときの自分の体調や気分によって，感覚に誤差が生じるから，という人もいるかもしれません。このような，いつどんな状況でも同じ人（店）からは同じ結果が得られるか，すなわち誤差が入り込まない程度のことを，信頼性といいます。
>
> 　組織行動論では，信頼性は主に測定尺度の問題として捉えられます。上記のお店の話でいうと，同じ味をいつでも自分はおいしく感じるかどうか，自分の舌に信頼性があるかどうか，ということです。したがって，評価において，営業マンの販売数のように客観的な数値が尺度になっている場合は誤差が小さいために信頼性が高いといえる一方で，上司の主観的な評価は上司が誰かによって多少の誤差が出るかもしれないので信頼性はやや低いといえます。組織行動論の調査では，その測定尺度の信頼性が十分かどうかをしっかり確認しなければ，その尺度によって測定された数値を，まさに「信頼」することができません。本来であれば，同じ質問を繰り返して同じ結果が返ってくるかを確認する必要があるのですが，実際の調査ではそのようなことはできませんし，あまり

恐れれば，評価が偏ることも考えられます。そのため，実際にこれを行うのであれば，無記名にするなど評価する部下の心理的負担を減らす手続きが必要になります。

　近年では，以上のような評価主体すべてに評価をさせる，多面的な評価方法が用いられることもあります。このような包括的・多面的評価は，一般に，**360度評価**と呼ばれています。この評価方法では，その従業員が仕事上接するすべての方面の人から評価がなされます。教員であれば，同僚や事務職員，研究仲間，自分自身のみならず，学生からの評価が含まれることも考えられます。360度評価は，多面的な評価により評価の信頼性を高めると同時に，評価のプロセスに多くの人が関わることで，評価への参加意識が高まり，組織の評価そのものへの従業員の信頼が高まることが期待されます。また，評価者ごとの評価の違いが評価対象者へのフィードバックとなり，仕事の改善に貢献するとも

意味がありません。そのため，たとえば職務満足（▶第1章）を調べるのであれば，それを測定する項目を複数用いて，その項目間の回答の類似度から，その尺度の信頼性を確認するのが普通です。複数の物差しが同じような数値を示していれば，測られた変数の信頼性が高いと考えるわけです。

ダーツにたとえると，信頼性は，矢を何度投げてもちゃんと誤差なく同じところへ飛んでいくかどうかを確認するものであるのに対し，矢がちゃんと測りたい的の中に刺さっているかどうかを確認するものを，妥当性といいます。たとえ何度測定しても同じ値が出るとしても，その物差しが測りたいものを測れていなければ，意味をなしません。

たとえば，授業の成績は講義内容の習得度合いによって決まります。講義への出席回数を成績に加味することは，部分的には講義内容の習得度を反映できそうですが，講義に来ても寝ているばかりであれば，出席回数はその人の講義の理解度を十分に反映しているとはいえません。したがって，講義での発言回数などのほうが，妥当性は高いでしょう。ただ，回数だけだと，あまり関係ないことを発言してもカウントされることになり，これも十分に妥当性が高いとはいえません。できれば，発言の内容を加味して成績をつけたほうが，妥当性は高くなるでしょう。職務満足や公平性などを測定する測定尺度についても同様で，その信頼性とともに妥当性が問われるのです。

考えられます。

ただ，近年は，**多面的評価**の研究において，問題点もいくつか指摘されています。1つには，自己評価と他者評価の違いが大きくなりがちなことが，欧米のみならず日本でも報告されています（Harris and Schaubroeck［1988］, 髙橋［2001］）。前述の通り，自己評価は過大評価につながることが指摘されていますが，評価の食い違いは評価の解釈を難しくします。一方で，他者評価に関しては，評価者間で評価が一致する傾向のあることが報告されています。このことは，評価の信頼性を高めるともいえますが，反対に，多面的な評価のよさを生かしきれていない可能性とも考えられ，多面的な評価をより効果的なものにするためには，評価者のトレーニングなどが求められると考えられています。

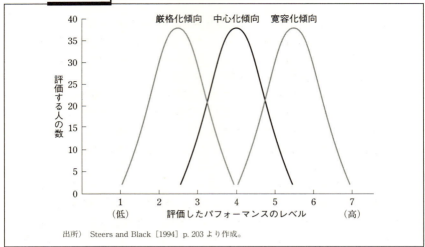

図3.1 中心化傾向，寛容化傾向，厳格化傾向

出所）Steers and Black［1994］p. 203 より作成。

評価におけるエラー

多面的評価については，もう1つ傾向があります。その傾向とは，評価の基準が異なる場合にも，評価者間で評価が一致するということです。つまり，よい評価を受けている人は，行動や特性などといった評価の基準にかかわらず，高い評価を受ける傾向があるのです。これを**ハロー効果**（halo effect）と呼びます。このように，評価については，評価者が持つ**エラー**に一定の傾向があることがわかっています。評価にあたっては，こうしたエラーも考慮しておく必要があるわけです。

ハロー効果以外のエラーとしては，中心化傾向，寛容化あるいは厳格化傾向，直近効果などがあります。**中心化傾向**とは，平均や中心に近い狭い範囲でのみ評価をしようとしてしまう傾向をいいます。また，寛容化傾向・厳格化傾向は，それぞれ，高いあるいは低い評価の中の狭い範囲で評価をしようとしてしまう傾向をいいます。いずれも一定の狭い範囲でのみ評価を行う傾向を指し，図3.1からわかるように，寛容化傾向では評価の平均が高いところに，厳格化傾向では評価の平均が低いところに位置することになります。中でも，いわゆる身びいきといわれるように，上司や同僚など評価する人と評価される人が近い関係にあるときには，評価が甘くなり，寛容化傾向が生じやすくなることが指

摘されています。

　直近効果とは，評価をする際に，最近起こったことに基づいて評価をしがちである傾向を指します。たとえば，ある1年間の業績評価をする際にも，最近数カ月の印象で評価がなされ，年初の出来事や成果などはあまり評価に影響しないことがあります。これは，当然ながら最近の出来事のほうが記憶に残りやすく，過去のことは曖昧になってしまうことが理由としてあげられます。ですから，年間で見ればほぼ同じような成果を上げた人がいたとしても，年の前半で活躍した人と後半で活躍した人では，後者の評価が高くなってしまう傾向があるのです。

　これ以外のエラーとして，個人的な誤差があります。たとえば同性に対して甘い人であったり，若い人を評価しがちな人であったりというような，個人によっての誤差もあることに注意する必要があります。

評価 → 行動

カナコ　講義では，テストだけでなく，受講態度なんかも評価してもらいたいと思いますけど，きちんと評価をするというのは難しいんですね。

先生　いつも前に座っているからといってきちんと講義内容を習得できているとは限らないからね。もちろんテストで講義の理解度のすべてが評価できるわけでもないけども。

ショウゴ　そういえば，就職した先輩が「上司はいつも新聞読んでいるだけなのに，俺より給料ずっといいんだよな」とボヤいていましたけど，そういう人も見えない何かが評価されているんでしょうかね。そうとも思えないですけど。

先生　いるだけで意味のあるといったタイプの人なのかもしれないからね。何を評価するのか，というのは本当に難しいんだよ。勤勉な人というのは評価が高くなりがちだけど，勤勉なフリをすることもできるからね。それと，その会社で長く働いている人の評価が，短期的な業績で大きく変わるということはあまりないんだ。それまでの蓄積があるからね。人間関係と同じで，良好な関係が長く続いていれば，多少喧嘩してもその関係は変わりにくいだろう？

ショウゴ　たしかにそうですね。でも，やっぱり評価と報酬は，しっかり関係していてもらいたいなぁ。

先生 それについては，何を評価するのか，そして報酬にはどのようなものがあるのか，ということをちゃんと理解しないと間違うかもしれないね。不満を言っている先輩も，別のところで報酬を得ていることもあるから。

報酬のシステム

前節でも最初に述べましたが，そもそも評価と報酬が連動していなくては，評価を正確に行ったところであまり意味を持ちません。たとえ低い評価を受けていたとしても，給料をはじめとして待遇が何も変わらなければ，人は現在の低い評価を克服しようとはしないでしょう。なぜならば，評価に対応して行動を改善しても，何のリターンも得られないからです。

ここまでの内容を踏まえれば，評価と報酬は，図3.2のような関係にあると考えることができます。

従業員が何らかの努力や成果を示したとき，タイムリーに業績の評価が行われ，建設的なフィードバックがなされた上で，きちんとした報酬システムに基づいて報酬が示されることで，安定したよい成果につながります。反対に，同じような努力や成果を示したにもかかわらず，十分な業績評価が行われず，不適切なフィードバックがなされ，報酬システムもいい加減では，その従業員のそれ以降の成果は，不安定で悪いものになってしまうでしょう。

報酬の種類

経営組織における報酬とは，どのようなものでしょうか。経営組織における報酬には，外的報酬と内的報酬の2つがあります。ここではそれらを詳しく見ていくことにしましょう。

まず，外的報酬には，直接的な報酬と間接的な報酬，そして非金銭的な報酬があります。直接的報酬は，いわゆる賃金や手当て，ボーナスといったものです。海外のベンチャー企業などでは，自社株を決められた額で買い取ることができる，ストック・オプションと呼ばれる権利が報酬として支払われることがあります。当初は小規模なベンチャー企業でも，成長して株式を公開すると，その

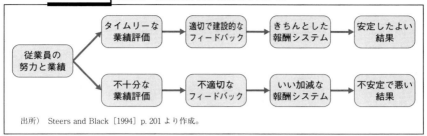
図3.2 業績の評価と報酬のシステム

出所）Steers and Black［1994］p. 201 より作成。

株の価値が何千倍にもなることがあります。そのときに最初に決めた額で株を購入できれば，従業員は大きな報酬を得られるのです。

　間接的報酬には，有給休暇や保険，特別な待遇などがあります。役員になると社用車でお迎えがくる，といったことも，間接的な報酬の1つといえます。非金銭的報酬には，それ以外のさまざまなものが含まれます。たとえば，秘書が付くことや自分のオフィスを持てるといったことが，動機づけになる人もいるかもしれません。役付きになって単に職位の名称が変わるだけでも，動機づけられる人はいるでしょう。あるいは，研究職に対して勤務時間の何％かは好きな研究に打ち込めるようにするといったことを行う会社もあります。

　一方，内的報酬は，やりがいや有意義感といったモチベーションないしは仕事の満足感につながる報酬です。すでに述べたように，多くの場合，裁量や責任の増加，意思決定への参加等を勘案した職務設計などを通して，仕事の価値を高めることにより，高まるとされます（▶第 **2** 章）。また近年は，成長の機会があることも，内的報酬をもたらす要因として取り上げられることがあります。

　経営組織は，評価に基づいてこれらの外的報酬と内的報酬を与えることで，組織のメンバーを動機づけ，組織目標の達成を目指すわけです。

報酬を決める要素

　では，どこを評価することで報酬は決まるのでしょうか。前節で述べたように，評価は，業務成果・行動・個人的特性を基準にして行われますので，これらは報酬を決める要素にもなります。とりわけ業務成果は多くの組織において重要な要素になりますが，業務成果を規定するのが難しい職務もあります。たとえば，営業の業務成果を営業成績で見ることに異論は少ないでしょうが，人

事や経理などのスタッフ部門の場合には，業務成果を規定するのが難しくなります。また，研究開発や製品開発などの部門の場合には，短期的に見ると何も成果を出せていないこともあります。業務成果は仕事の達成度を示すという点で報酬の要素として重要ではありますが，実際に組織で働くすべての人の報酬に結びつく業務成果を規定することは，難しい面もあるわけです。

そのため，業績に向かう行動や努力といった側面を評価し，報酬に反映することも重要になります。営業のように業務成果がはっきりとした仕事であっても，営業成果が出やすい地域での業績と出にくい地域での業績では，価値が違います。たとえ結果としての業績が低くとも，その中での行動や努力が報酬の基準となっていれば，地域に恵まれなかった人も頑張る意欲を失わずに済みます。また，実際の報酬システムでは，個人的な特性も報酬の基準に含まれることが多々あります。たとえば，**職能資格制度**を採用している企業では，コンピテンシーや職能と呼ばれる，その人が持っているとされる能力に基づいて，給与が定まります。

報酬の基準は，まだほかにもあります。たとえば，**シニオリティ**と呼ばれる在職期間も，報酬の基準となることがあります。長期雇用を前提としていた日本の大企業では，このシニオリティが報酬の基準の大きな部分を占めていました。基準としてのシニオリティの利点は，何といってもわかりやすいということです。また，シニオリティが報酬の基準になっていると，その組織に長くいようという意識が高まります。ただ一方で，必ずしも長くいる人ほど企業組織に貢献しているとは限らないこともありますから，注意が必要です。

仕事の内容が報酬の基準となることもあります。コンビニエンス・ストアで深夜勤務の時給が高くなっていたり，海外赴任者には通常の給与以外の手当てが支払われることがあるように，負担の大きい仕事であるほど報酬が多くなるのは自然なことです。これらの例では，勤務形態や勤務の場所など，仕事の上での困難さを基準に，報酬が決められているわけです。また，より多くの判断力が必要とされるような裁量の大きい仕事は，多くの場合，マニュアルに基づく仕事に比べて報酬が高くなっています。これは，仕事における裁量の大きさが報酬の基準となっている例といえます（同じことは責任の大きさについても見られます）。

評価 → 報酬 → 満足・行動

先生 ショウゴくん，1つ質問をしてもいいかな。
ショウゴ なんで僕だけに聞くんですか？ なんか怖いなぁ。
先生 そんなに警戒することはないよ。ショウゴくんは，仕事で十分な成果を上げて，給料が増えたら嬉しい？
ショウゴ なんか引っかかる質問ですね。でも，それは嬉しいでしょう。僕もそんなにひねくれ者ではないので。
先生 うん。じゃあ，そのとき誰が見ても成果を上げてない同僚の給料が同じように増えていたら，どう思う？
ショウゴ う，それはちょっと腹立つかもしれないです。それならこっちはもっと上げてくれよって思いますね。
先生 なるほど。では，その時々の成果が報酬に関わる度合いがもともと低くて，基本的にはシニオリティで報酬が決まることを知っていたらどうだろう？
ショウゴ それなら話は別ですよ。あらかじめそういう決まり方を知っていたら，それほど腹は立たないと思います。それでも何か差をつけてくれたら有り難いなぁとは思いますけど。

評価と報酬の公平性

　経営組織では，多くの人が働き，その業績や成果を評価され，報酬を受け取ります。もちろん私たちは組織の中での自分の働きが評価され，報酬がそれに見合って支払われるのであれば，満足するでしょう。しかし，私たちにはその一方で，他の人と比較して満足するという面があります。他者と比較したときに，自分が不当に低く評価されていたり，報酬が低かったりすると，やはり不満を抱えてしまいます。必ずしも評価や報酬に限った話ではありませんが，このような組織の中での公平性を，**組織的公正**と呼びます。組織的公正には，主に分配的公正と手続き的公正があり，前者は結果の公平性，後者はプロセスの公平性を指します。すなわち，**分配的公正**は「受け取った報酬の総量に関して

知覚された公平性」，**手続き的公正**は「報酬が決定される際の手続きに関して知覚された公平性」と定義されます。

分配的公正

分配的公正は，平等に資源を配分することではなく，分けられた報酬が公平であるかどうかに関する公平性で，**公平（衡平）理論**と呼ばれる理論に基づいています。公平理論では，組織に対する個人からの何らかの貢献（input）と，それに対する組織の報酬（output）との関係に注目します。この理論では，自分の貢献・報酬を他の人の貢献・報酬と比較して，釣り合っている（公平な状態である）と判断した場合，公平だと感じるとします。これに対して，報酬が少ないあるいは多いと判断した場合には不公平を感じ，不満や罪悪感の原因となります。

たとえば，グループの課題に何も貢献しなかったメンバーが，グループの一員というだけで課題に貢献したメンバーと同じような報酬を受け取ったとしたら，貢献したメンバーは不公平を感じ，その報酬が十分なものであっても不満を感じるでしょう。一方で貢献しなかったメンバーも，罪悪感を感じて報酬を素直には喜べないかもしれません。ただし，このような不公平はあくまでも個人の知覚に基づいているものです。他のメンバーからは貢献していないと見られたメンバーも，案外本人は報酬に見合う貢献をしていたと思っているかもしれません。その場合，少なくとも貢献しなかったと見られたメンバー本人は，公平だと感じることになります。

過去の研究からは，過少報酬には不公正を知覚して不満が生じるものの，過剰報酬はあまり知覚されないことが示されています。つまり，高い評価や報酬を得た場合には，自分の高い貢献に見合ったものであると考える一方で，低い評価や報酬のときには，貢献に見合っていないと分配的な不公正を感じるというわけです。

手続き的公正

手続き的公正は，結果としての公平性ではなく，結果に至るプロセスに関わる公平性を意味します。上述の通り，分配的公正は，その人が知覚する貢献と

報酬によって決まるため，組織にしてみれば公正感をマネジメントすることが難しくなります。しかしながら，人は結果としての公平性だけでなく，そのプロセスの公平性によっても公正感を認識することから，手続き的公正を確保することで組織的公正を保つことができると考えられるのです。

手続き的公正は，手続きに関する以下の6つの基準によって判断されると考えられています。すなわち，①一貫性，②偏見の抑制，③情報の正確さ，④修正可能性，⑤代表性，⑥倫理性です。

一貫性とは，人や時間，場所などによって左右されないような手続きであることを指します。その手続きを行う人やタイミングによって異なる結果が示されるような手続き・制度は，公正感を低下させてしまうのです。また，朝令暮改のごとく，すぐに制度が変更されてしまうことも，制度や手続きへの信頼性を失わせ，公正感を低下させてしまいます。

偏見抑制とは，自己利益や個人的・思想的偏見が含まれないような手続きであることを指します。たとえば，人件費抑制の必要から部署の報酬を抑制すると上司の業績になるようなケースでは，部下の報酬抑制が上司の自己利益につながると思われ，部下の知覚する公正感を低下させてしまいます。

情報の正確性とは，正確な情報に基づいて合理的な判断をしている手続きであることを指します。

修正可能性とは，不服申し立てのように，他の人が決定を修正したり覆したりすることができる機会を用意することを指します。スポーツの世界でも，テニスやアメリカンフットボールなどの「チャレンジ」，相撲の「物言い」など，審判の判断に対する異議申し立ての機会がある競技が少なくありませんが，これも公平性を維持する1つのルールといえるでしょう。

代表性とは，関係する人の関心や価値観，考えなどが考慮されている手続きであることを指します。日本では戦前まで女性に選挙権はありませんでしたが，それでも女性は選挙で選ばれた議員によって構成される議会が定める法律には従わなければなりませんでした。つまり，女性にとっては代表性がない手続きであり，当時の選挙制度は女性にとって組織的公正を感じられるものではなかったわけです。

最後に，倫理性とは，一般的な道徳価値や倫理的価値に合致した手続きであ

ることを指します。

　具体的な人事制度についても，情報公開や苦情の申し立て制度などといった手続きがあることや，評価者と被評価者（たとえば上司と部下）の間に相互コミュニケーションがあることなどが，手続き的公正感を増し，従業員の満足度を高めるという実証研究の結果が示されています。

組織的公正の影響

　では，これらの組織的公正の知覚は，行動にどのような影響を与えると考えられているのでしょうか。一般的には，組織的公正を維持することは，組織あるいは組織の中の個人にポジティブな影響を及ぼすことが報告されています。具体的には，組織的公正を感じる従業員は離職をしない傾向にあることが示されています。つまり，組織的公正には人材を引きとめる効果があるということです。また，組織的公正の知覚が高まると，組織コミットメントが高まったり，仲間を助けたりルールを守ったりする行動をより多くしたりするようになること，そしてこのような行動や態度を通じて，組織の成果につながることが，過去の研究から示されています。

　これらのことから考えると，組織は，単にコンプライアンスや社会的責任として，ではなく，組織自体にポジティブな結果をもたらすものとして組織的公正を捉えてもよいのかもしれません。とはいえ，組織に有益な結果をもたらすから組織的公正を高めるマネジメントを行うというのは，組織的公正の観点から見れば必ずしも正しい考え方とはいえないということに，注意しておく必要はありそうです。

評価 → 組織的公正 → 満足

カナコ　たしかに公平性って大事ですよね。せっかく評価して高い報酬を払っても不満に思われるんじゃあ意味ないですもんね。
先生　それに会社は，限られた人件費の中でやりくりしながら従業員のモチベーションを高めていかなければならないからね。業績評価を会社全体で考えるとき，たしかに公平性は大事な要素の1つなんだけど，もう1つ考えなくてはい

けないことがあるんだ。何だかわかるかな？
ショウゴ　何でしょう？　さっぱりわかりません。
先生　それは，協働をどうやって促し，評価するかということなんだよ。企業組織では，集団で協働して成果を出さなければならないことが多いよね。個人にばかり焦点を当ててしまうと協働が阻害されることがあるし，集団の成果を誰の貢献と見るかという難しい問題も出てくる。
ショウゴ　たしかに。チームへの貢献なんて，どうやっても1人1人に分けることはできないですよ。チームのみんなに成果を均等に割り当てるくらいしか思いつきません。
先生　最近は経営組織においてもチームを重視するところが増えてきているから，避けては通れない問題と言えるだろうね。

4　チームの業績評価

　組織である限り，集団や組織の目標を達成するために個々人の行動をマネジメントする必要があります。しかし，このことについてこれまでは，個々人の行動が組織の成果につながるという単純な見方で考えられることが多かったといえるでしょう。そのため，評価制度も個々人を単位に考えられているのが普通でした。しかし，とくに近年はチーム単位でのタスクが多くなり，チームやプロジェクトを1つの単位として組織が構成されることも少なくありません。たとえば新製品開発あるいは新規店舗やプロジェクトの立ち上げなどにおいては，求められるタスクもチーム単位になっているといえます。このような中では，個人の業績のみを評価し，それに連動した報酬によって従業員の行動をコントロールすることが有益とは限りません。チームやプロジェクトの業績には協働や集合知の発揮が大きく影響するため，それらを促進するような行動が多くなされるチームやプロジェクトと，そうでないチームやプロジェクトでは，その成果に違いが出てきます。したがって，成果を上げるためにも，チームの業績を評価する仕組みを用意する必要があるわけです。ポイントは次の3点です。

(1) チームとして達成すべき点を明確に示すこと
(2) チームの顧客のニーズや業務のプロセスに関連づけて評価をすること
(3) チームの目標達成に関連した個々人の業績の評価もすること

　チームの業績を評価する仕組みを構築するためには，まず，チームとして達成すべきことを明確にすることが重要です。その際に留意すべき点は，チームの目標が組織の目的に合致していることや数値としてわかりやすく示されていることです。チームとしての売り上げ目標などは，その典型例といえます。

　次に，評価の基準を，チームの顧客のニーズと業務のプロセスに置くことが重要になります。チームで仕事をする際に，個々人の業務成果や行動を評価していては，協働は生まれにくくなります。なぜなら，それぞれの人が自分の成果や行動だけに着目してしまうからです。そうではなく，どれだけチームが顧客のニーズを満たしたのか，また，チームとしての業務のプロセスがどれだけ効果的だったのか，ということを評価することで，それを改善するためにそれぞれのメンバーが行動の改善や協働を促進に向かうことになります。

　3つめに，そうはいってもチームとしての業績評価だけでなく，やはり個々人の業務成果についても評価することが必要です。そのためには，チームの目標達成あるいは業務のプロセスにおける，個々のメンバーの役割を，きちんと明確にしておくことが必要になります。チームの目標達成や業務のプロセスへの貢献が評価されない場合もまた，チームには協働が生まれにくくなってしまいます。チームの中の個々人についても，各々の役割や目標が明確でなければ，やはりチーム目標の達成につながる貢献を引き出すことは難しくなります。

　チームにインセンティブを与える具体的な方法として，プロフィット・シェアリング制度やチーム業績奨励給制度などがあります。これらはいずれもチームの業績に応じて支払われるボーナスです。当然ながら，どちらの制度もチーム業績に連動していることが重要になります。

ショウゴ　評価って簡単に考えていましたけれど，けっこう難しいですね。
先生　評価次第で人々の行動は大きく変わってしまうからね。講義でも，出席点をとれば，みんな授業に出てくるようにはなるけど，それだけでは内容を理解することにはつながらない。うまい評価と報酬の仕組みをつくるというのは，なかなか難しいよ。ただ，第1節の最初でも少し説明したけれど，最近は，評

価を必ずしも行動を変えるためだけにあるとは考えないようになってきているんだ。

ショウゴ　え，そうなんですか？

先生　最近，評価は，期待する行動を促すためだけでなく，従業員の成長を見るためにも使われているんだよ。ショウゴくんも，身長や体重を測ることで，自分がどれだけ成長したかがわかるだろう？　スポーツの記録でもそうだけど，きちんと評価をすることで，長所や短所，あるいはそれらの改善や成長を，自分自身も上司も組織も知ることができるんだ。

カナコ　なるほど。毎回きちんと評価をしておくことで，その従業員の変化を見ることができるんですね。体重なんかは成長してもらいたくないけどなぁ。

先生　そう。そうすれば，そのときの業績だけでなく，その人が着実に成長しているか，停滞しているかといったことも，また評価できるようになるわけだね。だからこそ，正確な評価，必要な評価について，ちゃんと考えておく必要があるんだよ。

KEYWORD

業績　　評価　　信頼性　　360度評価　　多面的評価　　ハロー効果　　エラー
中心化傾向　　直近効果　　フィードバック　　職能資格制度　　シニオリティ
組織的公正　　分配的公正　　手続き的公正　　公平理論

さらなる学習のための文献リスト　　　　　　　　　　　　　　Bookguide

- 髙橋潔［2010］『人事評価の総合科学：努力と能力と行動の評価』白桃書房。
- 江夏幾多郎［2014］『人事評価の「曖昧」と「納得」』NHK出版新書。
- 平野光俊・江夏幾多郎［2018］『人事管理：人と企業，ともに活きるために』有斐閣ストゥディア。

CHAPTER

第4章

組織とのよき出会い

採用の意思決定

SITUATION PUZZLE

A社の採用担当であるDさんは自信を持っていた。今年は会社が採用に力を入れてくれたから，会社案内も刷新できたし，大手の就職サイトに大きく掲載してもらうこともできた。説明会でも同業他社のブースに比べてずいぶん人が多かったし，実際，エントリーシートも例年よりかなり多く集まっていた。選考も順調に進み，面接官を務めた役員たちが今年は能力の高い学生が来てくれたと喜んでいた。ところが1年後，Dさんは社長から厳しく注意されることになる。この年に採用した新人のほとんどが，1年を待たずして辞めてしまったのである。いったい何が問題だったのだろうか？

ショウゴ 先生，なにやら就職活動の時期ですね。

先生 唐突に何だい。というか，他人事のように言っているけど，ショウゴくんだっていずれは就職活動しなくちゃならないんじゃないの？

ショウゴ そうなんです……。今日もキャンパス説明会をやっていましたけど，よくわからなくて。説明会にたくさん人が集まっているところとそうでないところがあるんですが，たくさん集まっているところは競争率が高そうだなと思うし，反対に少ないところはあんまりいい就職先じゃないのかなと思ったりして。

先生 まずは自分がどんな仕事をしたいかが大事だとは思うけれども，たしかに説明会などで人気のある企業とない企業はあるね。でも，あえて人を集めない企業もあるんだよ。

カナコ え，なんでですか？ たくさんの人の中から選抜をしたほうがよくないですか？

先生 たしかにそうだね。その辺りのことについて今日は話すことにしよう。企業側がどのように採用活動を考えているかがわかると，君たちが就職活動をするときにも参考になるかもしれないからね。

1 募集と選抜

採用活動の2つの側面

　採用活動には大きく2つの側面があります。1つは**募集**、もう1つは**選抜**です。たとえばですが、2つの箱の中に、小さな宝石と、見かけが同じようなただの石が入っているとします。この2種類の石はなかなか見分けがつかず、取り出して丹念に見ても間違えてしまうことがあります。片方の箱は、入っている石の数は少ないですが、宝石の割合が高く、もう片方の箱は、たくさんの石が入っていますが、宝石の割合が低くなっています。宝石が欲しいとなったら、どちらの箱を選ぶでしょうか。

　この話で考えると、箱の中にどのような石を集めるかが募集、箱の中から欲しい宝石を取り出すのが選抜ということになります。したがって、もし選抜に自信があるのであれば、とにかくたくさんの石を集めて、その中から的確に宝石だけを選ぶようにすればよいですし、もし募集のほうが得手であれば、箱の中になるべく宝石だけをうまく集めるようにし、選抜段階で多少間違えることがあっても宝石が選ばれる可能性を高くしておくことになるでしょう。よい採用活動というのは、できる限りよい人材を集め、その中から企業にとってよい人材を適切に選抜するということになります。本節ではまず、それぞれの段階で考える必要のあることを確認することにしましょう。

募集のポイント

　まず、募集の段階で考えなければいけないのは、どのようなことでしょうか。改めて石と宝石の話を思い出してください。後でできるだけ宝石を選びたいと思ったら、石を集めるときにどのようなことを考えるべきでしょうか。募集の段階では、後の選抜段階のために、より魅力ある候補の集団をいかに形成するかが、大事なポイントとなります。そのため、1つには、より多くの石を集めること、もう1つには、集めた石の中の宝石の割合を高くすることです。ただ、

募集は河原で石を集めるのとは異なり、応募するのは求職者の側です。したがって、このことは次のように言い換える必要があります。
① 多くの求職者に集まってもらうこと
② 応募した人の中に、より多く⒜欲しい人材、⒝採用したら実際に入社してくれる人材が含まれていること

石を拾い上げれば、通常それは自分のものになりますが、人材はそうはいきません。この人に来てもらいたいと思っても、その人は他の企業へ行きたいと考えているかもしれません。そこで、①や⒝が大事になるわけです。だからこそ、募集の段階では、自分たちの組織に関する情報をただ広めるだけでなく、そもそも自分たちの組織に興味・関心を持たない人にも組織のことを知ってもらって関心を持ってもらうことも重要になりますし、知っていても入社したいとは考えていない人たちにも、もし採用されたら入社してみたいと思ってもらうことも重要になります。

ただし、このときに考えなければならないことがもう1つあります。それは、多くの求職者に集まってもらうための活動と、その中に欲しい人材と入社してくれる人材を増やす活動は、時に相反することがあるということです。この点については後で述べたいと思います。

魅力を伝える場としての選抜

続いて、選抜の段階で考えるべき点に話を移しましょう。選抜の段階で考える点についても、石の話から始めることにします。箱に石と宝石とが混ざって入っていて両者の見分けがつかないとして、その中から宝石を取り出すには、何より宝石を石と見分ける眼力が必要になります。つまり、企業組織は応募してくるさまざまな人を見分ける必要があります。具体的には、履歴や志望動機などが書かれるエントリーシート、面接、ペーパーテストなどによって見分けますが、考えなければならないことは、次の2点にまとめられます。

1点めは、どのような能力を見極めるか、つまり**選抜の基準**を決めること、そして、それをどのような方法で顕在化させるかということです。たとえ選抜の基準があっても、それを見るための方法が適切でなければ、必要な人材を見極めることはできません。さらにいえば、選抜の基準は1つとは限りません。

社交性や論理性など，基準は複数あるのが普通です。自分たちの組織にとって適切な選抜の基準とその方法を考える必要があります。

　2点めは，選抜の段階においても候補者に魅力を伝えるということです。選抜の段階では，選考が進む中で候補者が絞られていきます。絞った後で候補者から断わられてしまうことは避けなければなりません。また，候補者の中には，選ばれたとしてもその組織へ入るか迷っている人もいます。だからこそ，選抜の段階においても候補者に魅力を伝え，採用を決定したときには候補者が確実にその組織に入ってくれるようにしておく必要があるのです。

ショウゴ　なるほど。企業にとっては，たくさん集めるだけではなくて，どんな人が集まるかも大事だということなんですね。

先生　だから，企業にしてみれば，説明会の段階から採用活動は本格的に始まっているわけだよ。

カナコ　そうだったんですね。自分が宝石かどうかはわからないですけど，まずはその箱に入らないことには選んでももらえないということですよね。

ショウゴ　宝石と間違えて僕を選んでくれないかなぁ。

先生　そんなことを期待してもダメだよ。それに，たとえ世間ではよい企業と言われている会社であっても，間違えて選ばれるってことはショウゴくんにとっていいとは言えないんだよ。

ショウゴ　やっぱりそうなんですかねぇ。

先生　では次にその辺りのことについて話をすることにしよう。

 採用におけるマッチング

マッチングの2つの側面

　前節で説明した募集や選抜という採用活動の背後にあるのは，**マッチング**という考え方です。採用活動とは，採用する側から見れば，自社が新しい人材に対して望むさまざまな要求に合う人間を選ぶことであり，採用される側から見れば，自分の（キャリアや人生の）目的に見合った企業や仕事を選ぶということ

なのです。たとえば，新規に IT 事業に乗り出そうとしている組織は，そのためにプログラミング能力がある人を必要としますし，営業力の強化を考えている組織は，コミュニケーション能力がある人を採用したいと考えるかもしれません。また一方で，海外で仕事がしたいという人は，海外事業を展開している企業への就職を目指すでしょうし，反対にある特定の地域内で働くことを希望する人は，地域採用枠がある企業などを目指すことになります。このように，組織が必要とする能力と個人の側の要求とをマッチングさせようと試みながら，採用活動は進んでいきます。このとき両者は，期待と能力という，2つの面でのマッチングを図ろうとしていると考えることができます。以下でそれぞれについて見ていくことにしましょう。

期待のマッチング

1つめは，**期待のマッチング**です。期待のマッチングとは，職を求める人が企業に対して求めるものと企業がその人に対して提供するものとのマッチングです。このマッチングは，募集と選抜いずれの段階においても行われます。個人にとって企業は，何でもよいから仕事を提供し，それに見合った給与を支払ってくれさえすればよいという存在ではありません。個人が企業に対して求めるものは，もっとずっと多岐にわたります。仕事の内容もそうですし，仕事をする場所や将来の保証，仕事をする上での職場の雰囲気など，じつにさまざまです。求職する人は，これら給与水準，教育機会の提供，勤務先の可能性，企業の雰囲気など，自らが企業に求めるものについての情報を，募集要綱やリクルーター，場合によっては面接官など採用の段階で接する人からも収集します。それらの情報を通じて求職者は，その企業へ入ることで，自らの企業への期待が満たされそうかどうかを判断します。つまり，企業との期待のマッチングを試みるわけです。企業の側も，勤務条件や職務内容，あるいは自社で働く人からのメッセージなどといった形で募集情報を発信することで，求職者が求めるものに関する情報を提示し，自分たちの企業が提供できるものとできないものを示します。こうしたことを通して，提供できないものを期待する求職者を除いていき，マッチングを行うことになります。

このように，期待のマッチングは双方向の情報のやりとりで図られますが，

企業側が求職者の判断に必要な情報を正確に記載し，求職者の側もそれらの情報を正確に受け取らなければ，両者の間には**ミスマッチ**が生じることになります。したがって，たとえば企業側が情報を精査せずに掲載したり，誇張した表現を用いたり，重要な情報を秘匿したりした募集広告を出すことは，ミスマッチを引き起こす可能性があります。このような期待のミスマッチは，入社後の幻滅につながり，職務満足（▶第1章）あるいは**組織コミットメント**（▶第11章）の低下，また最悪の場合には早期の離職（▶第6章）といった結果を招きかねません。

戦前から戦後にかけて，繊維業で成功を収めた鐘淵紡績や東洋紡績をはじめとする紡績会社は，事業の拡大とともに，女子工員（女工）の獲得が困難になるという問題に直面しました。当時，女工の多くは遠隔の農村地域出身の若い女性であり，通勤することができなかったため，工場と同じ地域内に寄宿舎が設けられ，そこで生活をしながら工場労働に従事しました。中には，『女工哀史』などに著されたように苛酷な労働条件で働かされる女性もいて，本人のみならず遠隔地から子どもを送り出す家族にとっても，工場への就職は勇気の要る決断でした。こうしたもとでは，募集地域における評判が非常に重要となります。大手の紡績会社は女工たちの待遇に気を遣うとともに，インターネットなどない時代で情報がなかなか伝わらない中にあっても，女工たちの生活を紹介するパンフレットを作成したり，女工たちに工場や近隣の様子が描かれた絵ハガキを頻繁に送らせたりして，実情を伝える方法をさまざまに工夫しました。また帰省の際には，綺麗な洋服を着せたそうです。これなども，女工たちの家族やこれから女工になるかもしれない幼い子どもたちに，工場で働くことに対してよいイメージを正しく抱いてもらう狙いがあったと考えられます。

能力のマッチング

もう1つは，**能力のマッチング**です。これは，求職者が持っている能力と企業が必要とする能力とのマッチングを図ることを意味します。前述の例でいえば，プログラミング能力のある人が欲しいと考える企業は，応募してきた人の中から自分たちが必要とするプログラミング能力を持つ人を見極めなければなりません。ただ，能力を持つ人がそれを十分に発揮できる環境を得ることは，

働く人にも好ましい影響をもたらすと考えられることから，能力のマッチングは，企業側だけでなく，求職者側にとっても重要だと考えられます。

能力のマッチングは，主に選抜の段階で行われることになります。募集を経て選抜の段階に至ると，応募した人は自分がその企業の求める能力を持っていることを示し，採用する企業の側も応募者が自分たちの必要とする能力を持っているかをさまざまな方法によって見極めようとします。もちろん必要とされる能力は1つとは限りません。英語が話せるに越したことはないが，粘り強く仕事する資質があるかのほうがより重要といったように，企業は，短期のみならず，中長期的に自分たちの組織に必要な能力を見定め，その観点から応募者の能力を見極め，マッチングを考える必要があります。

なお，期待のマッチングが入社後の満足度や組織コミットメントに影響を与えるのに対して，能力のマッチングは入社後の仕事の成果に影響を与えるといわれています。企業が必要とする能力を持たない人は，たとえ採用されたとしても十分な成果を上げられないというのは，自明のことといえるでしょう。

このように，2つのマッチングの影響は異なるところに表れることを考えると，企業側は採用におけるこれら2つのマッチングを，両方とも大事にしなければなりません。たとえ十分な能力を持った人が応募してきたとしても，企業の側が，その人の自社に期待することを提供できないのであれば，採用・入社には至れたとしても，いずれ幻滅してモチベーションを下げ，離職してしまうかもしれません。また，期待のマッチングは十分に図れたとしても，企業が必要とする能力を持たない人を採用していては，早期の離職がなくとも成果は上がりにくくなるため，採用の狙いを考えれば本末転倒でしょう。

リアリスティック・ジョブ・プレビュー

企業側に立つと，よいマッチングを実現したいのであれば，きちんと自社の情報を開示する必要があります。なぜなら，求職者はその情報に基づいて自分の期待とのマッチングを考えるからです。たとえば，テレビでよくある食レポは，一見仕事でおいしいものが食べられてよさそうですが，長年続けていれば肥満や成人病にかかる可能性が高くなるでしょうし，おいしいとされるものがいつも自分の口に合うとは限らず，食べ慣れないものも仕事であれば口にしな

ければなりません。このように，仕事のポジティブな面だけでなく，ネガティブな面も含めて紹介し，募集を行うことを，**リアリスティック・ジョブ・プレビュー（RJP）採用**と呼びます。

このRJP採用が優れている点としては，ネガティブな側面をあらかじめ示しているために，正確な期待の形成と現実化がなされやすく，入社後の期待と幻滅のギャップが生じにくく，早期の離職を抑制しやすいことがあげられます。これを**RJPのワクチン効果**と呼びます。

また，事前にリアルな情報を示すことで，自分の期待に合わない求職者の応募が減少します。つまり，ネガティブな情報から，そこで働こうと思わない人は応募してこなくなるのです。企業からすれば，ミスマッチを起こすような人をわざわざ選抜するコストを削減できることになります。これを**セルフスクリーニング効果**と呼びます。

最後に，正直にリアルな情報を示すことは，その組織に対する誠実な印象につながり，求職者の間でポジティブに評価される可能性があります。これを**コミットメント効果**と呼びます。正直であることは人ではなくても好意的に見られるわけです。

しかし，このようなメリットがあるにもかかわらず，積極的にRJPを採用する企業はそれほど多くありません。その理由の1つは，RJPを採用している企業とそうでない企業が混在するとき，リアルでネガティブな情報も含まれる企業の相対的な評価が低くなり，応募者がそもそも集まらなくなることが考えられるからです。表面的には，どの企業がRJPを採用しているのか，求職者にはわかりません。そのため，同じ業界であっても片方の企業にはポジティブなことが多く書かれていて，片方の企業にはネガティブなことも含めて書かれていれば，ポジティブなことが多く書かれている企業に魅力を感じてしまいがちになるのです。たしかに，すぐに辞めてしまう可能性が高い人が応募してこないことは採用のコストを削減しますが，そもそも会社が求めている人すら応募してこないようでは募集する意味がありません。また，一口にリアルな情報といっても，それを過不足なく提示するというのはなかなか困難です。給与や労働時間などは提示しやすいですが，会社の雰囲気は表現の仕方が難しいですし，仕事内容についても社内に実際にある仕事すべてを紹介するのは難しいで

しょう。

そのためRJPのような現実路線の採用が機能するには，いくつかの条件が揃っている必要があります。労働市場が買い手市場（働き手になる求職者数に比して，企業側の求人の数が相対的に少ない）であること，競争率が高いこと，また仕事の内容がわかりにくい，見えにくいことです。買い手市場のとき，求職者は選択肢が少ない状況ですから，たとえRJP採用を行ってもセルフスクリーニングは起こりにくいと考えられます。また，競争率が低いとき，つまりその企業へ応募する人がそもそも少ないとき，RJP採用をしてしまえばさらに応募者は減り，有効な選抜が行えなくなってしまいます。そして，すでによく仕事内容が知られている仕事においては，改めてRJPをする必要はなく，求職者にとってその仕事の内容があまりわからないとき，あるいは誤解を抱かれていそうなときこそ，RJPによる採用は機能します。

ショウゴ 先生，なんだか僕ますます就職活動がよくわからなくなってしまいました。たしかに言われていることはよくわかるんですが，実際のところどうやってマッチングを考えたらいいんでしょう？

先生 それはどういう意味かな？

ショウゴ 就職活動に関する本を読んだり先輩から就職活動について聞いたりしていると，給与も待遇も仕事内容も働く場所も将来性も，それ以外もみんな大事そうな気がしますし，会社情報を読んでもどれも同じように見えて，しかもそこにはネガティブな情報があまり示されないことを考えると……。

先生 たしかに，はじめからきちんとしたマッチングを目指してしまうと，活動自体を始められなくなるかもしれないね。ただ，中には期待と能力のマッチングだけでなく，実際には **フィーリングのマッチング** が重視されていると指摘する研究者もいるんだ。フィーリングのマッチングとは，企業と個人の主観的な相性のようなもので，「この会社（あるいはこの人）とは合いそうだ」とか「この人と一緒に働いてみたい」といった感覚的なものだね。結婚と一緒で実際はそんなものかもしれないね。

ショウゴ 先生，今サラッと人生の核心的なことを言いましたね。

先生 まぁまぁ。では次に仕事を選ぶということを考えてみよう。

3 仕事と企業の選択

本節では，視点を個人つまり求職者側に移すことにしましょう。職を求める人は，どのように情報を集め，どのように自分がやりたい仕事，あるいは行きたい会社を選ぶのでしょうか。

企業・仕事を決めるプロセス

求職者が仕事を決めるプロセスは，3つの段階で考えることができ，これは期待理論（▶第7章）と近いプロセスです。すなわち，特定の仕事や組織に魅力を感じ（第1段階），入職に対して努力を費やし（第2段階），最後にその仕事あるいは組織で働くことを決める（第3段階）という，3つの段階を経るわけです。ただし，これは個人の側に焦点を当てたプロセスですから，企業の選抜の結果，断られてしまう可能性があります。

まず第1段階では，それぞれの組織へのさまざまな期待とそれらに対する個人の価値あるいは好ましさをもとに，数多ある企業組織の中から特定の興味ある組織（あるいは産業や仕事）を浮かび上がらせます。たとえば，グローバル企業で働くことに価値を置く人は，グローバルに事業を展開する商社や外資系企業に魅力を感じるでしょうし，技術職に就きたいと考える人は研究開発職のあ

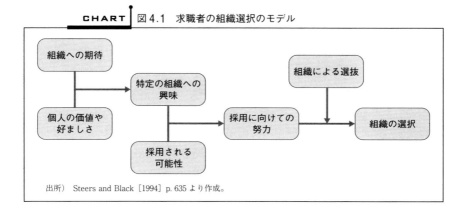

図4.1 求職者の組織選択のモデル

出所 Steers and Black［1994］p. 635 より作成。

> **Column ❸ 制約された合理性モデル：満足化原理による意思決定**
>
> 　就職活動を含め，組織における人間行動には多くの意思決定が付いて回ります。もし私たちが全知全能の神であれば，ありうべき選択肢をすべて用意し，それらが起こる可能性を正確に見積もり，その中で最も自分の求める点について高い評価をしたものを選べばよいことになります。しかし，私たちは残念ながら全知全能ではなく，限られた情報や能力のもとで意思決定をしています。このような状況における意思決定のモデルを，満足化原理による意思決定と呼びます。
>
> 　満足化原理による意思決定という考え方を提示したハーバート・サイモンは，意思決定のプロセスを右図のように考えました。まず，意思決定しなくてはならない問題があり，その問題の解の候補を限定された情報から探索するところから始まります。次に，探索された候補がどれほどの報酬・価値を自分にもたらすか見積もります。たとえば，今日の夕食を考えながらスーパーに行くと，牛肉の特売が目に入り，それで何をつくろうか，それは家族が喜ぶだろうか，値段はどうか，つくる時間が足りるかなどを考えるといったことです。もし見積もりの結果に満足できなければ，別のものを探しますし，それでよいとなれば牛肉を買って，予定の献立になるわけです。しかし，探しても満足いくものに出会えないこともあります。そのときは，探索の幅を広げるか，あるいは，今日は多少手間がかかってもよいとかたまには高いお肉でもよいというように，時間が足りるか値段はどうかといった基準を少し下げて，もう一度考えます。

る企業に魅力を感じるでしょう。

　第2段階は，それら魅力を感じた組織に対し，自分の能力や努力が企業に受け入れられ，採用される可能性が検討されます。魅力のある企業すべてを候補に入れていては，面接の準備などの時間もエネルギーも足りなくなってしまいます。そこで，自分の能力に鑑みて，採用活動にどれくらいの努力を費やせば採用につながるかを踏まえた上で，特定の組織の採用に向けて努力を費やすことになります。つまり，ここで応募する組織が決まってくるわけです。

　その後，第3段階では，採用活動の中で選抜が行われ，組織（個人）が選ばれることになります。ただし日本の場合，**就職活動**は1社ずつ進行するわけではなく，同時にいくつかの企業に対する就職活動が並行して行われるのが一般的です。そのため，第2段階と第3段階が重なりながら起こることが考えられ

こうして人は，探索と見積もりを繰り返し，満足な選択肢に出会ったときに探索を止め，意思決定することになります。

満足化原理の特徴は，情報が制約されていること，最適ではなく満足したものを選択すること，そのために意思決定が逐次的に行われることです。仕事の選択は人生においても大事な意思決定の1つですから，本当は最適なものを選びたいものですが，実際はこの満足化原理で選ばざるをえないのです。

図　意思決定のプロセス

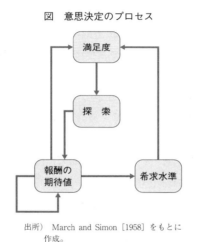

出所）March and Simon［1958］をもとに作成。

ます。具体的には，就職活動が進行するにつれ自分が採用される確率が高まったと感じて，他の企業への応募や進行している活動を止めるといったことや，就職活動を進めるうちに自身の関心が変わり，それまで魅力を感じていなかった企業に魅力を感じて新たに候補の企業が増えるといったようなことです。最後の段階の意思決定においては，**制約された合理性モデル（Column ❸）**に近い形で選択が行われると考えられます。

仕事選択に影響を与える要因

そもそも求職者が仕事あるいは組織を選ぶことには，どのような要因があり，それらの要因が実際どのように仕事の選択に影響を与えているのでしょうか。これまでの研究によると，仕事の選択においては大きく，①仕事の特性，②組

織の特性，③リクルーターの特性，④採用プロセス，そして⑤主観的な適合感，という5つの要因があることが示されているということです。

①仕事の特性には，昇進や報酬，給与，仕事の種類が含まれ，②組織の特性には，仕事環境や組織のイメージ，場所，規模，親しみやすさ，労働時間が含まれます。③リクルーターの特性は，大きく，性別やその人の職種などといったリクルーターの属性と，その能力，また好意的であったか，信頼できるか，（さまざまな情報を得られるという点で）有益であったかといったリクルーターの行動に関する特性に分かれます。④採用のプロセスに関する要因としては，**手続きの公正さ**，迅速な応答やプロセスでの扱われ方，自分を表現できる機会の有無，就職活動の中での企業との関係性，一貫性などがあります。自分に合うかどうかという⑤**主観的適合感**も，仕事の選択には影響を与えます。この主観的適合感には，自分と組織の適合感，自分と仕事の適合感，自分とリクルーターの適合感が含まれます。これ以外の要因として，認知している他の選択肢や採用される主観的可能性，その仕事での成果に関する認識などがあります。

これらのうち，仕事の種類や組織のイメージ，リクルーターが好意的であったかどうか，自分と組織の主観的適合感が，その組織へ応募するかどうかに大きく影響を与えることが示されています。また，仕事環境や組織のイメージ，手続きの公正さをはじめとする採用プロセスでの公正さ，自分と組織の主観的適合感は，求職者が感じるその企業への魅力に影響を与えることが示されています。さらに，その企業からの内定を受け入れるかどうかということに関しては，仕事の特性全般，仕事環境や組織のイメージ，そして採用プロセスの要因全般といった多様な要因が影響を与えることが，これまでの研究から示されています（Chapman *et al.* [2005]）。

総じていえることは，就職活動の初期の段階では，組織との主観的適合感や組織イメージといった比較的曖昧な要因が意思決定に影響を与えているのに対し，内定を受け入れるか否かといった就職活動の後期の段階では，多様な要因，もっといえばより具体的な要因が，意思決定に影響を与えていることがわかります。

ショウゴ　なんだかようやく就職活動をどう進めればいいか見えてきた気がします。

先生 本当かい？ いやにあっさり見えちゃうなぁ。

ショウゴ 要するに，自分が仕事に何を求めているかをきちんと理解して，それに関する情報を中心に考えることが大事なんですね。

先生 そうだね。企業側から自分に提供されるものが何であるかを，きちんと見極めることが大事になるわけだ。

カナコ でも，企業は実際に本当の情報を出してくれるんでしょうか？ 大体どの企業の募集情報を見てもいいことばかり書いてあるのが普通だし，あんまりネガティブな情報を企業は出さないんじゃないですか？

先生 前節でも言った通り，多くの人を集めようと思えば，よいことばかりを示したくなるのは，ある意味自然なんだよ。でもその結果，入ってから期待外れで多くの人が辞めていってしまえば，それはそれで困るわけだから。

カナコ なかなかいい採用というのは難しそうですね。

先生 その辺を最後に考えてみよう。

4. よい人材とよい採用

　企業の採用の目的の1つはよい人材を採用することです。では，よい人材とは何でしょうか。これは案外難しい問いです。というのも，これには2つの側面があるからです。繰り返しになりますが，よい人材を集めるということは，すなわち労働市場の中からよい人材を採用することです。採用した人がよい人材であることを明らかにするためには，採用しなかった人との比較をしなくてはなりません。ところが，これは現実的には不可能なので，よい人材をとったとははっきりと言い切れないのです。

　もう1つは，よい人材とは何かという基準を定めるのが難しいことです。プロ野球でも，獲得した選手が1年目に活躍したら成功といえるでしょうか。この選手が2年目以降，鳴かず飛ばずだったらどうでしょうか。反対に，数年間1軍に上がれなくとも，数年後に突然レギュラーになってその後中心選手になる選手もいます。球団としても，今すぐには活躍しなくても，将来的に中心選手になることを期待して獲得するケースもあれば，今すぐ必要な即戦力を獲得したいというケースもあります。つまり，目的がはっきりしていなければ，採

用がうまくいったか，よい人材を獲得できたかはいえないのですが，企業組織では，プロ野球よりもさらに採用の狙いが明確でないことが多いでしょう。とくに日本の大手企業では，新卒一括採用が依然として採用の大部分を占めているため，「将来活躍する人材を」と考えても，その基準を明確にするのはより困難です。反対にいえば，よい人材とは何かを明確に示せない中で採用活動を行っていかなければならないのが現実だということです。

　一方で，よい人材をとることがすなわちよい採用だと言い切ることもできません。たしかに，（さまざまな意味での）よい人材を得ることがよい採用であることは間違いありませんが，採用においてはほかにも考えなくてはならないことがあります。1つは，採用した人が中長期にわたって組織に貢献してくれるかどうかという点です。たとえよい人材を得られたとしても，その人が近い将来に他企業に行ってしまう可能性が高いのであれば，その採用をよい採用とはいいにくくなります。とくに，将来活躍してもらおうと考えて採用した人が，その能力を発揮する前に組織を出ることになれば，企業にとっては大きな損失です。ですから，（短期的にも長期的にも）能力の高い人材を得るだけでなく，その人がある程度の期間にわたって組織に貢献してくれるかどうかも考えなければなりません。

　もう1つは，採用した人がその後の組織や職場にどのような影響を与えるかという点です。ある組織が中長期的に活躍できるという判断から同じような基準でよい人材を集めると，それらの人材は同じような人材になっていく可能性があります。そして，そのような採用が続くと，組織の中には同じような考え方，同じような能力を持つ人が集まる同質的な集団ができ上がることになります。明確な組織目標を持ち，同質的な人材がそれに貢献できる場合はそれでもよいかもしれませんが，組織には日々変化する環境の中で臨機応変に進むべき道を変えていく必要もあります。後者の場合には，同質的なメンバーで構成された組織よりも，異質なメンバーで構成された組織のほうが，柔軟に対応できることが少なくありません（▶第11章）。そうした中では，たとえ能力が高くない人でも，職場の多くのメンバーと異なる考え方をしている人の意見は，他のメンバーに新たな気づきを与えてくれることがあります。このように，組織や職場が安定的に成果を上げるだけでなく，組織や職場が活性化される結果が

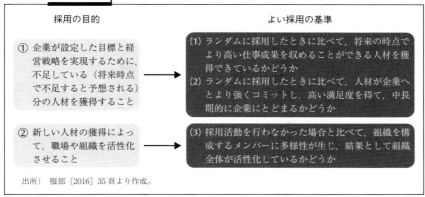

図4.2 採用の目的とよい採用の基準

出所) 服部［2016］35頁より作成。

もたらされれば、それもまたよい採用といえるのです（図4.2）。

　組織においては、その内部の人が募集や選抜を行うこと、また入ってからの教育や適応の手助けを内部の人が行うことから、必然的に同質的な考えの人が集まりがちになります。なぜなら、人々は基本的に自分と考えや価値観が近い人に惹かれるためです。このことは、募集の段階では応募者の中に企業の価値観や考え方に近い人が増えることにつながり、選抜の段階では企業側が自分たちの価値観に合った人に好意的な評価をしがちになる結果をもたらします。また入社後も、自分の考えや価値観と異なることが起こると、それが組織を離れるきっかけになることも多くあります。この結果、組織にはさらに同質的な人間が集まりやすくなるため、そうしたことを踏まえて人材を採用していく必要があるのです。

期待のマッチング　→　（入社後の）仕事満足、組織コミットメント、離職・転職
能力のマッチング　→　（入社後の）仕事成果

先生　少しは採用のことがわかって気が楽になったかな？
ショウゴ　ところで、上の図式の組織コミットメントというのは何ですか？
先生　それはまたじっくり話すことがあると思うけども、要するに組織との一体感のようなものだよ。人間も出会いが大事だというけども、採用段階からそのような一体感は醸成されていくわけだね。

ショウゴ なるほど。でも，最初の印象がよくても，よく知るとがっかりするということはありますよ。そうなったときは，一体感のようなものはむしろ小さくなっていくんですかね？

先生 うん，その通りなんだ。だから採用ももちろん大事だけども，その人がその組織で活躍するためには，入ってからも重要になるのは当然だね。次の章ではその話をすることにしよう。

KEYWORD

募集　　選抜　　選抜の基準　　マッチング　　期待のマッチング　　ミスマッチ　　組織コミットメント　　能力のマッチング　　リアリスティック・ジョブ・プレビュー（RJP）　　セルフスクリーニング効果　　コミットメント効果　　フィーリングのマッチング　　就職活動　　制約された合理性モデル　　手続きの公正さ　　主観的適合感

さらなる学習のための文献リスト　　　　　　　　　　　　　　　　　　Bookguide

- Wanous, J. P. [1992] *Organizational Entry: Recruitment, Selection, Orientation, and Socialization of Newcomers* (2nd ed.), Addison-Wesley.
- 服部泰宏 [2016]『採用学』新潮選書。

CHAPTER

第 **5** 章

組織に馴染むプロセス

組織社会化

SITUATION PUZZLE

　　　　　　　　　　お金と時間をかけて採用した新入社員の多くが会社に馴染めず，そのことが早期離職につながっていることに気づいたT社は，新入社員に対するサポートをより手厚くすることにした。早速，新入社員研修の期間をこれまでよりも長くし，ベテラン社員が新入社員の仕事を助けたり助言を与えることを奨励し，また新入社員たちが不安や不満を抱えているときに気軽に相談できるようメンター制度も導入した。ところが，人事データによれば，新入社員の離職率は一向に低下する気配を見せていない。より正確にいえば，経理部門など一部に離職率が低下した部署もあったのだが，営業部門をはじめとするその他多くの部署では高止まりしてしまっている。T社の現場では，いったい何が起こっているのだろうか？

ショウゴ　新入社員に対して手厚くサポートする取り組みを行ったのに，定着率が悪い……。よっぽどこの会社は給料が低いのでしょうね。

先生　まぁその可能性もあるけれど，人々のやる気が，必ずしも給料だけで決まるわけではないということを，忘れてはいけないよ。

ショウゴ　ホーソン実験ですね！　思い出しました。人々がやる気を持って働く理由はさまざまでしたね。

先生　そうだね。それに実際，この会社の給料は，それほど悪くないんだ。

カナコ　でも，じゃあどうして……。というか，そもそも，会社に「馴染む」っていうこと自体が，私にはピンとこないなぁ。なんというか，人によって思っていることが違いそうじゃないですか？

先生　いいところに気がついたね。そう，この問題について考えるためには，先にそのことをクリアにしておかないといけないんだよ。そのためにまず，そもそも私たちにとって「会社」とはどういうものなのか，ということを考えてみよう。

1 組織社会化とは

会社組織の2面性

　会社組織とは，私たちにとってどのような意味を持つ場所なのでしょうか。私たちの多くが，人生の多くの時間を過ごす会社組織とは，一体どのような場所なのでしょうか。いろいろな答えがありうると思いますが，多くの人は，「生活の糧を得る場所」「技術や知識を身につける場所」「一人では成し遂げられないことをみんなで実現する場所」「好きな仲間がいる場所」「自分の居場所」といった答えをあげるのではないでしょうか。これは私たちがなぜ組織に居続けるのかという問題にも関係するのですが，それは第11章で改めて検討するとして，ここでは「私たちにとって会社組織とは何か」という問題を考えてみましょう。

　結論からいえば，会社組織には，「**経済的な組織体**」と「**人々の共同体**」という少なくとも2つの側面があるといえます。大まかにいえば，前者は経済学的なものの見方，後者は社会学的なものの見方といえるかもしれません。それぞれについて，考えていきましょう。

　社会人として生きていくにあたって，私たちはまずもって，「生活の糧を得る場所」を確保する必要があります。そのためには，組織に貢献するだけの技術や知識を身につけなければならないし，それらを身につけることが，キャリアの次なるステップにとっても重要な意味を持ってくることでしょう。このとき会社組織は，「技術や知識を身につける場所」という側面を持つことになります。また，読者のみなさんの中には，自分一人では到底できないことを，ほかの誰かと一緒に成し遂げるために，会社組織に所属するという人も少なくないでしょう。電力や鉄道といった巨大なインフラ事業はもちろん，1台の車や1個の日用品ですら，私たち一人では満足につくることができません。まして次々と新しいアイディアを生み出し，製品・サービスへと落とし込み，効率的に生産し，消費者へと届けるためには，ほかの多くの人々の力を借りなくては

ならないのです。その意味で会社組織には,「一人では成し遂げられないことをみんなで実現する場所」という重要な側面があるのです。

　微妙な違いはありますが,これらはいずれも,会社組織を「経済的な組織体」と見ているという点で共通しています。人々にとって組織は,まずもって,自分自身の生活の糧を得るという経済的な動機を満たす場所であるわけですが,そのためには,個人として会社全体の経済的な利益に貢献しなければなりません。全体の利益があってはじめて,その一部が個人へと分配されるということを,誰もが理解しているのです。

　会社には,もう1つの側面があります。ホーソン工場実験（▶第1章）で明らかにされたように,人々は,ただ経済的な報酬のためだけに働くわけではありません。ホーソン工場の女性工員たちの生産性が,物理的な作業条件ではなく職場での人間関係や監督者の態度によって決定されていたように,私たちにとって会社とは,「好きな仲間がいる場所」であり,「自分の居場所」でもあることが,しばしばあります。入社3年以内に離職する人の多くが,会社での人間関係や上司との折り合いの悪さをあげるということは,私たちが単に経済的な報酬や技術・知識を求めるだけでなく,豊かな人間関係や自分自身の居場所をも会社に求めていることの1つの証拠といえるでしょう。つまり会社には,「人々の共同体」という側面もあるのです。

組織社会化の定義

　会社組織が「経済的な組織体」と「人々の共同体」という2つの側面を持っているため,そこで働く個人には,この2つの側面について組織に馴染むことが求められます。経済的な組織である会社に対して,十分な貢献ができるだけの知識・能力を身につけ,期待される役割を理解し,それを実際にこなして十分な成果を上げることはもちろんですが,同時に,共同体である組織の中で人間関係を育み,組織の文化を理解し,高い満足でもって仕事を遂行することもまた,必要になるということです。

　このように「組織内での役割を遂行することと,組織のメンバーとして参加することにとって不可欠となる,価値観,能力,期待される行動,社会的な知識などを正しく理解していくプロセス」のことを,**組織社会化**（organizational

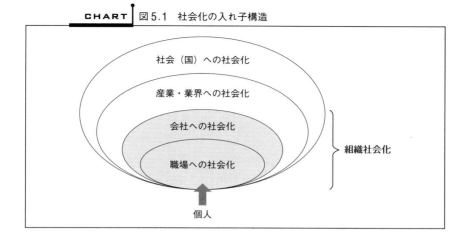

図5.1 社会化の入れ子構造

socialization）と呼びます。ここでは，経済的な組織にメンバーとして求められる「役割を遂行する」ための能力や知識や行動だけでなく，共同体としての組織に参加するにあたって必要になる価値観や行動や社会的な知識もまた，組織社会化の重要な部分となっていることが重要です。組織社会化には，経済的な組織に個人が馴染むという側面と，人々からなる共同体に馴染むという2つの側面がある，と言い換えてもよいでしょう。

　ちなみに，ある社会の構成員となるために必要な価値観，能力，行動，社会的な知識などを理解していくことを社会化（socialization）と呼び，そうしたプロセスが特定の会社組織の中で起こることを組織社会化と呼ぶわけです。さまざまなレベルでの社会化が，同時に起こることもあります（図5.1）。たとえば，外国出身の新社会人が，母国の大学卒業後に日本の自動車メーカーに入社したとしましょう。この人は，その会社組織における社会化を経験すると同時に，その企業が属する自動車産業にも社会化されていくことでしょう。それのみならず，日本という国や社会への社会化もまた，同時に経験します。社会化とは，このように「入れ子」のようになっているものなのですが，本章では，「会社」それ自体への社会化，あるいはその中の「職場」への社会化に限定し，これらを合わせて「組織社会化」と呼ぶことにします。

組織社会化の中身

ミシガン州立大学の心理学者ジョージア・チャオらによれば，組織社会化とは，具体的には以下の6つの側面について個人が理解をしていくことを指します。6つの側面とは，①仕事上のパフォーマンスの向上（performance proficiency，仕事上の課題をどのくらい深く学ぶか），②人間関係（people，他の組織メンバーとの間に十分な人間関係をどの程度確立するか），③政治（politics，組織内での権力構造に関する情報をどの程度持っているか），④言語（language，職業に関する専門用語や所属する集団に特有の言葉・俗語，内輪での言葉遣いをどの程度理解しているか），⑤組織の目標と価値観（organizational goal and value，組織の持つ目標や価値観をどの程度理解しているか），そして⑥歴史（history，組織における伝統・習慣・神話・儀礼などを含む歴史的なことをどの程度理解しているか）です。これに，⑦組織の中で求められる役割や，組織との間の**心理的契約**（▶第**6**章）などを含めることも考えられるでしょう。

これらを大まかにまとめると，以下の3つに分けることができます。1つめは，仕事に関するスキルや知識に関わるもの（①），2つめは組織の中で重視される価値観や行動規範，ルールなど，いわゆる組織文化に関わるもの（②③④⑤⑥），そして3つめは組織から求められる役割や心理的契約に関わるもの（⑦）です。いずれも，組織社会化のプロセスにおいて新人が学習しなければならないもの，いわば組織社会化の中身に相当するものですが，このうち②③④⑤⑥など多くが，「人々の共同体」としての組織に関係することに，注目してください。組織に加入し，そこに馴染むということの多くの部分が，共同体としての組織を理解することに関わっていることに気づくと思います。

「馴染む」とは

ただ，何をもって組織社会化が成功した（組織に馴染んだ）と見なすかということに関しては，必ずしも統一した見解があるわけではありません。たとえばチャオらがあげた6つの要素のうち，人間関係，政治，言語，組織の目標と価値観，歴史などは，新人が組織の中で学ぶ具体的な内容であるのに対して，仕事上のパフォーマンスの向上については，そのような学びの結果もたらされる

CHART 図 5.2　組織社会化の成果

```
         組織社会化の              組織社会化の
         一次的成果      ➡         二次的成果
  ┌─────────────────┐      ┌─────────────────────┐
  │ ● 人間関係       │      │ ● パフォーマンス     │
  │ ● 政治           │      │ ● 職務満足           │
  │ ● 言語           │      │ ● 組織コミットメント │
  │ ● 組織の目標と価値観│    │ ● 離職・離職意図     │
  │ ● 歴史           │      │   など               │
  └─────────────────┘      └─────────────────────┘
```

という意味で，社会化そのものというよりも，その成果であるともいえます。また，社会化の成果には，仕事上のパフォーマンスだけでなく，職務への満足や組織へのコミットメント，組織からの離職なども含まれるべきでしょう。

　現在のところ，チャオらのいう，人間関係，政治，言語，組織の目標と価値観，歴史のように，新人が組織の中で具体的な何かを学ぶことを，**組織社会化の一次的な成果**，仕事のパフォーマンスが上がったり，職務満足や組織に対するコミットメントが高まったりというように，そうした学びの結果として起こるものを，**組織社会化の二次的な成果**と呼ぶことが，一般的になってきているようです（図 5.2）。

 社会化の 3 つの主体　　　▶ 組織，個人，社会

組織による社会化（社会化戦術）とは

　組織社会化とは，個人を組織に馴染ませるプロセスですから，それを促進する主な主体は，当然のことながら組織そのものということになります。具体的には，直属の上司やメンター，同僚や人事部，さらには同期入社した社員など，組織を構成するさまざまな人々が，組織側の社会化の担い手となります。会社組織の中には，こうしたさまざまな人々によって，個人を当該組織の中に効果的に馴染ませるための方法が多く用意されています。こうした方法を，**社会化戦術**（socialization tactics）と呼びます。

　たとえば，経営学者のギャレス・ジョーンズによれば，そうした社会化戦術

> **Column ❹　アメリカのコミューンにおける社会化戦術**
>
> 　アメリカ社会においては，建国時から現在に至るまで，多くのコミューンが次々と発生しては消滅してきました。コミューンとは，独自の信念体系や儀礼的な実践を有し，すべての物を平等に分配することを信条とする，ユートピア的色彩が強い小規模な共同社会です。こうしたコミューンでは，「私的所有」が否定されているため，メンバーに対して金銭的報酬を提供することができず，またそもそも，メンバーがコミューンを去ることを前提としていないため，外部の組織でも使えるような知識・能力を提供することもありませんでした。つまり，一般的な企業が個人に提供するようなインセンティブは設定されていなかったわけです。
>
> 　社会学者のロバート・S. フォウガティによれば，1787 年から 1860 年にかけて，アメリカ社会には 137 のコミューンが，1861 年から 1919 年の間には 142 のコミューンが創設されましたが，その多くは，短期間のうちに消滅してしまいました。通常の意味でのインセンティブを持たないコミューンでは，人々の心を惹きつけ続けることが難しかったのです。
>
> 　ただ，そうした中にも，比較的長期にわたって存続したコミューンがいくつかありました。この実態に迫ったのが，ハーバード大学のロザベス・モス・カンターでした。歴史資料とフィールドワークに基づき，彼女は，成功しているコミューンと失敗しているコミューンとの違いが，メンバーを惹きつけ，社会化するためにとっていた，社会化戦術にあることを発見しました。成功し

には，組織に馴染ませるプロセスにおいてどのような情報をどのくらい明確に新人に対して提供するかということに関わる内容的社会化戦術，新人と組織の既存のメンバーとのコミュニケーションを通じて組織に馴染むために必要な情報が提供されていることに関わる社会的社会化戦術，新人が組織社会化のプロセスをどのような文脈で経験するかということに関わる文脈的社会化戦術などがあります (**Column ❹**)。また，これらが上述のような組織社会化の一次的成果や二次的成果をもたらすかどうかに関しても，すでにある程度の実証研究が行われており，中でもとくに重要とされているのが社会的社会化戦術です。上司や人事部門をはじめとする社会化の担い手が，彼らの言動によって新人に対してさまざまな情報を提供することが，新人の社会化にとってはきわめて重要

たコミューンは，メンバーを効果的に社会化させ，強い組織コミットメント（▶第11章）を生み出すメカニズムを持っていたのに対して，失敗したコミューンには，そうしたメカニズムがほとんどあるいは弱い形でしか存在しなかったのです。

カンターによれば，成功しているコミューンで実践されている社会化戦術は，大きく分けて2つのメカニズムに基づいたものでした。1つは，メンバーをそのコミューン以外の集団・組織から引き離す，分離（dissociative）のメカニズム，もう1つは，メンバーを当該コミューンへと惹きつける，融合（associative）のメカニズムです。たとえば，多くのコミューンで，メンバーを外部の人間関係から遮断したり，カップルや家族を形成するのを禁止したりすることによって，コミューン全体にコミットさせると同時に（分離），私的財産所有を禁止し，組織に対して有形無形の資源を投資させるだけでなく，価値観を共有することによって，全体との一体感を醸成していました（融合）。

コミューンが採用していた社会化戦術は，一見ずいぶん強引で，前近代的なものにも見えますが，その背後にあるメカニズムを冷静に観察すると，現代の組織にも通用する周到なものが多く含まれていることに気づかされます。みなさんもぜひ，身の回りの組織が採用している社会化戦術に思いを馳せてみてください。民間企業だけでなく，大学のサークルや部活動，アルバイト先，さらには身近な仲よしグループにおいてすら，「分離」と「融合」のメカニズムがさまざまな形で（時にはひっそりと）用意されているのに気づくことでしょう。

な意味を持つということです。

新人自身や社会による社会化

組織社会化を促進するのは，何も組織側だけではありません。組織に適応する新人自身，またマスコミや競合他社や就職情報会社，学校や家庭といった社会もまた，社会化の重要な担い手です。

組織社会化というのは，特定の価値観に染まっていない真っ白な状態（tabula rasa）の新人を，組織の「色」に染め上げることであると，考えられがちです。実際，かつて多くの組織社会化研究者が，このような前提に基づいていた時代もありました。しかし，1990年代以降は，個人を単に組織による社

会化戦術を受動的に受け入れる存在と見るのではなく，より積極的に，自分自身が主体的に組織へと適応を果たす存在であるという側面にも，注目が集まっています。組織の中で積極的に情報収集を行ったり，既存のメンバーとの関係を自ら構築したりするような適応のための行動を，**プロアクティブ行動**（proactive behavior ▶終章）と呼びます。これには新しいアイディアを積極的に提案する，組織の内実について積極的に学習する，社内のイベントなどに参加するといった，さまざまな行動が含まれますが，そうした中でとりわけ組織社会化に深く関わっているのが，**フィードバック探索**（feedback seeking）です。

新人の組織社会化に関して，経営学者のロバート・レンらが行った実証研究によれば，自身の割り当てられた仕事に対してフィードバックを求めるフィードバック探索を行えば行うほど，入社後の職務パフォーマンスが高くなることが示されています。新しい組織の中で自分が何を期待されており，現時点で自分がどう評価されているのかという点に関して積極的な情報探索をする社員ほど，早期に高いパフォーマンスを上げやすいということです。

ただ，ミシガン大学の経営学者スーザン・アシュフォードによれば，このように積極的なフィードバック探索をするのは，新人にとって決して容易なことではありません。そもそも，誰からフィードバックをもらえばよいのかがわかりにくいですし（探索コスト），フィードバックを得るためには実際に組織の中の誰かと対面する必要があるのですが，上司にしても同僚にしても，そのようなことをする時間的な余裕があまりないことも多いでしょう（対面コスト）。また，仮に然るべき人からフィードバックを得たとしても，その内容を理解し，解釈し，実行していくためには，それなりの負荷がかかります。時には「耳の痛い」フィードバックを受けることもあるでしょうし，そうしたときに，得られたフィードバックを正しく受けとめ，正しい振る舞いへと反映させていくのには，かなりの努力が求められるのです（探索と実行のコスト）。

さらに，コストを受け入れて実際にフィードバックを求めるような行動をとることができるかどうかは，所属している組織の文化に大きく影響を受けることもわかっています。たとえば，個々のメンバーの役割が明確に決まっていて曖昧さがほとんどない官僚主義的な組織や，メンバーが多忙な組織，あるいは一緒に働く仲間に対してあまり興味を持たないような互いが疎遠な組織では，

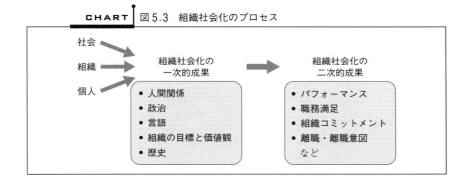

図 5.3 組織社会化のプロセス

こうしたコストがきわめて高いものとして認識されてしまいます。

いずれにせよ，近年，こうしたプロアクティブ行動が，組織による社会化戦術と同様に，組織社会化の重要な一面を担っていることが，実証研究によっても示され始めているのです。組織側の社会化戦術に，個人の側の努力が合わさることで，組織への適応が加速される，というわけです。

もう1つ，社会によって行われる組織社会化についても見逃すことができません。特定の会社組織に入る前から，個人は，社会のさまざまな部分から，会社で働くということに関する情報を受け取っています。たとえば，マスコミから「今年度の就職活動は売り手市場である」という情報を手にした学生は，企業で働くということに関して楽観的な観測を持つかもしれません。あるいは，学校や家庭で，特定の業界や企業に関するよい噂または悪い噂を耳にした場合，実際にその企業に入る前から，ポジティブまたはネガティブなイメージを抱きがちになるはずです。

予期的社会化とリアリティ・ショック

このように，会社組織に入る前に個人が意識的・無意識的にその組織に関する情報を摂取することを，**予期的社会化**（anticipatory socialization）と呼びます。効果的に機能しさえすれば，予期的社会化は組織と個人のマッチングを高め，採用の成果を高めることにつながりますが，それが個人に非現実的な期待を抱かせた場合，そうした組織への期待と実際の組織での生活との間にギャップを感じ，新人の不適応が起こってしまうのです。

このような，事前の予期的社会化によって形成される高い期待と，実際の組

織生活の中で知りえた現実とのギャップによって起こる落胆や衝撃のことを，**リアリティ・ショック**（reality shock）と呼びます。リアリティ・ショックは，企業側が予期的社会化のプロセスで提供する情報が不正確なものになりがちであること，それによって，これから始まる組織生活に対する個人の期待が必要以上に高くなり，入社後に目の当たりにする現実との落差が大きくなることで，発生するといわれています。たとえば採用活動において，自社の仕事が魅力的で，給料が高く，組織の雰囲気がよいことを必要以上に強調すれば，多くの求職者を惹きつけ，採用することに成功するかもしれません。ところがそうやって入社してきた新人は，組織の現実と比べて過剰な期待を抱いてしまっているため，入社後間もなく，組織の現実に幻滅することになります。こうした問題を起こさないためにも，組織の現実をできるだけリアルかつ誠実に伝える努力をすることが，企業には求められるのです（▶第 **4** 章）。

社会化戦術 ➡ リアリティ・ショック ➡ 適応

ショウゴ　リアリティ・ショックって，僕の経験と一致します。
先生　ショウゴくんは，いつそれを経験したの？
ショウゴ　今の学校に入ったときですね。入学前は，いろいろな講義を受けたりすることに対して期待を持ってワクワクしていたのですが，いざ講義が始まってみると，僕が期待していたような講義ばっかりじゃないってことがわかって，がっかりしました。あと，高校までと違って，講義の受け方とか履修の仕方とか就職のこととか，大学があまり丁寧に教えてくれないということもびっくりしました。
先生　ちなみに，ショウゴくんが入学後に受けたショックは，それだけかな？
ショウゴ　あと，「思っていたよりも大学の講義が大変じゃない」というのもありました。大学の講義って，もっともっと難しくて，もっともっと必死にやらないとついていけないと思っていたのですが，意外とそうでもなかった。
先生　それは同じショックでも，先に紹介したものとは少し性質が違いそうだね。入社前に大きな期待をしていて，それが裏切られるのがリアリティ・ショックだとしたら，今の話は，ある程度ハードな現実を期待していたのに，現実はそこまででもなかったというタイプのショックだよね。「肩すかし」とでも言お

うか。
ショウゴ まさにそういう感じです。僕が大学をサボりがちなのは，「肩すかし」のせいなんですよ。一生懸命勉強しなくてもいい講義が多いんですね。
先生 じゃあショウゴくん，前の学期でいくつか単位を落としたことはどう説明するのかな？
ショウゴ 先生，そろそろ次の話に移りましょうか……。

3 社会化のネガティブ・サイド

　メンバーを社会化することは，「経済的な組織体」であり，同時に「人々の共同体」でもある会社組織にとって，きわめて重要なタスクです。個人に対して経済的なインセンティブを支払う組織としては，新人に早く仕事を覚えさせ，支払う給与と彼らの貢献とを早期にバランスさせることが必須になるでしょう。組織が人々の協働で成り立っている以上，1人でも勝手な行動をとったり，手際が悪かったりすると，全体としての効率が落ちてしまいます。また組織が共同体である以上，多くの人がそこにとどまり，満足と誇りを持って働くことも重要です。組織社会化は，組織の浮沈を握る問題なのです。

　とはいえ，メンバーをとにかく組織へと社会化すればよいかというと，そうではありません。メンバーと組織との間にある程度の距離をとっておくこともまた必要なのです。過剰な社会化の要求は，そもそも個人にとってストレスとなりますし，個性豊かな個人を強引に組織へと適応させることは，組織の中の変革やイノベーションの芽を摘んでしまうことにもなりかねません。実際，変革やイノベーションが，組織の中の「変わった」人たちや，窓際に追いやられた部門から生まれたという例は，日本企業の中にも数多く存在しています。このように，変革・イノベーションはしばしば，組織の既存の価値観や考え方とは異なった人によってもたらされるのですが，組織の社会化は，そのような人を排除し，依存的な個人を増やしてしまうのです。過剰な社会化によって，個人の個性が犠牲となり，組織の中から変革やイノベーションの芽が摘まれてしまうような状態を，**社会化過剰**といいます。

つまり，組織の安定的なマネジメントのためには，多様な価値観や考え方を持った個人を組織へと社会化する必要がある一方で，価値観や考え方における多様性の削減は，組織から創造性や変革の可能性を奪っていく，というジレンマがあるのです。したがって，こうした矛盾する2つの力，すなわち個人を組織へと惹きつける力と，個人を組織から遠ざける力を，絶妙にバランスさせる必要があるという点に，組織社会化の難しさと面白さがあるといえるでしょう。

4. リアリティ・ショックが促進するキャリア発達

最後に，リアリティ・ショックの効用についても言及しておきましょう。そもそも，組織の側がどれだけ誠実に情報を提供しても，また個人がどれだけプロアクティブに情報を探索しようとしても，入社後に発生する期待と現実とのギャップは，多かれ少なかれ発生してしまうものです。だとすれば，個人と組織にとって重要なのは，リアリティ・ショックを最小限に抑えると同時に，それが発生したときに，いかに対処するかということになるはずです。キャリア論などに多くの業績を有するアメリカの心理学者エドガー・シャインは，リアリティ・ショックによってたしかに短期的には組織への適応が阻害されるが，適切に対処しさえすれば，長期的にはキャリア発達をむしろ促進する可能性があることを指摘しています。

具体的に，組織社会化段階の新人がクリアすべきキャリア発達上の課題として，シャインがあげているのは，以下の5点です（表5.1）。いずれも，組織参入後に発生するリアリティ・ショックにどのように対処するか，ということに関わっています。

まず1つめは，組織の現実を受け入れること。シャインが実施したインタビュー調査によれば，自分が所属する組織について，その欠点も含めて受け入れることができた新人は，まもなく組織の中で能力を発揮し，成果を上げていったのですが，組織の現実に最後まで抵抗し続けた人たちは，組織を去る最後の日まで，組織を否定し，不平をこぼすことに自らのエネルギーを使っていました。

CHART 表5.1　組織社会化段階のキャリア発達課題

1. 組織の現実を受け入れる
2. 新しいやり方に対する抵抗に対処する
3. 働き方を学ぶ
4. 上司との付き合い方と，評価の仕組みを学ぶ
5. 組織における自分の位置を定め，アイデンティティを確立する

出所）　シャイン［2003］より筆者作成。

2つめは，自分が「正しい」と信じてきたやり方が，組織の中では必ずしも「正しい」とは見なされないということを理解すること。自分が「正しい」と信じるやり方を受け入れてもらうためには，それ相応の努力と工夫が必要となるということです。自分がこれまでにやってきたこと，今まで学んできたことに自信を持っている人ほど，そのやり方を新しい組織の中でも押し通しがちになるものです。過去に何らかの成功体験を持つ人ほど，そうした傾向が強いのかもしれません。それが組織のやり方と相容れないとき，そのギャップにどう対処するかということが，2つめの課題です。

3つめは，その組織での働き方を学ぶことです。学校での学び，とりわけ物事がよく整理され，構造化された環境での学びに慣れている新人は，仕事の世界の曖昧さや複雑さ，場合によっては不条理さに直面し，大きな衝撃を受けることでしょう。たとえば，「企業とは利潤を追求する組織であり，そのためには明確な共通目標が必要である」ということを学んできた学生は，想像以上に非能率的で，明確な目標を持たない自分の会社に，苛立つかもしれません。また自社が，場合によっては，利潤追求にとって合理的とは思えないような決定をしているのを見て，不信感を抱くこともあるかもしれません。こうした苛立ちや不信それ自体は，決して悪いものではないと思いますが，組織の中で働く以上，その組織の仕事の仕方，考え方を学ぶこともまた，重要になるわけです。

4つめは，上司との付き合い方を学び，評価の仕組みを学ぶことです。あなたのはじめての上司は，きわめて多くの事柄をコントロールしようとしてくるタイプかもしれないし，あるいは逆に，ほとんどあなたに干渉してこない放任タイプかもしれません。たいへん有能な上司であることもあれば，イマイチな上司のこともあるでしょう。タイプがどのようであれ，生まれてはじめて「上

司」という存在を得た新人は，まず，その人との間にどのような関係を構築するかという非常に難しい課題をクリアしなければならないのです。より具体的にいえば，新人かつ学習者として上司に「頼る」ことと，その人から離れて自ら業務をこなすこと，つまり依存することと独立することとの間のバランスを，どのようにとるかという課題です。

その上で，組織における評価の仕組みを学ぶ必要があります。自分は組織から何を期待されており，何をすることで組織から評価されるのか。組織の中で認められる行動とは何であり，避けるべき行動は何か。こうした点について，上司の言動を観察したり，積極的なフィードバック探索をしたりすることで，正確な理解を形成することも，この時期の重要な課題となります。

これらを前提に，組織における自分の位置を定め，アイデンティティを確立することが，最後の課題となります。学校というこれまでの居場所を離れて，新たな社会人になった新人にとっては，時間的・空間的に自らの居場所を早期に見出すことが必要になります。また同時に，自らが思い描く将来ビジョンと，現在の自分自身の境遇との間に，何らかの折り合いをつけることも重要です。たとえば，組織の中で中核的な業務を担うことを希望しているにもかかわらず初期配属において組織の傍流に行かされた個人は，その境遇に自分なりに折り合いをつけたり（「しばらくは修業だと思って耐えよう」と自分を説得するなど），早期に異動できるように上司に掛け合ったりすることで，こうしたギャップを解消しようとするでしょう。このように，入社前に持っていた期待と，現在の状態，そして将来のビジョンとの間に，絶妙な折り合いをつけることが，この時期の最重要な課題となるのです。

組織に適応するということは，とにかく組織の現実に合わせて，そこに馴染んでいくということでは決してありません。リアリティ・ショックをくぐり抜け，組織の中でどのように働き，上司や周囲の人々と接し，組織の中で自分らしさ（アイデンティティ ▶第12章）を確立していくか。こうした問題について，自分なりの回答を出し，誰しもが感じる幻滅感に折り合いをつけることができたとき，私たちは一人前の組織メンバーとなっていくのです。

社会化戦術 ➡ リアリティ・ショック ➡ 適応

カナコ シャイン先生の話を聞いていると，なんだか，組織に合わせて，そこに取り込まれることが大事だと言っているようにも思えてくるのですが……。

先生 それは違うよ，カナコちゃん。シャインが言いたかったのは，組織に入って間もないキャリア初期にはさまざまな課題があるということ，それらを1つ1つ自分なりにクリアしていくことによって，ただ組織に取り込まれるのとは違う，健全な組織と個人の関係を築くことができるということなんだよ。そういう意味では，短期的には個人にとってネガティブな経験であるリアリティ・ショックでさえ，その人の長期的なキャリアにとっては意味のあるものになってくるはずだ，と言っているんだよ。

カナコ なるほど，それならわかりますね。

KEYWORD

経済的な組織体　人々の共同体　組織社会化　心理的契約　組織社会化の一次的な成果　組織社会化の二次的な成果　社会化戦術　プロアクティブ行動　フィードバック探索　予期的社会化　リアリティ・ショック　社会化過剰

さらなる学習のための文献リスト　　　　　　　　　　　　　　　**Bookguide**

- 高橋弘司［1993］「組織社会化研究をめぐる諸問題：研究レビュー」『経営行動科学』第 8 巻第 1 号，1-22 頁。
- Schein, E. H.［1978］*Career Dynamics: Matching Individual and Organizational Needs*, Addison-Wesley.（エドガー・H. シャイン／二村敏子・三善勝代訳『キャリア・ダイナミクス：キャリアとは，生涯を通じての人間の生き方・表現である。』白桃書房，1991 年）

CHAPTER

第 **6** 章

組織と個人の約束

心理的契約と離職モデル

SITUATION PUZZLE

かつては高い研究開発力で業績を上げていた中規模電子機器メーカーC社では，業績悪化を受け苦渋の選択ではあったが研究開発部門を急遽縮小することになった。それまでは研究開発部門を厚遇してきたが，さまざまな事情を考えれば，やむを得ないと人事部に所属するMさんは思っていた。それに，縮小といっても，これまでは定年まで研究開発に従事することが普通だった研究部門のメンバーの一部を，配置転換で他の部署に配属させるといった措置を講じただけで，残ったメンバーには以前と変わらず研究できる環境が整えられている。人事部のMさんからすれば，むしろ今までが特別扱いだったのであって，自分たちは当たり前のように営業，経理，人事など，さまざまな部署へ異動させられてきた。しかし，その後，配置転換された元研究開発部門メンバーの何人かが退職したばかりか，研究開発部門に残ったメンバーの中にも他の企業へと移ってしまった人がいる。他部署の社員と比べて遜色ない処遇であったはずなのに，どうしてこんなことになってしまったのだろうか？

先生 どうしたんだい，ショウゴくんとカナコちゃん。なんだか今日は様子がおかしいね。喧嘩でもしたのかな？

カナコ そうなんです。ショウゴくん，約束を破ったんです。今日，お昼休みに先生のところへ行こうと言っていたのに，お昼休みが半分過ぎたころに大学に着いたって言うんです。

ショウゴ 半分過ぎたころって言ったって，お昼休み時間中だったよ。約束破ってないと思うんだけど……。

カナコ お昼休みに先生のところに行こうって言っているんだから，お昼休みの始まるころに来るのが当然でしょ？

ショウゴ だけどさぁ，それなら何時何分って約束しなくちゃ。

カナコ そんな細かい約束する？　しないよ，普通。

先生 まぁまぁ。せっかく来てくれたんだし，いい機会だから，今日は組織行動論における約束の話をしよう。

1 心理的契約とは

　人と約束をするときにあらゆることを言葉にして約束するわけではありません。たとえば，明日一緒に買い物に行こう，という約束をしたとします。何時にどこの駅で待ち合わせるといったことは言葉にして約束したとしても，具体的にどの店へ行くかまでは決めないこともよくあると思います。しかし，もし実際に一緒に買い物へ行って，相手が自分の行きたい店ばかり回り，あなたが行きたいといった店にはまったく付き合ってくれなかったとしたら，あなたはどう感じるでしょうか。一緒に買い物に行くという意味では，たしかに約束通りだとしても，なんとなく約束を破られた気がしないでしょうか。また，それはなぜなのでしょう。これは，約束をしたとき，そこに具体的に決められた約束以上の暗黙の期待が織り込まれているからなのです。

心理的契約の定義

　組織と個人の関係についても同様です。会社で働くとき，私たちは会社と労働契約を結びます。プロ野球選手のように個々人が別々の契約を結ぶことはほとんどありませんが，会社の従業員になったからには，つまり，会社の側からいえば従業員を雇うことになった場合，組織は労働基準法に基づいて労働環境や給与などを整備する必要があります。もし労働環境が労働基準法に反していれば，会社組織は法律で罰せられてしまいます。これはいわば文書化された契約であるといえます。

　このような文書化された契約あるいは法で決められた契約内容だけでなく，従業員は組織に期待するものがあります。たとえば，ある程度の規模の会社に採用されたなら，仕事がきちんとできるために研修をしてもらいたいと思うでしょうし，自分たちの将来の仕事人生のことも考えて異動や転勤を考えてもらいたいと思うでしょう。これらのことは法的な拘束力があるわけではありませんが，従業員からすれば，雇ったからにはこれくらいのことはしてくれるはずという期待があり，したがってそれが満たされなければ約束を破られた気がす

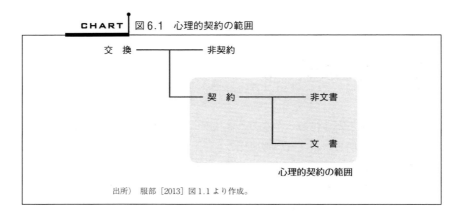

出所) 服部［2013］図 1.1 より作成。

るかもしれないのです。

このような文書化された約束事と文書化されない期待を含んだ契約を，総じて**心理的契約**といいます（図 6.1）。したがって，これらの契約は，文書化・明文化されているとは限りませんし，文書化されたものでもその解釈は個人の認識によって異なります。そこで，心理的契約は一般に，「当該個人と他者との間の互恵的な交換について合意された項目や条件に関する個人の信念」と定義されます。

心理的契約に含まれるもの

上述のような定義から，心理的契約には 4 つの要素があることがわかります。1 つは，個人の信念であるという点です。つまり，契約でありながら，組織の側の認識は問わず，個人の側のみの認識・信念であるということが，1 つめの要素です。ですから，自分と組織が相互にこのような期待を抱いているという認識・信念を持っているとすれば，それで心理的契約は成立するわけです。これを契約と表現するのは違和感があるかもしれませんが，こうすることで組織と個人の関係として捉えることができるようになります。

2 つめの要素は，合意です。心理的契約が個人のある種勝手な期待であっても，そこには合意が成立しているという認識が必要になります。ですから，「さすがに会社もそこまでは守ってはくれないだろう」と思うのであれば，そのときは心理的契約ができているとはいえません。

3 つめは，心理的契約の中身，すなわち項目が大事である点です。次節でも

述べますが，心理的契約も契約であることから，何が契約されているのかという項目は重要です。単純に組織と個人の間に強いつながり，あるいは愛着があるといったことではなく，心理的契約では，どのような項目について互いに契約していると認識しているかということが問題になります。

最後に，心理的契約は互恵的な交換関係，すなわち相手に対して何かを求める代わりに，自分も相手に何かを提供するつもりだという，双方向の期待を示すものだということです。そこにおいては，組織への期待があるとともに，組織側から自分への期待についても自ら認識することになります。つまり，自分が会社にこういうことを期待しているからには，会社も自分にこういうことを期待しているであろうといった，交換関係的な認識があるということです。このように交換関係で捉えることは，それが満たされなかったときに，両者の間にはネガティブな結果が生じるということをも意味します。人間同士の関係と同じことですが，暗黙の約束でも，それを破れば信頼を損ねますし，場合によっては関係が壊れてしまうこともあります。したがって，心理的契約はあくまでその個人が認識する契約ではありますが，その間には拘束力が働いているのです。

契約の不完備性

心理的契約という概念はなぜ必要なのでしょうか。もし心理的契約によって契約が結ばれる項目が重要なのであれば，最初から丁寧にそして詳細に文書化された契約を結ぶことも可能です。プロスポーツ選手の契約では，通訳を雇う費用や引っ越し代までも契約内容に入れることがあります。しかし，私たちは多くの場合，すべてを文書化して契約を結ばずに，心理的契約という形で組織と個人の間の関係性を規定しています。とりわけ，日本においては，会社と従業員の間に特別に結ばれる契約があることはほとんどなく，具体的な契約書にサインすることも多くありません。このように実際の雇用契約において，すべての項目が文書化されないのは，契約が不完備性を持つから，つまり，完璧な契約をつくることができないからです。

契約の不完備性は，人間の情報探索能力に限界があることによって生じます。自分が組織に期待していることを，くまなく契約に載せるためには，あらゆる

ことを想定する必要があります。しかし，残念ながら人間は，完璧な契約をつくるのに必要なすべての情報を得ることができないため，また，たとえできたとしても，そうした契約書は長大なものになってしまうため，文書化されない契約に頼る必要があるのです。こうした情報の不足は，現在だけでなく，将来に関しても同様です。たとえ，現在の自分が置かれた状況について十分な情報を得ることができ，それに基づいた契約を作成することができたとしても，状況は変化してしまうかもしれません。将来について予測ができないことも，情報の限界を生み，契約の不完備性をもたらしているのです。

カナコ　そうすると，今回のことも，もしかしたらショウゴくんと私の心理的契約に違いがあったということなのかしら。

先生　心理的契約は基本的には組織と個人の関係に用いる概念だから，人間関係についてそういうのはおかしいけど，今の話を理解するにはわかりやすい状況だったかもしれないね。

ショウゴ　でも，企業の立場からすれば，一方的に心理的契約を認識して，企業にいろいろな期待をするというのも，勝手な話のように聞こえるなぁ。

先生　たしかに世の中には，自分はたくさん組織に期待する割りに，自分に期待されていることは小さく考える人もいないとは言えないねぇ。

カナコ　私とショウゴくんで約束の中味が違ったように，人によって何を組織に期待して，何を期待されていると思うかが違うということもありそうですね。

先生　うん。心理的契約について重要な研究テーマの1つは，従業員がどのような期待を抱いているのかを明らかにするものなんだ。早速それについて見ていくことにしよう。

 心理的契約の中身

　心理的契約とは，従業員の組織に対する期待，および，組織の従業員に対する期待に関する従業員の信念です。個人はどのようなことを心理的契約の項目として認識しているのでしょうか。みなさんは，周りの人間関係についても，父親とは，あるいは友人とはこういうもの，といったイメージないしは期待を有していることでしょう。そうしたイメージや期待の内容を具体的に見ていく

と，困ったときに助けてくれる，厳しい言葉をかけてくれるなど，特定の事項に行き当たります。それらの内容にはどのようなものがあり，そして，その内容の違いは何によって生じるのでしょうか。

取引的契約と関係的契約

心理的契約に含まれる契約の内容は，おおむね**取引的契約**と**関係的契約**の2つに分けることができます。取引的契約とは，経済的な・条件的側面に主眼を置いた短期的に更新される可能性がある契約のことを指します。企業と個人の関係に関して考えれば，会社は業績に基づいて賃金を払ってくれる，休日出勤や残業は特別な場合を除けばない，などといったことは，取引的契約に含まれる契約内容です。

もう1つの関係的契約は，金銭あるいは経済的な側面にとどまらず，心理的な側面をも含んだ長期的な視野のもとでの契約のことを指します。たとえば，長期的に雇用を保障してくれるといったことは，関係的契約の内容です。日本企業は以前ほどではないにせよ依然として長期雇用を前提としていることが多く，その点では，日本企業の正社員と組織との契約では関係的契約が重視されているということができます。

また，心理的契約は，相互期待ですので，従業員が会社に期待することだけではなく，個人が認知する会社が従業員である自分に期待することも，内容に含まれます。したがって，心理的契約の内容には，従業員への期待と会社組織への期待，そのそれぞれについて取引的契約と関係的契約がありますので，すなわち4つのカテゴリーに分類できるということになります（表6.1）。

しかし実際は，これらの契約内容をきれいに分類して調査できるわけではありません。たとえば，個人的・家族的な配慮は，その水準はさまざまであるとはいえ，多くの従業員が組織に期待する項目と思われ，**表6.1**では関係的契約に分類されていますが，必ずしもそうとは限りません。家族に何かあったときに，特別な有給休暇の申請を認めてくれるといった取引的な契約内容を期待する人もいれば，日常的にワーク・ライフ・バランスを尊重してくれるような関係的な契約内容を期待する人もいます。つまり，同じ項目であっても，従業員や状況によってその意味づけが異なるため，一概にどちらかの契約に分類でき

CHART 表6.1 心理的契約の内容の例

	取引的契約	関係的契約
組織への期待	市場や組織内の水準に照らして適切な賃金 適切な訓練の提供 昇進，評価の手続きにおける公平性 仕事のやり方の自己裁量 安全で快適な仕事環境	可能な限りの雇用保障 従業員に対する人間的で責任を持った支持的な扱い 従業員に影響を与える事柄への相談 個人的・家族的な配慮
従業員への期待	契約された時間の労働 質量ともによい仕事 役割外の行動（柔軟性） 転職時の事前の通知 組織の資産の保全	最低限の勤続年数 忠誠心 誠実さ 同僚や顧客に対する自己提示

るわけではないのです。

契約内容を決める要因

このように，期待の内容は，人によって異なります。上述のように，家族に何かあったときにはそちらを優先させてくれることを期待する人もいれば，そんなことより金銭的なサポートを期待する人もいます。また，個人や家族への配慮よりも，何より賃金をきちんと公平に払ってくれるということを期待する人もいます。

こうした違いはどこから生じるのでしょうか。この違いを生むものには，個人的な要因と組織的な要因のそれぞれがあります。個人的な要因としては，世代や個人の価値観，**パーソナリティ**，過去の所属組織での経験などがあげられます。一方，組織的な要因，すなわち組織によって左右される要因としては，雇用形態，仕事上の経験，勤続年数，職場での人間関係，当該組織による契約の履行状況などがあげられます。たとえば，パーソナリティに関して，公平性に敏感なパーソナリティの人は，取引的契約を強く認識し，自尊心や誠実性が強いパーソナリティの人は，関係的契約を強く認識するといったことがわかっています。日本においても，大学生が採用先に期待することに関するアンケートが毎年行われていますが，多くの場合，不況期には雇用の安定性が上位にくるのに対し，好況期にはやりたい仕事ができるかどうかといったことが上位となります。また，日本的経営が全盛だった時代には**長期雇用**のような関係的契

約が強く意識されていたと思われますが、現在そうした意識はかつてほど強くないと推察されます。このように、心理的契約にはさまざまな要因が影響することが考えられます。

また、心理的契約の中身は、個人間で異なるだけでなく、個人の中でも変化すると考えられます。会社に入った直後の組織への期待と、しばらく勤めた後の期待が同じとは限りません。入社前や入社直後は、まだ組織や仕事に関する情報がない中での期待ですが、これがさまざまな仕事経験を通じて変化することはよくあります。実際に、入社後数年間での心理的契約の変化を調査した研究によれば、2年後の心理的契約においては、組織への期待は上昇する一方で、従業員である自分自身への期待は減少することが示されています（Robinson, Kraatz and Rousseau [1994]）。

契約内容による成果

それぞれの個人がどのような契約内容を重視しているかによって、行動も異なってくることが考えられます。その違いについては、2つのことがいわれています。1つは、関係的契約を認識する従業員と取引的契約を認識する従業員では、前者のほうがより組織にとって望ましい態度・行動をとるということです。具体的には、関係的契約を大事に考える人ほど、仕事や組織に対して意欲的で、長期的な勤続を望み、取引的契約を大事に考える人ほど、より高い地位を望むといった立身出世的な態度を示すことが指摘されています。

2つめに、組織変革に対する態度も異なることが示されています。ある研究によれば、関係的契約を認識している従業員には、外的な環境に対応するために変革はやむを得ないと感じる人が多かったのに対し、取引的契約を認識している従業員には、変革は経営者の自己都合によるもので正当とはいえないと感じる人が多かったということです（Rousseau and Tijoriwala [1999]）。

取引的契約と関係的契約のいずれを認識するかには個人差があり、また、同一の個人であってもキャリアの上のタイミングによって異なることがあります。しかし、これら2つの態度・行動の違いから考えると、従業員に取引的契約よりも関係的契約を形成してもらうほうが、組織にとってはよりメリットが大きいと考えることができます。

ショウゴ 取引的契約を認識する人と関係的契約を認識する人がいるのは，わかるような気がします。就職活動を見ていても，その会社が従業員を大事にしているかを気にする人もいれば，給料や福利厚生，ボーナスの額のほうを気にする人もいますからね。

先生 そうなんだ。それに日本には独特の雇用慣行があったということもあって，国による違いを主張する研究もある。

カナコ でも，心理的契約ってその人が抱く期待なんでしょ。そんなの会社は守らなきゃいけないわけ？ 勝手に思い込んで，破ったら怒るなんて，ちょっとおかしい気がする。

ショウゴ だけど，さっきカナコちゃんそれで怒ってたじゃない。

カナコ う……。でも，人と人との約束とは違うのよ！

先生 まぁまぁ。たしかに企業からするとなかなか厄介な問題かもしれないね。心理的契約に関しては，この不履行による影響についての研究もあるんだよ。

契約の不履行・違反

　心理的契約が破られることは，**契約の不履行**あるいは違反と呼ばれます。これは日常の約束と同じです。第1節でも述べたように，心理的契約は，会社と個人の間できちんと文書化された契約ではありません。それは，従業員が想定する，会社への期待と会社から自分への期待です。これらが契約のような形として認識されているのです。いわば従業員側の一方的な認識なわけですが，これまでの研究で，組織による契約の不履行が頻繁に発生していることがわかっています。このような，ある種自分勝手な契約であっても，契約不履行あるいは契約違反によって，さまざまな影響が生じるのです。

契約違反はやっぱりまずい

　改めていえば，心理的契約の不履行や違反というのは，組織が従業員の期待に反して契約を果たしていないという，従業員の知覚のことをいいます。そして，これも繰り返しになりますが，従業員の知覚に過ぎないにもかかわらず，過去の研究では一貫して，心理的契約の不履行を知覚した従業員にネガティブ

な影響が表れることが示されています。具体的に，影響を受けるといわれているのは，職務満足（▶第1章），組織コミットメント（▶第11章），業績，離職（▶第4節）などです。加えて，組織への信頼に関しては，事前の組織への信頼が高い従業員は，それほど不履行の影響を受けない反面，事前の信頼が低い従業員は，不履行によって信頼の程度がさらに大きく落ち込むことが示されています（Robinson [1996]）。つまり，強い信頼関係を保っていれば，多少不履行があってもその信頼を壊すことは避けられますが，日ごろ信頼関係が弱い場合には，1つの不履行がさらなる信頼の低下をもたらすということです。

業績はもちろんのこと，ほかのいずれの事項についても，組織としてはネガティブな影響を避けたい事柄ですので，契約の不履行は避けるべきであることは間違いありません。とはいえ，組織は従業員の期待に応えてばかりもいられません。そうして不履行が生じた場合は，それまでの関係がその影響を大きく左右することになるわけです。

では，不履行は常にネガティブな結果をその当事者にもたらすのでしょうか。当然ながら，どのような不履行であっても，何かしらの期待が裏切られていることになりますので，基本的にはネガティブな影響をもたらします。しかし，その影響の大きさは，さまざまな条件によって異なってくることもわかっています。そのような，心理的契約の不履行とネガティブな結果の関係を左右する条件・要因には，**公平性**，不履行理由の正当性，**組織コミットメント**，また先ほどあげた**組織への信頼**などがあります。

たとえば，組織が公平であると知覚している場合には，組織が契約の不履行を起こしていても，その不履行の理由が正当である限り，さほど大きな問題とは認識されません。端的にいえば，やはり，組織に対して信頼や愛着，あるいは公平といったポジティブな認識がある場合には，何かしらの不履行があっても，それが決定的な悪影響は及ぼさないということです。日常生活においても，日ごろ約束をきちんと守るような人あるいは好意的に見られている人が約束を破ったときは，きっと何か理由があったに違いないと考えるのに，日ごろからいい加減な人が約束を破ったときには，その人への信頼がどんどん下がっていくことがありますが，組織と個人の関係も，これに似たところがあります。

したがって，組織としては，日ごろから信頼や公平性を認識してもらったり

組織へ愛着を持ってもらうことを通して,たとえさまざまな理由で心理的契約を履行できなくなっても,信頼や職務満足の低下,あるいは離職といった,ネガティブな影響を抑制することができます。

心理的契約が人々の態度・行動に与える影響

どこまで自覚しているかは別にして,従業員の心理的契約,つまりは組織側への期待を裏切ることは,従業員にネガティブな影響をもたらすため,組織は心理的契約を守る必要があります。では,組織から従業員への期待は,なぜ守られるのでしょうか。つまり,従業員が自ら想定する自分への期待には,なぜ拘束力が働くのでしょうか。1つには,このような期待が交換関係で成立していると考えられているからです。心理的契約は,その定義にもあるように,相互に交換の合意があると認識されているものです。つまり,組織が期待に応えてくれる限り,従業員も組織の期待に応えなければならないと考えることになるのです。

このような関係は,互恵的関係あるいは**社会的交換関係**と呼ばれます。一言でいえば,「お互いさま」の関係です。ただし,その対象は金銭的なものに限らず,さまざまなものを含んでいます。たとえば,会社の仕事で経験を積み,自分を成長させてもらったと感じて,その会社に少しでも恩返しをしよう,この会社のために頑張ろうという気持ちになるというような関係も,互恵的・社会的交換関係が成立している状態だといえます。もっと身近な例で,助けられたら礼を言うというのも,社会的交換関係です。そこには,「助ける ⇄ 感謝する」という交換関係が成立していると考えることができます。つまりは,金銭的なものに限らない何かしらの費用や努力の投入に対して,心理的なものも含めた報酬や成果が得られるという関係が成立していると考えるのです。

しかし,社会の中では,こうした交換関係が成立しないこともあります。先の例でいえば,挨拶したのに挨拶が返ってこない,あるいは,助けてあげたのにありがとうの一言もない,といったことです。このようなとき,人はどう反応するでしょうか。社会的交換関係の背後には,人間は安定や平衡を望むという考え方があります。したがって,交換関係が成り立っていないと考えれば,次回には費用や努力の投入を減らすか,あるいは,報酬や成果の要求を通じて,

関係性の安定や平衡を保とうとすると考えられます。たとえば，困っていると思ったから助けたのに感謝してもらえなかったということがあった場合，次はもう助けないようにしたり感謝を求めるといった反応をすると考えられるのです。

　これを心理的契約の文脈で考えると，以下のようになります。従業員は企業に対してさまざまな期待を抱きます。また，企業がその期待に応えてくれると考えれば，自分も企業から期待されていると考えられる行動をとります。たとえば，適切な賃金を払ってくれると考えるから，いわれた仕事はしっかりしなければならないと考えるわけです。心理的契約の不履行とは，これらの交換関係が成立していないと感じることにほかなりません。そこで従業員は，その関係の安定・平衡を保つために，熱心に働かないようにしたり，会社への信頼を下げたり，場合によっては関係を断つすなわち離職を選んだりすることになります。

心理的契約の履行　➡　社会的交換関係の成立　➡　従業員への期待の履行
心理的契約の不履行　➡　社会的交換関係の不成立　➡　組織コミットメントの低下
　　　　　　　　　　　　　　　　　　　　　　　　　　　　　　　　　　など

ショウゴ　こう考えると企業も大変ですよね。従業員が企業にどのような期待を抱いているかを考えなくちゃならないわけですから。
先生　そう言えるかもしれないね。とくに，これからは少子高齢化やグローバル化の影響で，どの企業にも，いろいろな価値観を持った人が従業員として勤める可能性があるから，さまざまな配慮が必要になってくるだろうね。
カナコ　従業員に期待すればするほど，企業も期待に応えなくてはいけなくなるということですね。当たり前といえば当たり前だけど大変だなぁ。
ショウゴ　でも，たしかに不履行が離職や転職につながるかもしれないということは理屈ではわかりますけど，本当に不履行だけで人は会社を辞めたりしますかねぇ。
カナコ　そりゃそうよ。不履行の程度にもよるけど，裏切られたら大概の人は辞めるに決まってるじゃない。すぐには辞めなくても，次の仕事を探そうとはするわね，きっと。会社と従業員の信頼関係って大事だと思うな。

先生 たしかに,それは大事なことだね。でも,実際に会社を辞めるというのはもう少し複雑なんだ。離職は企業にとっても一番気をつけなければいけないことだから,組織行動論にも離職についての研究が豊富にあるんだよ。

4 転職・離職

　心理的契約の不履行がもたらす最も憂慮すべき問題は,離職あるいは転職です。つまり,心理的契約が破棄されたと感じた従業員が,組織を離れていってしまうことです。しかし,不履行が,即,離職や転職につながるわけではありません。なぜなら,離職したいと思うことと実際に離職する行動との間には,もう少し距離があるからです。タバコをやめたほうがよい,体重を落としたほうがよいと思った全員が,実際に禁煙やダイエットに励むとは限りません。むしろ,そう思っていても実際に行動を起こす人のほうが少ないかもしれません。離職も同様に,「この会社もう辞めたい」といいながら,辞めずに働き続ける人は少なくありません。本章の最終節で,こうした離職や転職のメカニズムについて考えてみることにします。

移動の願望と移動の容易さ

　離職の意思は,この組織を辞めたい,別の仕事に就きたいというような,組織を離れたいという思いによってのみ固まるわけではありません。これに加えて移動の容易さも,離職の意思に影響を与えます。組織を変わっても同様の仕事ができる専門職は,移動が比較的容易であることから,思いがそれほど強くない場合でも移動することがあります。一方,従来型の日本の大企業のように,ほとんどの人材を新卒で採用する方針がとられており,同業他社も同様である場合,他社で同種の仕事をしようとしても中途採用があまり行われておらず,移動が容易でない状況といえるかもしれません。また,それならばと,異なる仕事に携わろうとすれば,それまでの仕事の業績が評価されづらく,やはり移動は容易ではなくなります。

　これらのことが企業組織を悩ませるのは,能力が高い人ほど移動が容易にな

りがちであるからです。当然ながら，他の企業組織も優秀な人や能力の高い人を雇いたいと考えています。そのため，能力の高い人は，潜在的に自分の移動を受け入れてくれる企業組織が多いと考えます。だからこそ組織は，組織コミットメントや心理的契約といった，組織に居続けることにつながるような要素を大事にする必要があるわけです。

離職・転職の展開モデル

では，実際の離職はどのようなプロセスを経てなされると考えられるでしょうか。勤めていた組織を離れる理由は人それぞれですし，そこへ至るプロセスもさまざまですが，大きくは4つパターンがあると考えられています。それぞれのパターンが条件によって展開していくことから，**展開モデル**（unfolding model）と呼ばれます（Lee and Mitchel [1994]）。なお，4つのパターンのうち3つは，仕事あるいは組織生活の中で，何らかの出来事が起こることから始まります。

最初のパターンは，その出来事が自分の離職の大きな要因になるケースです。たとえば，関西出身で，介護などの必要があるために関西を離れることになったら会社を辞めざるをえないと考えている人にとって，東京への異動命令や関西支社の廃止といった出来事は，そのまま会社を辞めることにつながります。この場合，会社への不満や今の仕事へのモチベーションなどはほとんど関係ありません。とにかく辞めざるをえないから辞めるということになります。

2番めは，その出来事だけを取り出せば必ずしもすぐ辞めることに直結するものではないにもかかわらず，もともと会社や仕事に不満があったために，それがきっかけとなって辞めてしまうパターンです。その出来事に遭遇したときには，特段次の仕事を探したり別の進路を考えたりしていなかったとしても，機会があれば辞めようと考えていたために，実際の離職につながります。このとき考えることは，このままこの組織に居続けるかどうかという点だけです。このようなパターンを引き起こす出来事は，基本的には現状の組織や仕事に対してネガティブなイメージを抱かせるもの，たとえば給与の減額や（自分の思う）悪い方向への組織変更などが，多いと考えられます。

3番めのパターンは，2番めと似ていますが，辞めることだけを考えるので

はなく，他の選択肢と比較した後に辞めることを決める点が異なります。このパターンでは，この組織に居続けられないと考えた後，次の仕事や他の選択肢（たとえば改めて学校に通うなど）を探すことになります。いくつかの選択肢の中から残ったものと現状とを比較して，離職が選ばれれば今の組織あるいは仕事を離れることになります。

最後のパターンは，これまでの3つとはやや異なり，出来事を伴いません。勤めている間にだんだんと今の組織や仕事が自分に合わないと感じ出し，漠然と離職を考えるようなパターンです。企業組織は何か大きなイベントがあって変わるだけでなく，徐々に変わっていくことがあります。あるいは，自分自身の考えや価値観が変わることもあります。働き出したときに目指していた働き方が，生活環境や自身の変化の中で理想ではなくなっていくのは，それほど不思議ではありません。前者の例としては，以前は和気藹々とやっていた職場が，環境の変化からだんだんと競争的になっていき，職場の人間関係のあり方が変わってしまうといったことが考えられます。そのような変化は，別の組織に移ることを考えることに少しずつつながっていきます。それでも今の組織や仕事に満足している間は居続けることになりますが，今の組織や仕事に不満が生じれば辞めるという意思決定につながります。もちろんケースによっては，選択肢を比較した上で離職することもあるでしょう。

これら4つのパターンは，どれも自身と組織のイメージによって形成されるものです。つまり，何かの出来事が起こったり緩やかな変化が生じる中で，自分のありたいイメージと現状あるいはこれからの組織や仕事のイメージとの適合を考えて，離職の意思決定をするわけです。

カナコ 辞めたいと辞めるとの間には，決定的な出来事とか辞めた後のことだとかがあるんですね。言われればそうかもしれません。私も止めたいと思っていても止められないことあるもの。

ショウゴ たとえば何？

カナコ 内緒，教えません！

先生 序章で説明したと思うけど，組織行動論は，組織の中の人間行動を理解しようとする学問だけれども，実際には行動の意思や行動につながる態度に焦点を当てることもあるんだ。従業員のモチベーションを高めることが企業のマネ

ジメントの目的とされることはよくあるけど,それはモチベーションが高い人は企業の成果につながる行動をとるだろうと考えられているからだね。実際問題として,行動を厳密に測るのは難しいという理由もないわけではないけども。

ショウゴ たしかに,離職した人に離職した理由やその過程を聞くのは難しそう。忘れちゃいそうだし。

先生 ある会社に残っている人を探すのは簡単だけど,その会社を辞めた人を探すのは難しいしね。何より,虫や動物のようにカゴや檻に入れて観察することはできないからね。ただ,最近はさまざまな技術を使って,会社の中でどのような行動がとられているかを探る研究も進んでいるんだよ。

KEYWORD

心理的契約　　契約の不完備性　　取引的契約　　関係的契約　　パーソナリティ
長期雇用　　契約の不履行　　公平性　　組織コミットメント　　組織への信頼
社会的交換関係　　展開モデル

さらなる学習のための文献リスト　　Bookguide

- 服部泰宏［2013］『日本企業の心理的契約:組織と従業員の見えざる約束(増補改訂版)』白桃書房。
- Rousseau, D. M. [1995] *Psychological Contracts in Organizations: Understanding Written and Unwritten Agreements*, SAGE Publications.
- Lee, T. W., and Mitchell, T. R. [1994] "An alternative approach: The unfolding model of voluntary employee turnover," *Academy of Management Review*, vol. 19, no. 1, pp. 51-89.

第2部
集団と組織のマネジメント

PART 2

CHAPTER		
	7	マネジャーの仕事：モチベーション論とリーダーの行動
	8	組織を動かすリーダー：変革型・カリスマ型リーダーシップ
	9	集団の持つ力：グループ・ダイナミクス
	10	もめごとを乗り越える：コンフリクトと交渉
	11	貢献を引き出す関わり合い：文化とコミットメント
	12	「私らしさ」と「我々らしさ」：組織アイデンティティ
	13	

CHAPTER 7

第 **7** 章

マネジャーの仕事

モチベーション論とリーダーの行動

SITUATION PUZZLE

ある新聞社のスポーツ部の部長が「これから半年，いい仕事をすればオリンピックの取材メンバーにしてやるぞ。誰にでもチャンスがあるから頑張れ」といった。スポーツ記者にとってオリンピックの取材メンバーになることは憧れの1つである。部長は，誰にでも公平にチャンスがあると伝えたことで，以降はアピール合戦よろしく記者たちは目の色を変えて仕事をすると期待していた。しかし，部長の思惑とは異なって，特段メンバーのやる気が増すことはなく，ましてや目の色を変えるようなメンバーはほとんどいなかった。いったいどうしてなのだろうか？

ショウゴ 悲しいけど，こういうことってありますよね。みんながそれで頑張ると思って提案したのに，全然盛り上がらないこと。なんか身につまされるなぁ。

先生 他人は自分とは違うと頭ではわかっていても，どうしても自分の感覚で他人を捉えてしまうことはあるよね。自分なりにこうすればやる気が出るということがあると，どうしても他人も同じだと思いがちだしね。でも，ここで考えたいことはそれだけじゃないんだ。人は，たとえ自分の欲しいものがあっても，やる気を出さないことがあるんだよ。

カナコ え，それってどういうことですか？ 誰だって欲しいもののためには頑張るんだと思うけど。

先生 たとえば，単位は欲しいよね？

ショウゴ そりゃ欲しいですよ。できれば，いい成績で。

先生 もしその授業の成績が，100％試験の出来で決まるとしたらどうだい？

ショウゴ その単位が欲しければ，頑張って授業に出て，テスト勉強も頑張りますね。

先生 そうだよね。でも，もし30点は試験で決まるけど，残りの70点をサイコロで決めるとしたらどうする？

ショウゴ それはやる気が出ないですよね。だってどんなに頑張っても30点分しかとれなくて，満点で必ず単位が出るとは限らないから，やっぱり授業を頑張る気持ちは少し減るかもしれません。

先生 そう。つまり，ご褒美が同じでも頑張る気持ちに違いが出てくることがあるということなんだよ。こういうふうに，モチベーションが強くなる過程に注目した理論を，モチベーションのプロセス理論と呼ぶんだ。

1　モチベーションのプロセス

　あなたが，今，欲しいものは何でしょうか。別の言い方をすれば，何を得るためだったら頑張ろうかなと思うでしょうか。高価なモノやおいしい食事などに動機づけられる人もいるでしょうし，名声・名誉・評価といったことのために頑張ろうと思う人もいるでしょう。あるいは，友人や新しい出会いを得るために努力する人もいます。また，紛争地域や貧困地域では，今日食べる食事や今日生き残るために懸命に力を尽くしている人がいます。このように，人はさまざまなものに動機づけられます。金銭，地位，自己実現，人間関係，これらを得るために人は自分の力を発揮するのですし，会社などの組織で働く際には，これらを会社が提供してくれるからこそ自分の力を組織の目標のために使うわけです（▶第1章）。

　しかし，たとえ魅力的な**誘因**（インセンティブ）があっても，行動に結びつかないことは少なくありません。たとえば，宝の地図を見つけたら，あなたはその宝をとりに行くでしょうか。もしとりに行くのに危険があるのなら，命を賭けてまで行くのは馬鹿馬鹿しいと思う人もいるでしょうし，宝の地図自体が偽物ではないかと思う人もいるかもしれません。あるいは，見つけても自分のものになるかわからないじゃないかと思う人もいるでしょう。しかし一方で，宝の地図に魅せられて宝を探しに冒険に出かける人もいるわけです。

　この違いを理解するためには，「何に」動機づけられるかだけでなく，「どのように」動機づけられるかを考える必要があります。鼻先にニンジンをぶら下げて馬を走らせるように，目の前に魅力的なものを持ってくれば人は自然と働くと考えるのは，いかにも単純です。そのような単純な側面もないとはいえませんが，行動を起こすときにはもう少し複雑に考えているのが普通でしょう。

> ？　→　モチベーション

古典的なモチベーションのプロセス理論

このような，モチベーションの「どのように」に注目した理論を，モチベーションのプロセス理論と呼びます。ちなみに，モチベーションの「何に」に注目した理論は，**モチベーションの内容理論**と呼ばれます。魅力的な誘因を用意すれば人は働くと考える内容理論の背後にある，プロセスについてのシンプルな考え方は，古典的な**強化理論**と呼ばれます。これは，先に述べたように，目の前に魅力的な誘因があればそれに惹かれて，それを得るべく人は行動を起こすという考え方です。多くの動物については，この考え方でその行動を理解することができます。「パブロフの犬」の実験を聞いたことがある人もいると思いますが，パブロフの犬の実験はこの強化理論の実験です。

この強化理論は，魅力的である誘因と行動の関係だけでなく，嫌悪するものを避けるためにとる行動も説明することができます。たとえば，人に叩かれた経験が頻繁にあると，人が手を上に上げただけで防御的な姿勢をとってしまうことがあります。手を上に上げた相手が必ず自分を叩くわけではないにもかかわらず，手を上に上げたということに反射的に反応してしまうのです。こうしたことは，繰り返し行われることによって強化されていくと考えられています。パブロフの犬の実験において，餌をあげるときにベルを鳴らしていると，ベルを鳴らすだけで涎が出てくるようになったように，刺激による反応を繰り返していると，本能的なものとは別にその刺激だけで動物は反応するようになるのです。

古典的な強化理論をもう少しだけ進展させたものが，**オペラント条件づけ**と呼ばれています。オペラント条件づけとは，自分が何か行動したときに起こる刺激への反応の繰り返しが学習につながり，積極的にそのアクションをとるようになるという考え方です。たとえば，指示される前に気を回してとった行動を上司が評価してくれれば，次もそのように行動しようと思うかもしれません。一度うまくいったことは，その後も同じやり方で進めようとするように，私たちが成功パターンを繰り返してしまうのも，このオペラント条件づけによる**刺激―反応モデル**といえるかもしれません。

刺激―反応モデルは，動物の行動を理解するための理論であり，人間にあて

はめるには単純な行動様式のようにも見えます。しかし、人間も動物の一種であることを考えれば、これらの強化理論で自分たちの行動を理解できる部分も少なくありません。幼い子どもの多くは、それを食べることが自分の栄養になるからというよりは、いつも食べないとお父さんやお母さんに怒られるから、嫌いなものでも食べようとします。仕事においても、より多くの給料を得たいと考えれば、過去の経験をもとに人事評価が高くなるように行動するでしょうし、仲間に認められたいと思えば、うまくそうなった過去の経験をもとに行動するでしょう。

期待理論の考え方

このように、刺激―反応モデルはたしかに人間の根本的な行動原理を説明しますが、再三述べている通り、人間はもう少し複雑に考えていると考えられます。とりわけ仕事の場面においては、単純な刺激による反応だけでないことは明らかです。では、私たちはどのようなプロセスで動機づけられていると考えられるのでしょうか。ここでは、**期待理論**を紹介することにします。期待理論も考え方はそれほど複雑ではなく、基本的には期待が大きければ人間は行動を起こし、期待が小さければ行動を起こすことに熱心でなくなるというものです。

では、その期待とはどういったものなのでしょうか。期待理論では、期待は3つの要素で構成されます。すなわち、報酬の魅力（V）、業績（成果）と報酬の関係（$P \to O$）、努力と業績の関係（$E \to P$）です。報酬の魅力は、読んで字のごとく、報酬に対してその人がどの程度魅力を感じているかを意味します。たとえば、上昇志向のある人にとって地位はとても魅力的でしょうが、とくにそうした意識のない人にはそれほど魅力的には映りません。業績と報酬の関係は、どの程度業績を上げると望ましい報酬がもらえると考えているかを意味します。たとえば、今度のプロジェクトを黒字にすれば、次の機会に昇進させてもらえるだろうといった見込みを指します。そして努力と業績の関係は、どの程度努力すれば、その業績に達することができると考えているかを意味します。

期待は、これら報酬の魅力、成果と報酬の関係、努力と成果の関係の、積で表すことができます（図7.1）。期待が大きいほど、モチベーションは高くなると考えられています。この式からわかることは、報酬の魅力、成果と報酬の関

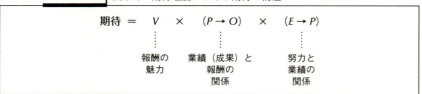

図7.1 期待理論における期待の構造

係、努力と成果の関係のいずれかが0であると、人は行動を起こさないということです。つまり、どれだけ成果を上げても報酬がもらえない、あるいは、どれほど努力しても成果を上げられないと考えると、人は行動を起こさないわけです。言うまでもなく、報酬の魅力がまったくない場合も同様です。たとえば、男子学生はどれほどテストの成績（成果）がよくても、規定上、女子大学に入ること（報酬）ができません。であれば、女子大を受験したいというモチベーションは生じないでしょう。あるいは、100 mを8秒台で走ることができれば、オリンピックでメダルをとれる可能性はとても高いですが、努力すれば8秒台で走れるようになるかもしれないと思える人は、おそらくほとんどいないでしょう。そういうとき、人はそのために努力しようとは思わないものです。これが、期待理論の根本にある期待の考え方です。

期待理論のプロセス・モデル

もう少しプロセスとしてどのように行動を起こすか考えてみることにします。図7.2は、期待理論をモデル化したものです。このような経路を通じて、人はモチベーションを高めると考えられます。

まず、期待を生じさせる努力と成果の関係には、2つの要素が関連します。1つは**自尊心**です。自分に自信がある人ほど努力と成果の関係は強くなると考えられます。つまり、自尊心がある人ほど、自分はやればできるという意識が強いため、努力が成果に結びつく（「これならやれるのではないか」）と考えるようになるわけです。もう1つは過去の経験です。過去に似たような成功経験があれば、努力と成果の関係は強くなると考えられますが、一方で過去に失敗経験があると、その関係は弱くなると考えられます。つまり、過去の経験が「これならできそうだ」「これは自分にはできない」という努力と成果の関係に影響を与えるのです。上述のように、この努力と成果の関係に、報酬の魅力、お

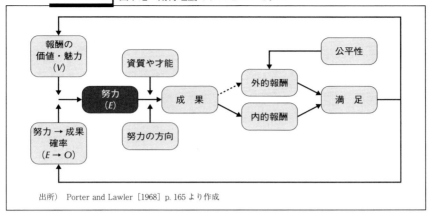

図7.2 期待理論のプロセス・モデル

出所）Porter and Lawler［1968］p. 165 より作成

よび成果と報酬の関係を掛けることによって，努力が生じる，すなわち，成果に向かって行動が起こされます。

しかし，実際には努力をすれば必ず成果につながるわけではありません。そこには2つのことが影響します。1つは何より，資質や才能です。資質や才能によって努力が成果に結びつくかどうかの大部分は決まります。100 m を9秒台で走るという成果は，努力すれば誰にでも出せるものではなく，資質や才能がないことには難しいでしょう。もう1つ，努力の方向も重要です。100 m を9秒台で走る資質や能力があり，懸命に努力したとしても，そもそもの練習方法を間違えていては，その努力は成果につながりにくくなります。100 m 走のタイムを上げるために，懸命に長距離走用のトレーニングをしても，あまり成果には結びつくとは思えません。

そして，努力の結果として，成果が報酬に結びつくわけですが，報酬には2つのタイプがあります。1つは**外的報酬**，もう1つが**内的報酬**です（▶第3章）。外的報酬とは，金銭や昇進など他者から与えられる報酬を指し，内的報酬とは，達成感など自らが感じる報酬を指します。内的報酬は自ら感じることなので，成果に応じて報酬を得ることができますが，外的報酬は他者から与えられるものなので，成果に応じて払われるかは実際に成果を出してみた後でなければわかりません。たとえ9秒台前半で走ることができたとしても，金メダルという外的報酬を得られると保証されているわけではありません。もしそれより速い

1 モチベーションのプロセス ● 135

人が現れれば金メダルをとることはできないからです。会社においても，一定の成果を上げれば必ず昇進したり，給与が上がったりするということはありません。それを決めるのは会社であって，これまではそうであったとしても企業業績が急激に悪化するなどすれば，成果を上げても昇進や給与アップにつながらない可能性も十分にあります。このように，外的報酬は成果とはっきりした関係を持たないことがあるために，図7.2でも破線で示されているのです。

　最終的に，報酬は満足へとつながりますが，外的報酬が満足につながるには，公平性（▶第3章）が影響します。たとえば，成果を上げ，自分も予想した通りに昇進できた（つまり外的報酬を得た）とします。しかし，自分より成果を上げなかった同僚も，同じように昇進したとしたら，どう感じるでしょうか。知らなければ自分の昇進だけで十分に満足したでしょうが，知ってしまった後にはもう少し報酬が多くてもよいのではないかと思うかもしれません。そのようにして，公平と感じられないと，本来十分な外的報酬であっても満足が小さくなってしまうのです。やや細かく説明してきましたが，期待理論では，このようにして人は報酬に惹きつけられ，努力を起こすと考えているのです。

> 期待 ➡ モチベーション

ショウゴ　頑張ればそれに届くかどうかが頑張りに影響するというのは，よくわかります。やっぱり，やってもできないものは頑張らないですよね。

カナコ　わかるけど，なんか根性ない感じだな。私は，無理でも最後の1％でも可能性があるなら頑張る，あるいは可能性がないとわかっていても頑張る姿が好きだけどな。

先生　そうだね。たしかに，期待理論は現実の行動を説明するのに適してはいるけれども，すべてをうまく説明できるとは言えないところもあるね。夢だとか遠い目標というのは，今の段階ではそれが叶うとは思えないこともどこかであるけど，夢に向かって頑張る人たちは，そんな確率なんか関係なく夢に向かって努力してるもんね。

カナコ　そうそう！

ショウゴ　でも，ご褒美だけではモチベーションが高まらないのだとしたら，仕事の場面ではどうやってモチベーションを高めたらいいのかな。

モチベーションを高めるリーダーシップ

古典的なリーダーシップの行動論

　期待理論に基づいて考えると，モチベーションはどのように高めることができるのでしょうか。ここではリーダーシップに注目して考えていくことにしましょう。**リーダーシップ**とは，「集団に目標達成を促すよう影響を与える能力」を指します。モチベーションを通して考えるならば，リーダーは，フォロワーのモチベーションを高めることで，目標達成を促すように影響を与えていることになります。また，リーダーがモチベーションを高めることに長けていれば，フォロワーはより動機づけられて努力することになりますから，その人のリーダーシップは強いということになります。

　では，リーダーシップはどのようにして発揮されるのでしょうか。多くの場合，リーダーシップはリーダーの行動によってもたらされます。世の中にはもちろん，存在そのもので人を動かすことができる人や，何もいわなくてもみなが動くリーダーがいないわけではありませんが，決して多いとはいえませんし，そのような存在でなくてもリーダーシップを要求される場面は多々あります。そこで，行動が注目されることになります。すなわち，有能なリーダーの行動を見ていけば，成果につながるリーダーの行動，つまり，よりリーダーシップを発揮するリーダーの行動がわかるはずです。

リーダーシップの2つの行動

　私たちが目にするリーダーは，フォロワーに対して多種多様な行動をとっていると考えがちですが，実際には，フォロワーに対するリーダーの行動は大きく2種類しかないことがわかっています。1つは**人間関係志向**の行動，もう1つは**タスク志向**の行動です。人間関係志向の行動とは，フォロワーに対して働きかけ，人間的な関係を重視するような行動を指します。具体的には，フォロワーが何を求めているかについて関心を寄せたり，フォロワーの感情に気配り

をしたり，フォロワーの持つアイディアを尊重したり，相互に信頼関係を結んだりすることを指します。一方，タスク志向の行動とは，タスクに対して働きかける行動です。具体的には，フォロワーそれぞれにタスクを割り当てたり，目標をきちんと定めたり，タスクの進捗や達成度に気を配ったりすることを指します。

　タスク志向の行動が，チームの業績を上げるために仕事の内容に注目するのに対し，人間関係志向の行動は，一緒に働く人に着目するということができます。また，人間関係志向の行動は，フォロワーとの関係が良好であることにつながるような行動ですが，タスク志向の行動は，組織やグループの目標を達成することが目的であり，フォロワーはあくまで達成のための手段と捉えられています。

　では，どちらのリーダー行動がより成果をもたらすのでしょうか。これに関しては，2つの研究結果があります。まず，ミシガン大学の研究（ミシガン研究）では，主としてタスク志向の行動をとるリーダーよりも，人間関係志向の行動をとるリーダーのほうが，成果を上げていると結論づけられました。一方，同時期に研究を行っていたオハイオ州立大学の研究（オハイオ研究）は，両方の行動をとっているリーダーが最も成果を上げると結論づけました。

　この違いは，2つの研究の考え方の違いから生じたものでした。ミシガン研究では，リーダーを人間関係志向型とタスク志向型に分け，成果を比べました。その結果，人間関係志向型のリーダーのほうが成果が高かったのです。一方，オハイオ研究では，行動そのものを分けただけで，リーダーをタイプで分けることはしませんでした。つまり，リーダーはどちらの行動をとる可能性もあるし，どちらの行動もとらない可能性もあると考えたのです。その結果，両方の行動をとるリーダーの成果が高いという結論を導いたのです。

　もう少しミシガン研究に注目してみると，ここで示された好業績のリーダーの行動には，部下と一緒に仕事をしないということが含まれます。これは，決して部下を遠ざけることではなく，部下に任せるということです。つまり，リーダーは監督するという行動に集中し，現場に口出しせず権限を委譲するということです。ミシガン研究は，部下に寄り添って丁寧に指示したり，スケジュールを立てたりせずに，任せて背後からじっと部下を見守るほうが，より

成果につながることを示唆しているのです。

　人間関係志向・タスク志向のリーダー行動は，なぜ業績につながるのでしょうか。2点，考えてみることにしましょう。1つは，部下のモチベーションを高めるからという理由です。自分を気にかけてもらったり，褒めてもらったりすれば，やる気が出るのは自然なことです。したがって，人間関係志向の行動の中でも，部下への気配りなどは，モチベーションを高めやすい行動です。あるいは，叱ることや厳しく接することも，奮起を促すという意味で，モチベーションを高めると考えられます。つまり，部下の持っている力をきちんと引き出すことによって，業績が高まるのです。

　もう1つは，リーダーの率いるチームの効率性が高まるからという理由です。チームの仕事をうまくフォロワーに振り分けること（分業）ができれば，各人に勝手に仕事をやってもらうより効率的に，チームの仕事を達成できるでしょう。また，計画通りに仕事するように指示したり，モニターすることも，仕事全体の進み具合をスムースにするため，より効率的なチームのタスクの全うにつながると考えられます。綱引きをするとき，誰も何もいわずに勝手に引っ張り合うのと，作戦を立てたり掛け声をかけたりして引っ張るのでは，後者のほうがより効率的に個々の力を全体の力に変えることができるでしょう。タスク志向のリーダー行動は，このような効果をもたらしていると考えることができます。

リーダーシップの行動と期待理論

　リーダーシップがどのように作用すると，部下のモチベーションは高まるのでしょうか。期待理論に基づいて理解してみましょう。前述の通り，期待理論では，報酬の価値，成果と報酬の関係，および努力と成果の関係の積によって，努力の量が決まってきます。タスク志向のリーダー行動は，効率的に仕事を計画させるという点で，努力と成果の結びつきを強化します。同様に，リーダーが人間関係志向の行動をとった場合も，「やればできる」という気持ちを強めることになるでしょう。また，副次的な効果として，リーダーの人間関係志向の行動は，フォロワーとリーダーの関係を親密にすると考えられますから，成果と報酬の関係，つまり，成果を出せばきちんと報酬がもらえるという認識を，

強化することにつながるとも考えられます。

　期待理論のモデルを見れば，2つのリーダー行動は，上記の点以外にもモチベーションの強化メカニズムに影響を与えると考えられることがわかります。たとえば，褒めるなどといったフォロワーへの気配りによって，自尊心が生まれてくるとも考えられます。また，リーダーがきちんとした指示を出すことによって，成果に対する努力の方向が定められ，努力が成果を生みやすい状況をつくることになります。

　期待理論のプロセス・モデルでは，過去における努力と成果の関係や成果と報酬の関係が，次の機会に影響を与えることが示唆されています。つまり，過去に努力が実を結んだ経験や成果を上げたときにきちんと報酬が得られた経験は，後の期待の形成における努力と成果の関係あるいは成果と報酬の関係に影響を与えると考えられているのです。私たちは，過去にうまくいったことがあるために，次もうまくいくだろう，次もちゃんと報酬が得られるだろうと思うことがあります。期待理論では，努力が成果と業績に結びついた経験が蓄積されて，後の期待の形成に影響を与えると考えられており，リーダーがきちんと対処することで，フォロワーの期待の形成を助けることができるのです。

　もちろん，反対に，リーダーの行動によって期待が形成されなくなることも考えられます。たとえば，ダメ出しばかりされていると，自分に対する自信を失い，努力をしても自分にはできないと思い込んでしまうかもしれませんし，成果を上げても報酬が伴わなければ，次の機会にはたとえ頑張っても報酬をもらえないと感じてしまうかもしれません。いずれもより大きな期待の形成を妨げ，努力の大きさを小さくしてしまいます。親が子どもに100点とったらご褒美をあげると約束するのはよくあることですが，もし実際に100点をとっても，適当な理由をつけて十分なご褒美をあげなかったらどうなるでしょうか。子どもは次に約束するときには，「約束してもどうせもらえないんじゃないか」と思うようになってしまいます。そうなれば，たとえご褒美を提示しても子どもは頑張ってくれません。リーダーの行動は，期待の形成を通じて短期的なモチベーションに影響するだけでなく，後の期待の形成におけるモチベーションにも影響を与えるのです。

> リーダーシップ × 状況 → モチベーション

ショウゴ そういえば昔，子どものころ，こんな感じでママにうまいこと言いくるめられたことがあったなぁ。

カナコ ショウゴくんはなんだか平和ね。先生，そういえば私のサークル，どうもみんなやる気が出ないんです。もうすぐ大会も近いし，なんとかしなくちゃいけないんだけど，何が悪いんでしょう？

先生 自分にとって魅力的なものが誰にとってもそうではないのと同じように，業績を上げるとされているリーダーシップ行動も，いつでも必ず成果を上げるとは言えないと考えることもできるんだよ。

カナコ じゃあ，どうしたらいいんですか？

先生 スポーツでも習いごとでも，始めたばかりのころは，いろいろと細かく教えてもらうことが上達につながるし，そのほうが結果も出るけれど，だんだん上手になってくると，いろいろ自分で考えながらやりたくならないかい？ それで，親やコーチや先輩の言うことを聞くのが嫌になってくるというようなこと，あるんじゃない？

ショウゴ・カナコ あるある。

ショウゴ 言う通りにしているほうがうまくいくのかもしれないけど，うまくなってくるとやっぱり少しは自分でやりたくなるよね。

先生 そうなんだよ。だから，その人に合わせたリーダーシップが必要になるんだ。こういう考え方を，リーダーシップのコンティンジェンシー理論というんだよ。

状況に応じたリーダーシップ

リーダーシップのコンティンジェンシー理論

　古典的なリーダー行動の研究では，人間関係志向であれタスク志向であれ，その行動をとることが業績につながると考えます。つまり，正しくやっている

限り，やればやるほどフォロワーあるいはチームによい影響を与えると考えているわけです。しかし，本当にそうでしょうか。たとえば，自分がとても得意な仕事において，リーダーが手順ややり方，あるいはスケジュールまで細かく指示してきたらどうでしょうか。モチベーションが下がることはないかもしれませんが，少なくとも上がるとは思えません。あるいは，仕事について何も知らない新人に対して，褒めたり気を配ったりするだけで，成果が出るでしょうか。新人にしてみれば，自分のことを気にかけてくれるより，まずは仕事の手順や方法を教えてもらいたいと思うのではないでしょうか。また，そのほうが成果も出ると考えるのが自然でしょう。このように，条件によって有効なリーダー行動が異なるという考え方を，**リーダーシップのコンティンジェンシー理論**と呼びます。

状況好意性の影響

リーダーシップのコンティンジェンシー理論では，リーダー行動の効果に影響する，さまざまな条件が検討されてきました。最も初期の理論は，リーダー行動の効果に影響する条件として，リーダーにとっての**状況好意性**を取り上げました。この状況好意性は，3つの要素によって構成されます。すなわち，リーダーとフォロワーの関係，タスクの構造化の程度，リーダーの地位の力です。

リーダーとフォロワーの関係は，良好であればあるほどリーダーの意思がフォロワーに伝わりやすくなるという点で，リーダーにとって好ましい状況であるといえます。一方，はじめて一緒に仕事をするメンバーのリーダーは，互いのことがわからないという点で，必ずしも状況好意性は高いとはいえません。タスクの構造化というのは，チームの目標やマニュアルがきっちりしていることを指します。つまり，目標が明確で，やるべきことについてのマニュアルもきちんと整備されているような状況は，タスクの構造化の程度が高いということになります。リーダーの地位の力とは，リーダーに与えられた公式的な権限を指します。フォロワーの昇進や降格などに関して実質的な権限を持っているリーダーは，そのような権限を持っていないリーダーに比べて，この力が強いことになります。欧米の企業では，現場のマネジャーにフォロワーを辞めさせ

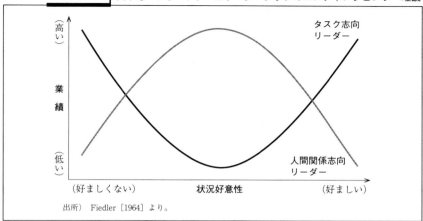

図7.3 フィードラーのリーダーシップのコンティンジェンシー理論

出所）Fiedler［1964］より。

る権限があることがありますが、ほとんどの日本企業では、そうした権限は人事部が握っています。この場合、リーダーの地位の力という点では、欧米のほうが強いことになります。

　これら3つの要素の組み合わせによって、リーダーの状況好意性が決まります。もちろん、3つの要素すべてが高いときに状況好意性は最も高くなりますし、すべてなければ、つまり、フォロワーとの関係も最悪、タスクはまったく構造化されていない、そのうえ与えられた権限もほとんどない名ばかりのリーダーであれば、リーダーシップを発揮する状況としては最悪になります。

　最初期に、上述のようなリーダーシップのコンティンジェンシー理論を提唱したフレッド・フィードラーは、3つの要素に優先順位をつけ、リーダーとフォロワーの関係が最も大切で、リーダーの地位の力はどちらかといえば最も重要ではない要素と位置づけました。こうした状況好意性の程度によって、効果的なリーダーシップの行動が異なるというのが、リーダーシップのコンティンジェンシー理論の根幹となります。

　では、状況好意性によって、リーダー行動の効果はどのように異なってくるのでしょうか。図7.3は、状況好意性と有効なリーダー行動との関係を示したものです。この図から、状況好意性が高いときと低いときにはタスク志向のリーダーの業績が高く、状況好意性が中程度のときには人間関係志向のリーダーの業績が高いことがわかります。

3　状況に応じたリーダーシップ　● 143

これには次のような理由があると考えられます。まず，状況好意性が低いとき，リーダーにはリーダーシップ，つまりフォロワーを動かす力があまりありません。このようなときに人間関係に配慮しても，すぐにはあまり効果は出ないでしょう。むしろ，具体的な仕事の指示を出したり，計画通りに進んでいるか進捗を確認したりするほうが，短期的には業績が上がります。一方，状況好意性が高いとき，フォロワーを励ましたりしたところですでに人間関係は良好であるため，こちらもすぐにはそれほど効果がありません。仕事は構造化されていますので，スケジュール管理や締め切り管理をするだけで仕事は円滑に進み，やはりタスク志向の行動のほうが業績につながります。そして状況好意性が中程度のときには，ミシガン研究が示したように，タスク志向の行動よりも人間関係志向の行動のほうが効果的ということになります。

パス゠ゴール理論

　期待理論を踏まえ，より洗練されたリーダーシップのコンティンジェンシー理論に，**パス゠ゴール理論**があります。これは，リーダーの仕事はフォロワーの目標達成を助けることであり，そのためにフォロワーに方向性を示したり支援を与えることが，結果的に集団や組織の目標達成につながると考えるものです。つまり，リーダーがフォロワーに目標達成のための道筋（パス）をしっかり示し，フォロワーの目標（ゴール）の達成を助けることで，業績が上がるという考え方です。

　以下で，パス゠ゴール理論について詳しく見ていくことにしましょう。まず，パス゠ゴール理論では，指示型リーダー行動，支援型リーダー行動，達成志向型リーダー行動，参加型リーダー行動という，4つのリーダー行動を想定します。指示型リーダー行動はタスク志向のリーダーと，支援型リーダー行動は人間関係志向のリーダー行動と，ほぼ同じような行動です。これら2つに加えて，もう2つのタイプのリーダー行動が追加されています。達成志向型リーダー行動は，挑戦的な目標を設定し，高いレベルでの成果の達成を求めることや，目標達成において継続的な改善を求めることと同時に，フォロワーが責任を感じたり，その挑戦的な目標を達成しようと思わせる強い自信を示すようなリーダーを指します。一方，参加型リーダー行動は，意思決定する前に，フォロ

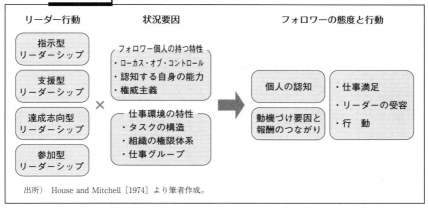

図7.4 パス=ゴール理論

出所) House and Mitchell [1974] より筆者作成。

ワーに相談して意見を求め，それを意思決定に反映するといったリーダー行動を指します。

次に，パス=ゴール理論では，状況に関する要因を2つ想定しています。1つはフォロワー個人の持つ特性です。これにはローカス・オブ・コントロールと認知する自身の能力，そして権威主義が含まれます。

ローカス・オブ・コントロールとは，統制範囲の所在のことを指します。つまり，自分の行動とそれによる結果は自分（内）でコントロールできると考える傾向があるか，それとも他者（外）に依存すると考える傾向があるかということです。自責と考えるか他責と考えるかといってもよいかもしれません。たとえば，チームのメンバーが致命的なミスをして試合に負けたときに，「自分があのとき彼に一言声をかけていれば，こうはならなかった」と考える人もいれば，あくまで「あそこで彼があのようなミスをしたから負けた」と考える人もいます。前者はローカス・オブ・コントロールが内部にあり，後者はローカス・オブ・コントロールが外部にあるといえます。

ローカス・オブ・コントロールが内部にあり，認知する能力が高い人ほど，努力と成果の関係が強くなることから，期待が形成されやすいフォロワーだということができます。一方，ローカス・オブ・コントロールが外部にあり，認知する能力が低いフォロワーは，なかなか自分が物事を動かせるとは考えないため，リーダーがさまざまに働きかけない限り期待が形成されず，努力をするようにならない傾向があると，一般的にはいえます。

3 状況に応じたリーダーシップ ● 145

また，権威主義は，権威に対して従順な傾向であることを指します。つまり，権威に従順であればリーダーの指示をより受け入れやすい性質を持つということです。

　もう1つの状況要因は，仕事環境の特性です。これには，タスクの構造，組織の権限体系，主たる仕事グループという，3つが含まれます。これらの要因は，以下の3つの形でフォロワーに影響を与えると考えられます。1つには動機づけの源泉あるいはやるべき仕事の指示として，2つめは行動の多様性の抑制として，そして最後に期待される成果を達成した際の報酬をフォロワーにもたらします。

　タスクの構造や組織の権限体系からくる責任の明確さは，自分のやるべき仕事が明確になることを通じて，フォロワーに動機づけをもたらします。また，やるべき仕事が明確であれば，自分の仕事の範囲ややり方に制限が生まれます。仕事グループの規範や暗黙のルールなども，こうしたやり方の自由度に影響を与えると考えられます。さらに，仕事の構造や仕事グループは，仕事をうまくやるためのヒントや，場合によっては報酬そのもの（たとえば，グループ全員に受け入れられることや認めてもらうことなど）をもたらします。これらのことが，リーダーの行動とフォロワーのモチベーションの関係に影響を与えるのです。ここまでのことを説明したものが，図7.4になります。

リーダー行動が効果を発揮する状況

　パス＝ゴール理論によれば，リーダーの行動と状況がうまく適合したときにフォロワーの動機づけが喚起され，目標を達成するための行動につながります。では，どのような状況のときにどのようなリーダー行動が効果的なのでしょうか。

　パス＝ゴール理論は，リーダー行動とフォロワーの関係に関して2つの前提を置いています。1つは，リーダーの行動が受け入れられるのは，その行動が，すぐにあるいはいずれ，フォロワーに満足をもたらすとわかったときであるということです。フォロワーは，リーダーの行動すべてを積極的に受け入れるとは限りません。期待理論を念頭に置けば，フォロワーは自分の目標達成にあたって，その行動がより期待を高めてくれるとき，あるいは，それを受け入れ

ればたしかに満足のいく報酬につながると感じられるときに，はじめて，リーダーの行動を受け入れるのです。

　この前提に即して考えると，たとえば，スポーツのコーチや監督が能力の向上のためにユニークな練習方法を考案しても，フォロワーのほうは，それをすることで自分（たち）の目標達成につながると考えれば受け入れますが，それをしても目標達成にはつながらないと感じてしまえばその行動に従いません。ですから，リーダーは自分の行動を受け入れてもらうためには，それがフォロワーの目標達成や満足につながることを，きちんと理解してもらう必要があるのです。

　もう1つの前提は，リーダーの行動が部下の動機づけになるのは，その行動が仕事の達成を通じて部下を満足させるか，あるいは，部下の仕事の達成を妨げる状況を補完するときであるということです。これは，期待理論を念頭に置けば，すぐにわかると思います。リーダーの行動は，フォロワーが成果あるいは成果の先にある報酬につながると考えるときに動機づけになるだけでなく，それを妨げるさまざまな状況を補完するときにも動機づけになるのです。つまり，ゴールへの道を明確にするだけでなく，ゴールへの道における障害物や落とし穴を減らす行動によっても，フォロワーは動機づけられるということです。

　この前提を踏まえると，基本的には以下の2つの経路に沿って，効果的な（あるいは効果的でない）リーダーの行動を考えることができます。1つは，従業員が仕事環境において期待を形成するのに不足しているものを補う行動をとるとき，フォロワーの動機づけは喚起され，業績や満足が高まるということです。もう1つは，すでにフォロワーが十分だと感じているものとリーダーの行動が重複してしまうと，リーダー行動は効果的でなくなると考えられるということです。

4つのリーダー行動の影響

　これらのことを踏まえて，パス＝ゴール理論ではいくつかの仮説が導出され，それらが検証されています。たとえば，指示型リーダーシップは，曖昧でストレスが多い仕事のときに，フォロワーに満足をもたらすと考えられます。これは，指示を出すことで曖昧なタスクが明確になり，目標達成への道筋が明確に

なると考えられるからです。しかし，指示型のリーダーシップは一方で，明確なタスクを与えられているフォロワーに対しては，そのフォロワーが権威主義的であるときにのみ効果を示すといわれています。これは，それほど権威主義的でないフォロワー，つまり，リーダーの指示だからといって無批判に従うわけではないフォロワーにとってみれば，すでに仕事は明確であるため，指示がそれほど目標達成につながると思えないからです。むしろ，フォロワーが明確なタスクを与えられているときには，支援型リーダーシップが，高い業績と満足をフォロワーにもたらすとされています。これは，励まされることや支援されることで，努力が報われると感じるようになるからだと考えられます。

これらからもわかるように，一般的には，仕事が曖昧であったりフォロワーが未熟であったりするときには，指示型リーダーシップが有効であり，反対に，仕事が明確でフォロワーに十分な能力があるときには，支援型リーダーシップが有効であることが示されているといえるでしょう。

さらに，パス＝ゴール理論で追加された2つのリーダシップ行動は，どのような影響を示しているでしょうか。達成志向型リーダーシップは，仕事の手順が不明確でマニュアルがないといったようにタスクが曖昧であるときに，フォロワーの能力や目標達成に自信を与えることを通じて，フォロワーの期待を増し，成果を生むと考えられます。

参加型リーダーシップは，一般的には，フォロワーの責任感を促すことや，意思決定への参加によってフォロワー自身が求められていることがより明確になることなどを通じて，フォロワーのモチベーションを高め，業績につながっていくと考えられます。とりわけタスクが明確でないときや仕事上の要求が曖昧なときなどは，参加型リーダーシップを通してタスクや要求が明確になることが，フォロワーの満足やモチベーションをより高めると考えられます。また，権威主義的でなく，命令されるよりは自律的に仕事をすることを好むフォロワーにとっても，参加型リーダーシップは，責任がより大きくなることや仕事のしやすさにつながることから，満足をもたらすと考えられます。

リーダーシップ実践の難しさ

状況やフォロワーに合わせてリーダーシップのスタイルを変えるというリー

ダーシップのコンティンジェンシー理論は，説得力があることは間違いありませんが，一方で実践的には難しい側面もあります。

1つは，1人のリーダーが，このように柔軟にリーダーシップ行動を変えることができるのかという問題です。はじめて管理職になるときは，誰しも人を動かして成果を上げることに戸惑うといわれます。そうした中で自分なりにリーダーとして振る舞い，自分なりのリーダーシップを発揮していくわけですが，さらにそれを状況に応じて使い分けるのは，理屈として理解はできても，実行するのは至難の技といえるかもしれません。

もう1つは，そこまで状況やフォロワーの持つ特性を理解できるのかという問題です。パス＝ゴール理論では，フォロワーそれぞれの目標を明確にし，そこへ至るパスを示すことで，フォロワーのモチベーションを高め，業績を上げると考えます。フォロワーが数人であれば，それぞれのフォロワーと接しながら適切な方法をとることも可能ですが，フォロワーが20〜30人になってくると，リーダーが各人に合わせたくとも，すべてのフォロワーを理解し，それぞれの状況に合わせてリーダーシップを発揮するのはなかなか困難です。

フィードラーによる初期の理論からパス＝ゴール理論へと理論が進化するにつれ，説得力は増していった反面，それを実践する難しさはより高まったといえます。つまり，「リーダーシップ行動 → フォロワーのモチベーション → 成果」の内実をより詳細に理解できるようになった一方で，それに沿った実践はより難しくなったといえるのです。

> リーダーシップ ➡ モチベーション ➡ 成果

ショウゴ なんだか難しいなぁ。こんなに細かく決まっていたら，助かることは助かるけど，覚えられませんよ。結局のところ，その人に合った指示を出したり，コミュニケーションをとったりすることが，大事だってことなんじゃないですか？

先生 そう，まさにその通りなんだ。リーダーシップのコンティンジェンシー理論は，たしかに有用なんだけど，最後にはケース・バイ・ケースになってしまうんだよ。だから実践が難しくなってしまうんだ。まぁ，ある人やチームに

とって有効な方法が，必ずしも他の人やチームにとっても有効な方法とは限らなくて，状況によって有効な方法は違ってくるということがわかっていれば，まずは十分だよ。

カナコ 求める成果によっても違うような気がするな。すぐに結果が欲しくて，行動を起こしてもらいたいときと，すぐには結果が出なくても，自分で考えてもらいたいときって，両方あるだろうし……。

先生 今日は2人とも冴えてるね。それもまさにその通りなんだよ。リーダーシップというのは，「集団に目標達成を促すよう影響を与える能力」だから，リーダーシップがあれば成果が上がるわけではないんだよね。あくまでリーダーシップは行動や態度を引き出す力であって，その方法や導く行動を間違えれば，うまく成果が上がらないのは必然だ。たしかに，行動を起こさなければ成果を上げるのは難しいけれど，何が成果（目標達成）につながる行動や態度なのかを，リーダーは見極める必要があるということだね。

4. リーダーの2つの働きかけ

リーダーシップの成果とは

　リーダーの役割は，部下のモチベーションを上げることだけではなく，自分が責任を持つチームや組織の成果を上げることです。すなわち，部長であれば部の成果，社長であれば会社の成果を上げることが，リーダーの役割です。上司が部下のモチベーションを気にかけるのは，部下のモチベーションが高いことが成果につながると考えられるからです。

　ただし，成果には短期的なものと長期的なものがあり，どのくらいの期間での成果を考えるのかによって，捉え方は異なってきます。たとえば，とにかく今月の目標を達成しようということであれば，厳しいことをいったり強引な手法をとったりして短期的な成果は出せるかもしれませんが，そのような無理が疲弊につながり，長期的には成果が落ちていってしまうことも考えられます。

集団の成果を高める論理

　本章で紹介してきた古典的リーダーシップや期待理論が想定している成果は，単純にいうと役割内の行動をきちんと行うことです。つまり，個々人がやるべき仕事をきちんとこなすことができれば，リーダーの責任範囲である集団の成果も高くなると考えられています。しかしながら，古典的リーダーシップと期待理論あるいは期待理論に基づくパス＝ゴール理論では，その論理がやや異なるといえます。

　古典的リーダーシップでは，リーダー行動が成果に結びつくためには，人間関係志向およびタスク志向の行動が重要だと考えていました。すなわち，人間関係志向の行動は，フォロワーに対して気配りすることを通じて，フォロワーの仕事へのモチベーションを高め，その結果フォロワーがリーダーの期待する行動を着実に実行するために，成果が上がることになります。一方，タスク志向の行動は，仕事をきちんと割り振り，進捗を管理することを通じて，フォロワーが自分のやるべきことをしっかり理解すると同時に，やらないとまずいと感じるために，役割に応じた行動につながります。古典的リーダーシップにおいては，また，役割をきちんと指示することで，フォロワーたちが効率よく仕事することができ，そのためにグループの成果が高まるとも考えられています。野球の守備では，ポジションが定まり，さまざまな状況におけるフォーメーションがセオリーになっていますが，ポジションが定まっておらず，誰がどこを守るかが曖昧であったり，フォーメーションが徹底されていなかったりすれば，ヒットになってしまう可能性が高まり，エラーを起こしたときもリカバーしにくくなります。グループとしての力を最も発揮できるように役割を与えることによって，成果が生まれるとも考えられるのです。したがって，すでにグループの目標や役割が明確であるときには，タスク志向の行動はそれほど必要とされません。

　以上をまとめると，古典的リーダーシップは個人に働きかけることで成果を上げるリーダーシップであると同時に，グループ全体に働きかけることで成果を上げるリーダーシップであるといえます。一方，期待理論あるいはそれに基づくパス＝ゴール理論では，リーダーの行動は，フォロワーが特定の行動を起

こすことで得られる報酬への期待を高めることを通して，役割内の行動につながると考えます。つまり，基本的には個人に働きかけるリーダーシップであるといえるのです。

ショウゴ なるほど。たしかに成果がちゃんと見えてなければ引き出すべき行動も見えないですよね。でも，どうやったらそういうことがちゃんと見えるようになるんだろう？ なんかいい方法はあるんでしょうか？

先生 そこが難しいところだね。友達や恋人，家族との人間関係と同じで，本に書いてある通りにやれば，いい関係が生まれるとは限らないよね。結局は，それぞれの人を見て，いい関係を結ぶ方法を考えなければならないんだ。同じように，何が成果に結びつくのかということも，それぞれの状況を見極めて考える必要があるんだよ。それが，理論をもとに考え，実践するということなんだと思うよ。

カナコ やっぱり，どうしても失敗したくないから答えが欲しくなっちゃうんですよねぇ。それはダメだってわかってはいるんだけど。

先生 囲碁に「定石を覚えて二目弱くなり」という川柳があるだろう。定石というのは，こういう場面ではこういう手がよいという，理論のようなものだよね。だけど，定石ばかり覚えていても，その背後の意味（なぜその場面ではその手がよいのか）をわかっていないと，実践では失敗してしまうということなんだ。相手は必ずしも定石の通りに動いてくれるわけではないし，たとえある局面では有利に立てても最後は定石にない場面も出てくるからね。大事なのは，定石を基盤にした読みなんだ。理論を知ることと理論をもとに現実の多様な状況を考えること，その両方が大事なんだよ。

KEYWORD

誘因（インセンティブ）　モチベーションの内容理論　強化理論　オペラント条件づけ　刺激—反応モデル　期待理論　自尊心　外的報酬　内的報酬　リーダーシップ　人間関係志向　タスク志向　リーダーシップのコンティンジェンシー理論　状況好意性　パス＝ゴール理論　ローカス・オブ・コントロール

さらなる学習のための文献リスト | Bookguide

- 金井壽宏［2016］『働くみんなのモチィベーション論』日経ビジネス人文庫。
- 金井壽宏［2005］『リーダーシップ入門』日経文庫。

CHAPTER 第 **8** 章

組織を動かすリーダー

変革型・カリスマ型リーダーシップ

SITUATION PUZZLE

F氏は，この職場に来て半年というもの，職場を変えようと必死になって取り組んできた。この職場は，品質管理業務を担当しているが，直接的に商品やサービスを生み出しているわけではないこともあり，従業員は仕事に対してあまり高いモチベーションを有していなかった。そこで，積極的に品質改善を提案するような新しい職場のビジョンを示し，それに伴って仕事の中身も見直すよう促し，またF氏自らが率先してそのビジョンを実現すべく行動した。しかし，部下たちはこのビジョンには納得をしているようだが，依然として業務へのモチベーションが上がらないようで，これまで通りに仕事をしているだけに見える。まさに，後ろを振り向いたら誰もいない，という状態だ。いったい，どうしてうまく職場は変わらないのだろうか？

ショウゴ 先生，前章で教えてもらったリーダーシップの行動論なんですけど，あれって本当に正しいんですか？

先生 どうしたんだい？　ショウゴくんらしくない鋭い質問だね。

ショウゴ いえ，最近，政治の世界でもスポーツの世界でも，リーダーが大事だと言われて，素晴らしいリーダーが紹介されてますけど，あの人たち，本当にこの前習ったようなタスク志向の行動とか人間関係志向の行動とかしているのかなぁって。

先生 なんでそう思うの？

ショウゴ だって，大企業のリーダーも国のトップも，指示をする相手は，側近や取締役，大臣というような人たちでしょ。彼らに逐一進捗を尋ねたり，個人的な相談に乗ったりしているなんて，考えられないですよ。

先生 たしかに，そう思うのも無理はないかもしれないね。前章で紹介したリーダーシップの行動論は，マネジャー・クラスのリーダーが対象の研究だからね。組織のトップに立って，何千人を率いるリーダーとは合わないのは当然だよ。でも，トップに立つ人は，あれとはまた別の形で，組織を率いる力，つまりリーダーシップがあるから，トップにいるわけだね。こういうリーダーの特徴は何だろうか？

ショウゴ 何でしょうかねぇ？　やっぱり，ドでかいことをするとか，新しいことをするとか，そういうのがリーダーなんじゃないでしょうか？

先生 せっかく組織行動論を勉強しているのだから，もう少しそれっぽく言えないかなぁ。まぁでも，新しいことをしたり組織を動かしたりするリーダーと，与えられたグループの目標を達成するリーダーとが異なるのは間違いないね。新しいことをするリーダー，大きく現状を変えるリーダーは，変革型あるいはカリスマ型リーダーとして研究されてきているんだよ。

1 変革型・カリスマ型リーダーシップ

　リーダーシップの行動論（▶第7章）で想定されているリーダーは，役割やタスクを明確にすること，人々に配慮することを通じて，設定された目標に向かってフォロワーを導き，動機づけていくタイプでした。一方で，フォロワーを鼓舞し，自己利益を超えるような行動へと高く動機づけるタイプのリーダーもいます。武田信玄や西郷隆盛などには，彼らのために命を投げ出す部下がいました。このようなタイプのリーダーについて，リーダーシップ論は，カリスマ型リーダーあるいは変革型リーダーとして議論してきました。双方のリーダーとも，自らの持つ能力や資質によって，目指すビジョンの重要性と価値の高さを部下に感じさせると同時に，それに向かう部下から積極的な態度や行動を引き出します。

カリスマ型リーダーシップ

　初期の**カリスマ型リーダーシップ**研究では，カリスマを，フォロワーからリーダーへの献身や信頼，盲信的な従属，忠誠心，コミットメント，同一化，および目標の達成への強い確信などをもたらす影響力と考えました。

　初期のカリスマ型リーダーシップでは，そうしたカリスマをもたらす要素を，リーダーの個人的特性および行動，そして状況的要因という側面から考えています。まず，リーダーの個人的特性には，支配欲求，高いレベルでの自己への信頼や他者に影響を与えたい欲求，自らの信念・価値観に対する確信，があるとされます。その上で，カリスマ型リーダーの行動としては，高い目標の設定，カリスマ性を有する特別な人物であるとフォロワーに思わせるイメージ形成行

動，フォロワーに対して価値観を反映した模範を示す役割モデリング行動，フォロワーが高い目標を受け入れやすい態度を促すためにモチベーションを喚起する行動，およびフォロワーへの高い業績期待とそれを達成できるという自信を与えるコミュニケーションがあげられています。また，モデルには示されていませんが，ミッションやビジョンを示し，それらをフォロワーの目の前の目標とつなげることも，カリスマ型リーダーの行動といえます。

加えて，組織が危機的な状況に陥っているといった状況も，カリスマ型リーダーシップ，つまりカリスマによる影響力を生み出すとされます。危機的な状況では，フォロワーが組織を取り巻く状況をコントロールできなくなり，障害や脅威によって将来への不安を感じるため，カリスマ性のある人物に状況を打破してもらいたいという欲求が生まれてくるからと考えられます。混沌とした時代や暗い時代には，よかれあしかれ，源頼朝や織田信長，あるいはヒトラーといったような，カリスマ性によって人々に大きなうねりを起こす人物が現れるのも，必ずしもその個人的特性や行動によるのみならず，状況にもよるのかもしれません。

改めてカリスマ型リーダーシップを有するリーダーに着目すると，その特徴は大きく5つあるとされます。すなわち，強い自信，ビジョンを設定する能力，高いリスクがあってもビジョンを追求する意志，型にはまらない戦略の採用，変革のエージェントとしてのイメージです。

まず，カリスマ型リーダーには，自分の判断や行動に対して強い自信を持っているという特徴があります。

2つめに，カリスマ型リーダーには，ビジョンを明確に，そしてフォロワーにわかるように，設定する力があります。カリスマ型リーダーには，ビジョンがあるだけでなく，それを伝える力も必要なのです。アメリカ公民権運動のリーダー，キング牧師は，「私の夢」として公民権運動が成就した先の未来について具体的に話しました。それは，支持者にとって魅力的なだけでなく，わかりやすいビジョンでもあったわけです。

3つめに，カリスマ型リーダーには，困難やリスクがあっても，ビジョンの実現のためには決して諦めず，その成就に向かう意志があります。ビジョンの実現において，妥協をしたり挫けたりすることがあっても，カリスマ型リー

ダーはその実現を諦めることはしません。そうした，どんなことがあっても実現するという意志が，フォロワーを勇気づけることになります。

　型破りな方法をとることも，カリスマ型リーダーの特徴といわれます。1985年に慶應義塾大学をラグビー日本一に導いた上田昭夫監督は，社会人チームとも争う日本選手権への出場に際し，ロッカー・ルームで「俺の欲しい賞状はこれではない」と，選手の目の前で大学日本一の賞状を破り，選手のモチベーションを高めたそうです。大学のラグビー・チームの監督が大学日本一の賞状を破るというのは奇行としかいいようがありませんが，自分たちの目指すところはそこではない，というビジョンを強烈に伝達する力となったはずです。

　最後に，カリスマ型リーダーには，変革のエージェントとしてのイメージがあります。とりわけ，フォロワーが不遇で現状の打破を望むようなときや，組織に危機が訪れ変革が求められるときに，リーダーにこのようなイメージが付与されます。英仏百年戦争の際にフランス軍を率いたジャンヌ・ダルクは，貴族や王族ではなく農家の生まれでした。しかし，当時のフランスの壊滅的な状況が，神の声を聞いたという彼女に変革のエージェントとしてのイメージを与え，リーダーとして人々を動かすことにつながったといえるかもしれません。

フルレンジ・リーダーシップ

　すでに述べたように，このようなカリスマ型・変革型リーダーは，価値観やビジョン，それに基づいた高い目標設定などを通じて，フォロワーに自信とモチベーションを与え，フォロワーを動かします。一方，マネジャー型のリーダーは，フォロワーの欲求に応じた報酬に基づいて，フォロワーを動かします。前者をカリスマ型・**変革型リーダーシップ**と呼ぶのに対し，後者を**交換型リーダーシップ**と呼び，この両者を包含するリーダーシップを**フルレンジ・リーダーシップ**と呼びます。

　すなわち，変革型リーダーは，目指すべき成果の重要性や価値を示すことで，フォロワーの意識のレベルを高めるのに対し，交換型リーダーは，目標を達成したときに得られる報酬を認識させ，保証することで人々を動かします。そして，これら変革型および交換型を含むフルレンジ・リーダーの行動特性には，以下の7つがあるとされ，変革型リーダーシップの行動特性として，カリスマ，

理想化された影響，鼓舞する動機づけ，知的刺激，個別配慮の5つが，交換型リーダーシップの行動特性として，業績に基づく報酬と積極的な例外管理の2つが示されています。

変革型リーダーの行動特性は，前項で述べたカリスマ型リーダーの特徴と類似します。まず，変革型リーダーシップの行動特性として示されているカリスマとは，自分が有能であることを示す行動です。変革型リーダーは，自身がフォロワーよりも有能であることを示さなければ，部下はリーダーのビジョンや目標あるいはそれに基づく言動に疑いを持ってしまいます。自他ともに認める有能さを示しているのでなければ，フォロワーはリーダーのビジョンや価値観に共鳴してはくれないのです。理想化された影響とは，リーダーがロール・モデルとしての存在であることを指します。前項でも示したように，自身の信じる価値観やビジョンを体現することは，カリスマ型リーダーの行動特性の1つです。同様に，価値やビジョンへの強い動機づけをもたらす行動（鼓舞する動機づけ）も，変革型リーダーの行動特性の1つです。また，フォロワーにより挑戦的なことを求める知的刺激や，フォロワーの欲求や感情に配慮することも，変革型リーダーの行動特性です。これらの行動が，リーダーの掲げるビジョンや価値観に自らを同一化し，リーダーやリーダーのビジョンのため，時には自己利益を超えた行動にフォロワーを促す力の源泉，つまりはリーダーシップにつながるのです。

一方，交換型リーダーの行動特性には，業績に基づく報酬と，積極的な例外管理があります。業績に基づく報酬は，フェアに報酬を与えることを通じて納得した上でのフォロワーの行動をもたらします。第3章で触れたように，人は必ずしも単純な報酬だけで動くわけではありません。チームや職場のメンバーの中でフェアな判断に基づいた報酬が支払われることによって人は納得し，行動につながります。また，行動や進捗が期待と異なったときや異なってしまいそうなときに，積極的に関与して指導することも，交換型のリーダーシップを生みます。

なお，上記7つの行動を何もしないことは，**自由放任型のリーダーシップ**とされます。フォロワーにお任せのまさしく何もしないリーダーということになりますが，これまでの研究では，自由放任型のリーダーシップは業績にあまり

よい影響を与えないことが示されています（Judge and Piccolo [2004]）。

カナコ たしかに，変革型・カリスマ型リーダーは，マネジャー・タイプのリーダーとは違いますね。それとカリスマっていうと生まれながらの資質のように聞こえますが，必ずしもそういうわけではないんですね。

先生 生まれながらのものもあるかもしれないけど，彼らの行動や持っている要素を調べると，必ずしも先天的なものばかりではなくて，日々の行動にも特徴があると言えるんだ。ショウゴくんだってカリスマ型のリーダーになれるということだよ。

ショウゴ なんで僕だけに言うんですか？　でもなんでフォロワーの人は「この人のためなら火の中水の中」となるんでしょうか？　いまひとつわからない気がします。

先生 それじゃあ次節で，変革型・カリスマ型リーダーがフォロワーにもたらす影響について見ることにしよう。

変革型・カリスマ型リーダーの影響

　変革型・カリスマ型のリーダーがいくら有能だといっても，自分で何でもできるわけではありません。とにかくフォロワーに動いてもらわなければ，リーダーの示すビジョンやミッションを達成することはできません。すでに見たように，変革型・カリスマ型のリーダーは，自らの行動によって，フォロワーに強い動機づけを与えます。のみならず，変革型・カリスマ型リーダー・タイプの創業者などに見られるように，自らがいなくなった後も，組織の人々の行動に影響をもたらすことさえあります。本節では，なぜ変革型・カリスマ型リーダーは，フォロワーの行動を引き起こすことができるのかという点について，考えていきます。

変革型・カリスマ型リーダーシップがもたらすモチベーション

　変革型・カリスマ型リーダーはなぜ，ビジョンの実現に搔き立てる行動へとフォロワーを強く導けるのでしょうか。カリスマ型リーダーを研究したヘブライ大学のボーズ・シャミアらは，それはフォロワーの自己概念に影響を与えて

いるからだと主張します（Shamir, House and Arthur［1993］）。**自己概念**とは，自分による自分についての認識です。どれほど明確かは別にして，誰しも，自分はどのような人間で，どのような力を持っているかといった，自分に対する認識を持っています。この自己概念が，カリスマ型リーダーの行動によって変容することで，フォロワーのモチベーションに影響すると，彼らは考えたのです。

シャミアらによれば，カリスマ型リーダーは，下記の5つのやり方で，フォロワーのモチベーションに影響を与えるといいます。

(1) 努力に対する内発的な誘意性を高める
(2) 努力─達成の期待を高める
(3) 目標達成に対する内発的な誘意性を高める
(4) よりよい将来を信じさせる
(5) 個人的なコミットメントを創出する

ここでいう誘意性とは，期待理論（▶第7章）のところでも説明したように，報酬に対する主観的価値のことを意味します。

これらの5つの行動は，自己概念のうちの，価値に関わるものに影響します。すなわち，努力や目標の内面的価値を対外的に表明する自己表現，自己概念と行動が一致していることを意味する自己一貫性，環境に対して対処できる能力や意識の感覚を意味する自尊心や自己価値です。努力や目標達成や将来に対して価値をより強く感じれば，フォロワーはそのことを自己表明しやすくなります。誰もが意義や意味を感じて頑張っていることのほうが，そうでないことよりも，自分の頑張りを他者へ伝えたいと思うでしょう。また，それに邁進する自分を誇りに思い，価値を感じることにもなります。

明治維新で先導的な役割をした長州藩・薩摩藩・土佐藩の志士たちは，「尊皇攘夷」あるいは「開国」といった言葉を通じて，自分たちに従う多くの下級武士たちを，徳川政権の打倒と新しい世の中の誕生へと鼓舞しました。下級武士たちは，それを受けて，倒幕の動きを起こしていきました。それまで，藩政に影響を与えることなどほとんどできなかった下級武士たちが，リーダーたちの言葉や行動を通して，自分たちでも世の中を変えることができるという自己概念を形成し，維新に向かってさまざまな行動を起こすモチベーションを高めていったといえます。

このような影響を与えるカリスマ型リーダーが発する言葉には，組織の価値観および道徳の正当性，集合性および集合的アイデンティティ，組織の歴史，個人そして集団の一員としてのフォロワーの価値観や効力感の積極的な評価，フォロワーに対する高い期待，将来を見据えた目標，といった内容が含まれるといわれています。カリスマ型リーダーは，一見小さな貢献や力であっても，それを高く評価・期待したり，自分たちの目指している目標を，遠くにある正当的なものとして示したり，自分たちの仲間意識を高めたりする言動を通して，フォロワーのモチベーションを高めていくのです。

リーダーシップによる組織文化の定着

　リーダーのフォロワーへの影響は，直接と間接の2つのルートを辿ります。直接的な影響とは，リーダーがフォロワーに直接働きかける方法で，フォロワーに対してリーダーが語ることや自分の行動で組織全体を動かすといったことを指します。こうした方法は，カリスマ型リーダーによる直接の働きかけであるため，フォロワーに大きな影響力を及ぼしますが，持続的とはいえません。時が経てばその言葉や行動の力も薄れていってしまいます。一方，間接的なルートは，瞬間的には直接的ルートほど影響は大きくないものの，フォロワーに持続的に影響を及ぼすことができます。その典型的な方法が，**組織文化**（▶第11章）の形成による組織メンバーへのビジョンや価値観の浸透です。

　本田宗一郎や松下幸之助といった創業経営者とじかに接した当時の部下たちは，彼らの直接的な言動によってさまざまな影響を受け，彼らのビジョンの実現に邁進しました。しかし，創業経営者が亡き後に入社してきたメンバーには，彼らの直接的影響は及びません。また，組織の規模が大きくなれば，たとえ彼らの言葉を伝えられたとしても，その影響は限定的にならざるをえません。そのため，たとえば企業では，創業者のビジョンや言葉をもとに社訓・経営理念・社是が定められ，それらによって創業者の考えや価値観を持続的に伝え，組織文化を新しいメンバーに定着させていくことになります。

　社訓・経営理念・社是といった形で明文化されたリーダーのビジョンや価値観だけでなく，リーダーのエピソードも，間接的な影響をもたらします。本田宗一郎はエピソードの多い経営者の1人ですが，その中に次のようなエピソー

ドがあります。社長を引退した後，在任中のお礼を兼ねて全国の工場を回った本田は，ある工場の社員に握手を求めました。社員が油で汚れた手で握手をすることをためらっていたところ，本田はその真っ黒な手を握り，「立派な手だ，この手が一番好きだ」と涙ぐんだそうです。このエピソードからは，現場を大事にし，社員思いであった本田の考え方や価値観の一端が見えてきますし，このような社長がいた会社であることを誇りに思う人もいるでしょう。本田宗一郎についてはこれ以外にも多くのエピソードが語られますが，このように，リーダーのエピソードは，単なるエピソードを超えて，その考え方や価値観を伝える役割を果たします。そして，こうしたカリスマ型リーダーの考え方や価値観が，組織の考え方や価値観となり，組織文化として定着していくことになります。

　これ以外にも，組織の設計や評価制度，組織における作法，あるいは組織の外観やオフィスのレイアウトなどに至るまで，さまざまな形で，リーダーの考え方や価値観は組織文化として定着していくことがあります。ビジョン・価値観・考え方を示すカリスマ型・変革型のリーダーは，自分の言動を通じてだけでなく，制度や組織設計，オフィス・レイアウトなどの人工物を通じても，新しいメンバーに組織の考え方や価値観を伝え，それが組織文化となっていくのです。

> カリスマ型リーダー行動　➡　組織文化の醸成　➡　フォロワーの行動

カナコ　結局，意味のあることをやっているという認識や，それが叶えられそうだという感覚が，フォロワーを動かすということなんですね。そして，そういうことが組織に価値として定着していくというわけでしょうか？
先生　まぁ，大雑把に言えばそういうことかな。
ショウゴ　でも……。
先生　お，なんだい？　今日のショウゴくんは，いろいろ引っかかるところがあるみたいだね。
ショウゴ　なんか，カリスマ型リーダーのもとでは，フォロワーはあやつり人形みたいだなと思いまして。

3　フォロワーの主体性をもたらすリーダーシップ

　リーダーシップについて語るとき，私たちはフォロワーのことをそれほど考えません。そこでは，フォロワーは無色透明な存在として扱われています。しかし，実際の職場においてフォロワーは，無色透明でもなければ，みなが同じ色なわけでもありません。それぞれのフォロワーは，それぞれに意見・考え・価値観を持ち，それに基づいて行動しています。近年，このようなフォロワーに着目した，**フォロワーシップ**という考え方が出てきています。本節では，フォロワーのより能動的な姿勢に着目したリーダーシップの考え方を，いくつか取り上げることにしましょう。

リーダーシップの2つのモード

　リーダーシップ論の研究者であるハーバード大学のロナルド・ハイフェッツは，それまで受動的なフォロワーを想定していたリーダーシップ論に対して，能動的なフォロワーを想定したリーダーシップを提示し，リーダーシップには2つのモードがあることを示しました（表8.1）。

　受動的なフォロワーを想定すると，リーダーは自らのビジョンやミッションにフォロワーをついてこさせ，フォロワーはそのビジョンやミッションに対してやや無批判に受動的についていくことになります。一方，能動的なフォロワーを想定すると，リーダーはフォロワーがビジョンやミッションを自分のものだと思うようにお膳立てをし，フォロワーは自分なりの考えでそれを選び取り，能動的にビジョン実現の輪に加わることになります。ハイフェッツが考えるように，リーダーシップを「人を動かして難しい問題に取り組ませること」としたとき，前者のモードからは，リーダーに頼りながら問題を解決するフォロワーが示され，後者のモードからは，リーダーの助力を得ながら組織を前進させるフォロワーが示されるといえます。

　ハイフェッツはまた，リーダーシップが必要になるのは，問題を解決するためにこれまでの考え方や解決方法を見直さなくてはならない状況であるとしま

CHART 表8.1　ハイフェッツによるリーダーシップの2つのモード

	リーダー	フォロワー
受動的なフォロワーを想定してしまう従来の支配的定義	ビジョンやミッションにフォロワーをついてこさせる	そのビジョンに，やや無批判的に，受動的についていってしまう
能動的なフォロワーに注目するハイフェッツの定義	フォロワーがそれを自分のビジョンだと思うようにお膳立てする	自分なりの考えで選び取り，能動的にビジョンの軸に加わる

出所）　金井［2005］79頁，小野［2016］30頁より筆者作成。

した。反対にいえば，そうでない状況では，リーダーはフォロワーに適切に指示や命令をしていればよいので，リーダーシップを発揮する必要がないというわけです。後者のような状況では，リーダーは，自分が知っている解決法をフォロワーに指示するだけで，問題は解決されます。このように，解決方法を特段見直さなくてもフォロワーの問題が解決される状況を，**技術的挑戦状況**と呼びます。一方，これまでの考え方や解決法ではどうにもならず，新しい方法で解決する必要がある状況を，**適応的挑戦状況**と呼びます。

すぐにわかるように，技術的挑戦状況においては，受動的なフォロワーを想定したリーダーシップで問題はありませんが，適応的挑戦状況では，フォロワー自身が能動的・積極的に状況に適応していくことが求められます。こうした状況におけるリーダーシップは，フォロワーがリーダーのビジョンに従うように影響力を及ぼすことではなく，フォロワーが自分たちで問題に取り組むように影響力を及ぼすことであると考えられるのです。

では，フォロワーに積極的な適応を促すためのリーダーシップとは，具体的にはどのようなものになるのでしょうか。ハイフェッツは次の6点をあげています。

(1)　バルコニーに上がる
(2)　適応への挑戦を見極める
(3)　メンバーの苦痛・苦悩を調整する
(4)　鍛錬された注意力を持ち続ける
(5)　仕事の責任を人々のもとに戻す
(6)　組織の中からやがて聞こえてくるリーダーシップの産声を守り育てる

まず，バルコニーに上がるとは，全体を俯瞰する視点を持つことを指します。全体を俯瞰するような視点は，フォロワーには持ちえない視点です。リーダーは，フォロワーが把握できない視点から，状況を見極める必要があります。ただ，バルコニーからは全体の状況を把握することはできるものの，現場の具体的な状況を把握することはできません。当然ながら，リーダーはバルコニーに立つだけでなく，時にはバルコニーから降り，現場を見ることも重要です。

　また，フォロワーが直面している適応的挑戦状況が，適応するに値する状況かどうかを見極めることも大切です。取るに足らないことにフォロワーを適応させているとすれば，それはフォロワーの時間や労力を無駄に使っていることになってしまいます。

　適応的挑戦状況は，これまでとは異なる新しい方法によって課題を解決しなくてはならない状況です。それは，フォロワーにとって，これまでの考え方を否定し，意識を変えていくプロセスでもあります。そのようなプロセスは，苦痛や苦悩が伴います。リーダーはただ挑戦させるだけでなく，そこに生じるフォロワーの苦痛や苦悩にも，目を配らなければなりません。

　同様に，新しい状況への挑戦は，フォロワーの間にコンフリクトを起こすことがあります。適応的挑戦状況の中でフォロワーの間で意識がバラバラにならないように，絶えず現場に対する注意を怠らないことも，能動的フォロワーへのリーダーシップとして必要なことといえます。

　そして，こうした中でそれぞれのフォロワーに仕事の責任をきちんと意識させることによって，より積極的な適応を促していきます。

　最後に，このような適応的挑戦状況のもとでは，仲間同士で積極的な適応を促すようなリーダーシップが生まれることがあります。このような，フォロワーの中に生まれる小さなリーダーシップを大事にすることも，フォロワーの能動的な適応を促すリーダーシップにつながります。

倫理的リーダーシップ

　もう1つ，フォロワーの自律性を促すリーダーシップとして，**倫理的リーダーシップ**を紹介しましょう。これは，ルールを課したり，マニュアルを整備したり，あるいは罰則を用意したりすることで倫理的行動をとらせるような

リーダーシップではありません。また，倫理的であるということに関して定まった考え方を示すものでもありません。なぜなら文化や社会の違いによって，何が倫理的で何が倫理的でないかは変わってしまう可能性があるからです。

ここでいう倫理的リーダーシップとは，フォロワーの倫理的行動を促すためのリーダーシップを指します。たとえば，フォルクスワーゲンでは，燃費の基準を満たすためにプログラムを操作し，燃費データの改竄が行われていました。このこと自体が直接，事故に結びついたわけではありませんが，結果的にフォルクスワーゲンは，消費者への補償や全世界的な企業ブランドの低下など，有形無形の莫大な損失を被ることになってしまいました。結果を求めるあまり，そのプロセスで倫理的な判断を怠ってしまうことは，小さな行動であっても，時に大きな損失を企業にもたらします。倫理的リーダーシップは，フォロワーに結果を出してもらうだけでなく，そのプロセスにおいて倫理的な行動を求めるリーダーシップです。そのためには，むしろ強権的なリーダーシップは，隠蔽行動をもたらしてしまうことがあります。そうならないように，フォロワーに常に倫理的であることを意識してもらう必要があります。

では，フォロワーに倫理的であることを意識させ，行動してもらうためにリーダーはどのようなことを行うべきでしょうか。倫理的リーダーシップ論では，①規範的で適正な行為の提示，②双方向のコミュニケーションの強化，③倫理的規範の強化，④公平・公正な意思決定という4つを，リーダーによる行動として示しています。規範的で適正な行為の提示とは，リーダーがフォロワーの手本となるということです。手本としてのリーダーを通して，フォロワーはその倫理的な行動を真似ると同時に，規範的で適正な行動とは何かを学びます。それだけでなく，何が規範的で適正かを議論するような双方向のコミュニケーションや，規範を文書化するといった倫理的規範の強化，規範に基づいて公平・公正な意思決定を行うことを通して，フォロワーが自らの判断によって倫理的かつ規範的に適正な行動をとれるよう求めていくことになります。

フォロワー主体のリーダー行動 ➡ フォロワーの自律的行動

暗黙のリーダーシップ論

よりフォロワーに焦点を当てたリーダーシップ論に、**暗黙のリーダーシップ論**があります。暗黙のリーダーシップ論では、フォロワーはリーダーの言動そのものからリーダーシップを認知するのではなく、自身が暗黙的に抱いているリーダーシップ論に影響を受けて、リーダーの行動を認知すると考えます。つまり、フォロワーは自分なりのリーダー像（暗黙のリーダーシップ）を持っており、それに見合うような行動についてはより積極的にリーダーシップと受けとめるが、そうでない場合にはリーダーシップと認知しないということが起こるのです。例えば、グイグイと組織を引っ張るのがリーダーだと考えているフォロワーは、具体的なミッションを提示したりフォロワーにあるべき姿を示したりするリーダーシップは高く評価しますが、フォロワーの話を丁寧に聞くといった配慮型のリーダーシップはあまり評価しないといったことです。

このような、フォロワーの頭の中にある暗黙のリーダーシップ論、つまりフォロワーの頭の中にある理想的なリーダー像の構成要素として、イギリスのリーダーシップ研究者オルガ・エピトロパキらは、よく気がつく、親切であるといった感受性、教養がある、賢いといった知性、一生懸命、献身的であるといった献身、活発で活動的であるという活力、という4つの要素を見出しました。また、反対に非リーダーシップの要素として、傲慢や押しが強いといった圧制、勇ましいといった男性性を見出しました。勇ましさや押しの強さはリーダー的な態度と捉えられていそうな要素ですが、実際には、こうした態度や行動をとる人に対して、多くの人はリーダーシップを感じないのです（Epitropaki and Martin［2004］）。

ただ、このような暗黙のリーダーシップ論は、国や文化の違い、あるいは組織的階層の違いによって異なるともいわれています。また、個人の持つ暗黙のリーダーシップ論の形成においては、個人のパーソナリティや両親から受けた教育経験が影響するといわれています（Keller［1999］）。

リーダーが暗黙のリーダーシップ論について理解しなくてはならないのは、以下の2点です。1つは、リーダーシップを発揮する上で、フォロワーの暗黙のリーダーシップとの齟齬に気をつけなければならないということです。もう

1つは，じつはリーダー自身にも，これまでの経験やパーソナリティなどから，暗黙のリーダーシップが形成されているということです。自分の理想のリーダー像を持つことは悪いことではなく，むしろ自然なことといえますが，そのようなリーダーになろうとリーダーシップを発揮する，そのスタイルは，自らの暗黙のリーダーシップに影響されたものだといえるのです。

以上のどちらにも気をつけなければ，リーダーはよく頑張っているのに，フォロワーにはまったく伝わっていないという，リーダーシップの空振りが起きてしまいます。そうなると，単にリーダーシップが発揮されないだけではなく，相互の不信感につながり，その後のリーダーシップの発揮がさらに阻害されてしまう可能性もあるのです。

カナコ この暗黙のリーダーシップ論というのはよくわかります。やっぱり，リーダーとか上に立つ人にはこうあってもらいたいというのがあるんですよ。だから，そうじゃない部分については，たしかにあんまりリーダーの行動として見ていないかもしれません。

先生 頑張っているリーダーからすると辛いねぇ。もちろんそういう空回りに気づくことも大事なことだとは思うけどね。

カナコ でも，そういうときは，頑張っていても，リーダーがもっとうまくやってくれればなってなっちゃうんですよね。

先生 じつは，それも私たちの暗黙のリーダーシップ論の1つといえるんだ。研究によれば，私たちが組織やグループの成果をかなりの程度リーダーシップによるものだと考えがちであるということがわかっているんだよ。内実がよくわからなくても，組織やグループの成果がよかったり悪かったりするのはリーダーによると考える傾向が強いということだね。これをある研究者は「リーダーシップの幻想」と呼んだんだ。

カナコ オリンピックでもワールドカップでも，メダルをとれば監督の采配がよかったってことになるし，反対に期待外れの結果だと，監督の采配に問題があったというのが，新聞やテレビに出ますもんね。

先生 そうだね。監督の名前を冠して「○○ジャパン」なんていうのも，その傾向の1つの表れかもしれないね。本当は，一番の鍵を握っているのは選手のはずなんだけどね。

4 リーダーシップ・スタイルの3つの考え方

　前節までに取り上げたリーダーシップ論は，リーダーとリーダーが影響を与えるフォロワーの集団との関係を考えていました。つまり，リーダーは，複数いるフォロワーに等しく影響を与えると考えて，リーダーシップを捉えてきたのです。反対にいうと，同じリーダーのもとにいるフォロワーから見たとき，誰から見ても，リーダーは同じリーダーシップ・スタイルをとっていることが前提となっています。このような見方を，**平均的リーダーシップ・スタイル**と呼びます。

　しかし，平均的リーダーシップ・スタイルだけがリーダーシップではありません。若い人には配慮や進捗の確認を欠かさない一方で，中堅やベテランには放任で任せるというように，同じ職場内でもフォロワーに合わせてリーダーシップのスタイルを変えるリーダーもいます。

　このような見方を，**リーダーシップの交換関係アプローチ**と呼び，その代表的な理論にVDL（Vertical Dyad Linkage）やLMX（Leader-Member eXchange）があります。ここでは，リーダーとフォロワーの関係は1対1の関係として捉えられ，フォロワーが10人いれば，その関係は10あるということになります。このような交換関係アプローチでは，リーダーとフォロワーの個別の関係が重要になります。リーダーとフォロワーの関係の質が高くなり，相互が信頼し合う，成熟したリーダー＝フォロワー関係では，フォロワーは積極的にリーダーのいうことを聞くようになり，また，リーダーもフォロワーを信頼して任せることで，フォロワーの積極的な行動が引き出されるようになります。

　現実の職場では，平均的リーダーシップ・スタイルがとられていることもあれば，個別の交換関係で成立していることもあります。しかし，職場におけるリーダーとフォロワーの関係を個別の交換関係で捉えたときにも，その関係性の影響は当事者同士だけにとどまらないことがあります。たとえば，同じ職場にいて一部の人だけが，リーダーからよく声をかけてもらい，さまざまなチャンスをもらっていたらどうでしょうか。そうでない人が，いわゆる贔屓だと考

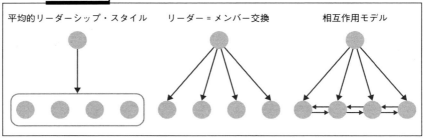

図8.1 リーダーシップ・スタイルの3つの考え方

えたり,自分はリーダーに嫌われていると思ったりしないでしょうか。ある人を抜擢しようとなったとき,当人は仕事のモチベーションを高め,リーダーとの関係も良好になると考えられますが,一方で,同じ職場の同僚でありながらチャンスを得られなかった人からすると,モチベーションが下がる要因にもなります。

これを相互作用アプローチと呼びます。相互作用アプローチにおいては,その関係性がさらに他のフォロワーとリーダーとの関係にも影響を及ぼすと考えられるのです。リーダーは,フォロワーに応じて個別にリーダーシップを振るうこともあります。しかし,そのことが,他のフォロワーに対しても影響を及ぼすということを忘れないように気をつけなければなりません(図8.1)。

ショウゴ 多くの人を引っ張って目標を成し遂げるというのは難しいことですね。そんなリーダーになれる自信がないです。

先生 天性のリーダーシップを持つ人もいるかもしれないけども,リーダーシップは多くの場合,自らの経験によって培われるものだから,そんなに心配しなくても大丈夫だよ。

ショウゴ そうなんですか。でも,どんな経験をすればリーダーシップが身につくんでしょう?

先生 これまでの研究(McCall [1998],金井 [2002])では,経験の中でもとくにタフな修羅場の経験が,その人のリーダーシップを形成すると言われているんだ。もちろん,経験するだけでなく,そこからどれだけ教訓を引き出せるかも重要になるよ。

ショウゴ 修羅場ですか。経験したくないなぁ。でも,たしかにタフな経験をすれば自分のリーダーシップの引き出しが多くなりそうだし,自信もつきそうですね。スポーツでも,苦しい試合を勝ち上がったチームが一回り強くなるこ

とってありますもんね。

先生 そうだね。ただ，気をつけなければいけないのは，よいリーダーシップということを経験だけから考えていると，偏りのあるリーダーになってしまう可能性があるということだよ。リーダーシップは，あくまでもフォロワーに動いてもらうための影響力なんだから，常に状況やフォロワーを見ていないと，気づいたときにはフォロワーとの関係が遠くなってしまっていたなんてこともありえるね。

ショウゴ 僕にそんなことに気をつけなくちゃいけなくなる日が来るんでしょうか……。

KEYWORD

カリスマ型リーダーシップ　　変革型リーダーシップ　　交換型リーダーシップ　　フルレンジ・リーダーシップ　　自由放任型のリーダーシップ　　自己概念　　組織文化　　フォロワーシップ　　技術的挑戦状況　　適応的挑戦状況　　倫理的リーダーシップ　　暗黙のリーダーシップ論　　平均的リーダーシップ・スタイル　　リーダーシップの交換関係アプローチ

さらなる学習のための文献リスト　　Bookguide

- McCall, M. W., Jr. [1998] *High Flyers: Developing the Next Generation of Leaders*, Harvard Business School Press.（モーガン・マッコール／リクルートワークス研究所訳『ハイ・フライヤー：次世代リーダーの育成法』プレジデント社，2002年）
- Heifetz, R., Grashow, A., and Linsky, M. [2009] *The Practice of Adaptive Leadership: Tools and Tactics for Changing Your Organization and the World*, Harvard Business Press.（ロナルド・A. ハイフェッツ＝マーティ・リンスキー＝アレクサンダー・グラショウ／水上雅人訳『最難関のリーダーシップ：変革をやり遂げる意志とスキル』英治出版，2017年）
- 小野善生［2016］『フォロワーが語るリーダーシップ：認められるリーダーの研究』有斐閣.

CHAPTER

第 **9** 章

集団の持つ力

グループ・ダイナミクス

SITUATION PUZZLE

「これからの時代には人材の多様性が必要である」という経営トップの号令を受けて，K社では社員の多様性を推進するダイバーシティ推進室を設置した。同室の室長に就任したW氏がまず行ったのは，全国に散らばる各営業所の多様性の実態把握，そして多様性と営業所の業績との関係性の分析であった。全国の営業所の男女比・年齢構成や構成員のキャリアなどを特定した上で，多様な人材から構成されている度合いによって全営業所を序列化し，その順番が営業所の売り上げ成績とどのように関係しているかということを分析したのだ。統計分析に長けたアナリストによる分析結果を見て，W氏は落胆した。男女比・年齢・構成員のキャリアなど，どのような観点から見ても，営業所の社員の多様性と業績との間には，統計的に意味のある関係がいっさい見出せなかったのだ。男性ばかりの職場同士を比べても，好業績を叩き出しているところがある一方で，低い業績に甘んじているところもあった。また，男女比率が1対1の営業所の中にも，好業績のところと低業績のところがあった。年齢など他の観点で見ても，結果はまったく同じだった。人材の多様性は企業の業績とは別の問題なのだろうか？ 企業が多様性を推進する意味は，どこにあるのだろうか？

ショウゴ 先生，僕気づいたことがあるんです！

先生 どうしたんだい，ショウゴくん。なんだか大発見をしたみたいな顔をしているね。

ショウゴ そうなんです。大発見なんです！ 諺に「三人寄れば文殊の知恵」ってあるじゃないですか。複数の人が集まることで，文殊さま（知恵を司る文殊菩薩）のように，いい知恵が浮かぶっていう，あれ。

カナコ それがどうしたの？

ショウゴ そのほかにも，「役人多くして事絶えず」とか「船頭多くして船山に上る」とかっていう諺もありますよね。

先生 うん。それぞれ微妙に意味は違うけれど，要するに，多くの人がいることがかえって全体にとってマイナスの結果につながることがあるっていう教訓を表したものだね。

ショウゴ そこなんです！ これって矛盾していませんか？「三人寄れば文殊の知恵」が正しいのなら，多くの人を集めて集団をつくれっていうことになり

ますし,「役人多くして事絶えず」とか「船頭多くして船山に上る」が正しいなら,あんまり多くの人を集めないほうがいいよっていうことになりませんか? 結局,人数が多いほうがいいのか少ないほうがいいのか,どっちなんですか?

カナコ 本当だぁ。

先生 ショウゴくん,いつになく鋭いところを突いてくるね。諺というのは,私たちの先人が日常生活の中で経験した訓戒などを,風刺を効かせたりして,わかりやすいフレーズにして表現したものだよね。だから,もし,いくつかの諺がお互いに矛盾するような内容を含んでいるのだとしたら,それは現実社会の中で,そういう矛盾した現象が実際に起こっているということになるよね。

カナコ 「いつになく」だって(笑)。でも,たしかに,そういうことになりますね。「いろいろな人が集まる」って,どういうことなんだろう……?

1 集合知のパワー

経済学者のジャック・トレイナーは,集団の持つ力に関する興味深い実験を行いました。教室にいる学生たちに,瓶に入ったたくさんのジェリー・ビーンズの数を推定させるという実験です。892個のジェリー・ビーンズが詰まった瓶は透明で,学生たちからすれば,その中に相当な数のジェリー・ビーンズが入っていることはすぐにわかるのですが,実際の数はまったくわかりません。こうした状況で,トレイナーは,瓶の中にどれくらいのジェリー・ビーンズが入っているかということを,56人の学生それぞれに(他の人とは相談せずに)推定するように指示を与えました。

学生たちの回答は,じつにさまざまでした。正解である892個をはるかに下回る数を推定する(過少推定)学生がいるかと思えば,それをはるかに上回る数を推定する(過剰推定)学生もいました。ところが,驚くべきことに,そうした1人1人の学生が推定した答えの平均値を求めると,871個(正解より21個少ないだけ)と,とても正確な値が得られたのです。同じような実験が何度か行われたのですが,そのたびに同じような結果が得られました。何度か実験を繰り返すうちに,集団の平均値よりも誤差の小さい(つまり,より正解に近

い）推定をする学生も現れましたが，ほとんどのケースにおいては，学生たちの「平均値」のほうが，最も正確な「学生個人による推定値」よりも，正確な値を示したのです。

　瓶に入ったジェリー・ビーンズの数を推定するというように，推測によって何らかの値を求めるような問題を，状態推定問題と呼びます。コンサート会場にいる大勢の人の数を推測するだとか，図書館にある蔵書の数を言い当てるだとかいった類の問題は，すべてこれにあたります。こうした状態推定問題に答えるとき，上述のように複数の人からなる集団による推定（個々のメンバーの推定の平均をとる）は，個々のメンバーの大半よりも常に正確であることがわかっています。そういう場合が多いのではなく，常にそうなるのです。

　ただし，このような形で集合知の力が発揮されるためには，少なくとも2つの条件が必要になります。

　まず1つは，推定を行うメンバーの数が十分に多いこと，したがって「間違った答え」がたくさんあることです。たとえば，上述したジェリー・ビーンズの数の推定を，3人の学生で行ったとしましょう。このときに仮に2人の学生が，それぞれ890個・860個と，正解の892個にかなり近い数を予測したとしても，残りの1人が2000個といったように，真の値からかけ離れた数を予測してしまうと，3人の推定の平均値は1250個となり，正解から大きく離れてしまいます。ところが，面白いことに，メンバーの数が増えることで，この問題は解決されるのです。

　推定を行うメンバーが増えると，それだけ間違った値を推測する人の数が増えるわけですから，直観的には，集団としての回答は真実の値からさらに離れていってしまうように思えます。しかし，じつはそのこと，すなわち間違った値を出すメンバーの増加こそが，真実の値にたどりつく鍵を握っているのです。原理はとても単純です。メンバーの数が多くなると，たしかに真の値を大きく上回る回答が増えますが，反面，それを大きく下回る値を導き出す回答も増えていきます。しかし，全体の平均をとることで，そうした上下のブレ（分散）は相殺され，結局，真実の値に近づいていくわけです。集団による推定が個人による推定より常に正確な理由は，そうすることで個々人の推定の上下のブレが相殺されるからなのです。

ただし，集団から正確な推定値を引き出すためには，もう1つ条件が必要になります。それは，個々人がそれぞれに独立して予測を行うことです。上述のような状態推定問題において，個々のメンバーが推定を行う際に，周囲のメンバーと相談をしたり，ディスカッションできるようにしたりすると，個々のメンバーが出す推定値の分散が小さくなるばかりでなく，メンバーの中で声の大きな人の値や，パワーを持った人の値に大きく影響されてしまうことが，わかっています。正確な予測の必須条件である個々のメンバーの予測のばらつきを，メンバー間での相談やディスカッションが奪ってしまうのです。

　具体的には，集団内にどのような多様性が存在している必要があるのでしょうか。これまでの研究で明らかにされているのは，以下の5つです。これらを満たしている状態を，**認知的多様性**があるといいます（**Column ❺**）。

(1) **知識の多様性**：その問題に関する知識の領域に関して，集団内にどれだけ知識の幅があるか

(2) **視点の多様性**：その問題に対して，集団内にどれだけ多様な見方があるか

(3) **解釈の多様性**：問題のまとめ方や分類の仕方に関して，どれくらいの多様性があるか

(4) **問題解決方法の多様性**：答えの出し方に関して，どれだけ多様性があるか

(5) **予測モデルの多様性**：物事の因果関係の推測の仕方に関して，どれだけ多様性があるか

> メンバーの多様性 ➡ 集団としての成果

カナコ　面白い！　メンバーに十分な数と多様性があれば，その意見を合わせるだけで，すごく正確な予測ができるようになるんですね。今度，クラスで試してみます！

先生　ぜひやってごらん。でもね，2つほど注意点があるよ。

カナコ　何でしょう？

先生　まず1つは，本文にもちょっと書いたんだけど，状態推定問題で，集団は

常に個々のメンバーの大半を上回るが、すべてのメンバーを上回るわけではない、ということだ。

ショウゴ よくわからないな。

先生 トレイナーの実験でも、ほとんどの学生の予測は集団としての予測（各自の予測の平均値）よりも不正確だったわけだけれど、中には、とても正確に予測した学生もいたんだよ。ほぼ正解に近いような予測をする人もいたってことだね。

ショウゴ あぁなるほど。でも、それってどういう人たちなんですか？　天才がメンバーの中にいたってことですか？

先生 まぁ、その可能性もある。人々の中には、きわめて多くの物の数を瞬間的に計算できる能力を持った人がいるらしいからね。あるいは、そこまででなくても、たとえばジェリー・ビーンズの瓶詰め作業を実際にしたことがある人だとか、コーヒー豆の量り売りをしたことがある人は、この問題に関してほかの人よりもかなり有利な立場にある、エキスパートと言えるよね。こういう人であれば、多くの素人を集めた集団による予測を上回ったとしても、不思議ではないよね。

カナコ よくわかりました。もう1つの注意って何ですか？

先生 うん。それは、これまでの話があくまで状態推定問題という特殊な状況での話だってことだよ。2人は、学校でグループワークをやったことがあるよね？　そのときの課題って、ジェリー・ビーンズの数を当てる、というような単純なものだったかな？

カナコ 「学園祭の出し物を決める」とか「クラス内で発生した問題について話し合う」とか、そういうのが多いですね。数を予測するっていう課題は、考えてみればかなり単純かもしれませんね。

先生 そこが大事なんだよ。実際に私たちが集団の中で行う問題解決の多くは、この状態推定問題なんかよりもはるかに複雑なんだ。問題が状態推定問題ばかりなら、ここで説明した方法で十分にうまく解けるのだけれど、現実はもっともっと複雑なんだ。

Column ❺　鍵を握る多様性予測定理と認知的多様性

　集団内に多様な意見があることが集団の予測力を高める理由を，複雑系の研究者スコット・ペイジは以下の公式（多様性予測定理）で説明しました。

$$集合的誤差＝個人的誤差の平均－予測の多様性$$

　式中の，集合的誤差とは，集団としての予測（すなわち各メンバーの予測値の平均値）が真実の値からズレている程度であり，個人的誤差の平均とは，個々のメンバーの予測値が真実の値からズレている程度の平均，予測の多様性は，個人の予測のばらつきのことで，個人の予測と予測の平均値との違いを平均したものです。

　今，仮に 3 人の人が街角に立ち，5 分間に緑の車が何台通り過ぎるかを予測するとします。これも，一種の状態推定問題です。結果，1 人めは 5 台，2 人めは 10 台，3 人めは 15 台と予測し，実際には 12 台が通り過ぎたとしましょう。

　このとき，集合的誤差は，3 人の予測値の平均である 10（＝(5＋10＋15)/3）と真実の値である 12 との差である，2 です。実際の計算では，これを 2 乗した値である 4 を用います。次に，各自の予測のズレは，1 人めは真実の値から 7 台分，2 人めは 2 台分，3 人めは 3 台分でした。ここでも，各自の予測が，真実の値の上方向にズレたのか下方向にズレたのかによって値がプラスになったりマイナスになったりするのを避けるために，各値を 2 乗すると，個人的誤差の平均は 20.67（＝$(7^2＋2^2＋3^2)/3$）となります。最後に，予測の多様性です。個人の予測の平均は前述の通り 10 です。この 10 という値から，1 人めは 5 ズレており，2 人めはぴったり同じ，3 人めも 5 ズレていることになります。この予測のばらつきを 2 乗して平均値を求めると，16.67（＝$(5^2＋0^2＋5^2)/3$）となります。

　以上を前出のペイジの公式にあてはめてみましょう。

$$集合的誤差＝個人的誤差の平均－予測の多様性$$
$$4　　＝　　20.67　　－　　16.67$$

　右辺と左辺が同じ値になりました。この公式が表しているのは，集団が全体として持つ予測が個別の予測より正確である理由が，集団内の予測の多様性（認知的多様性）にあるということです。集団としての予測の誤差が，予測の多様性が大きいほど小さくなる（つまり，集団としての予測が正確になる）ことに注目してください。

より複雑な状況における意思決定

集団決定 vs. 個人合計

　直観的には，1人より2人，2人より3人といったように，人が集まれば集まるほど，1人のときよりも優れた成果を得られるように思うでしょう。前節で説明した状態推定問題に関する研究成果は，まさにこの直観を科学的に証明するものでした。

　ただ，集団に関する科学的な研究では，こうした私たちの直観を覆すような結論も得られています。たとえば，心理学者のアレックス・オズボーンは，「アメリカに多くの観光客を誘致するための案を考える」という正解のない課題を，2つの5人組に対して提示した実験によって，このことを実証しています。

　オズボーンらの実験では，まず1つめの集団に対して，5人全員でできるだけたくさんのアイディアを出すように指示しました。このグループでは，5人が一緒になって黒板やら模造紙やらを使いつつ，たくさんのアイディアを出そうとします（集団決定）。一方，もう1つの集団に対しては，各人が別々にアイディアを出し，最後にそれを合算するように指示をしました（個人合計）。こちらのグループでは，互いが影響を与え合うことなく，単独でアイディアを生み出すことが求められたのです。実験の結果，驚いたことに，両グループが出したアイディアは，単純な数においても，また，独創的なアイディアの数においても，個人合計を行ったグループのほうがパフォーマンスが高かったのです。ちなみに，アイディアの独創性は，その分野の専門家によって判定されました。図9.1が，その結果です。

3種の協働

　なぜこのようなことが起こるのでしょうか。うまくいかない集団が多くなるのは，なぜなのでしょうか。このことを理解するためには，集団での仕事の仕

CHART 図9.1 集団とアイディアの数・質

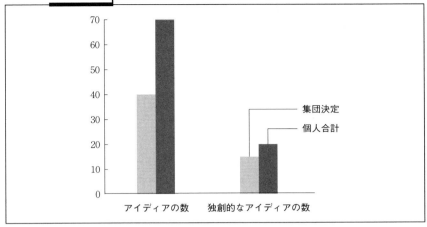

方にはいくつかの種類があるということを理解する必要があります。私たちが他者とともに仕事や作業をするとき、その協働の仕方には大きく分けて以下の3つがあります。

① **加算的協働**：メンバーの貢献が単純に加算される場合（例：状態推定問題、募金を集める、多くのアイディアを出すなど）
② **連接的協働**：全員が達成しなければ、集団として達成したことにならない場合（例：チームでのスポーツ、合唱、綱引きなど）
③ **離接的協働**：メンバーの誰かが達成すれば、それが集団の成果になる場合（例：集団で問題の正解を出すなど）

状態推定問題や上述のオズボーンの実験は、このうち①の加算的な協働にあたります。このような課題の場合は、メンバー間で緊密に連携したり、互いの意見を調整したりしなくても、というよりもむしろ、そうしないほうが、集団のパフォーマンスは高くなるのです。上の実験で個人合計を行った集団のパフォーマンスが前者のそれを凌駕したのも、このためです。

②連接的な協働や③離接的な協働は、より複雑です。連接的な協働の場合は、個々人の能力やパフォーマンスが、ある程度全体のパフォーマンスを高めることにつながります。野球やサッカーなどのチームスポーツ、合唱や綱引きなどがよい例です。ただ、この場合にも、個々のメンバーの貢献が全体の成果につながるためには、個々の貢献がきちんと調整されていなければなりません。

チームスポーツでは戦術，綱引きでは1人1人が綱を引っ張るタイミングなどが，これに相当します。

最も難しく，そして悩ましいのが，離接的な協働です。このような協働においては，1人1人の貢献を注意深く，丁寧に擦り合わせる必要が出てきます。たとえば，集団でクイズの難問に答えるような場合，仮にメンバーの1人が正解を思いついたとしても，それを集団全体の解答として提示しないことには，集団として問題に「正解」することはありません。そして，そのためには，正解を思いついたメンバーがその解答を他のメンバーに伝えて，それが正しいことを納得させ，集団の解答として提示することに合意させなければなりません。とても難しいことのように思えますが，じつは私たちが組織の中で直面している課題の多くは，この離接的な協働にほかならないのです。次年度の予算や生産量の決定から職場のレイアウト変更に至るまで，「誰か」のアイディアを「私たち」のアイディアとして打ち出すことが求められる多くの仕事が，この離接的な協働に関わっているのです。

 集団的な協働に潜む諸問題とその解決

連接的・離接的協働に潜むグループ・ダイナミクス

では，連接的・離接的な協働には，どのような問題が潜んでいるのでしょうか。ここでは組織行動論の研究知見の中で，とくに有名な3つの問題を取り上げたいと思います。

1つめは，**集団圧力**です。個人に対して，集団の規範や意見に同調するような圧力がかかってしまうような現象を指します。集団で何かを議論していて，あなた以外のほとんどのメンバーがある問題に賛成していて，あなただけが反対しているような場面を想像してみてください。このような状況下で，あなたは堂々と反対意見を述べることができるでしょうか。多くの人は，せいぜい他人の顔色を窺いつつ，おそるおそる自分の意見を表明するか，あるいは自らの意見を押し殺してしまうのではないでしょうか。

これは，私たちが根源的に，集団に受け入れられたい，他のメンバーから逸脱したくない，集団の中で浮いた存在になりたくないという欲求を持っていることに関わっています。集団のメンバー間で共有されている「適切な振る舞い」に関する基準のことを，**集団規範**と呼びますが，個人がこの集団規範に合致するような態度や行動をとりがちになるのは（すなわち集団圧力に屈してしまうのは），まさにこの欲求があるからなのです。

　2つめは，**集団浅慮**と呼ばれるもので，1人1人は優秀であっても，その人たちが集まって集団で決定することによって，愚かな決断を下してしまうことを指します。結束力の高くて有能な人々の集団であればあるほど，メンバーが自信過剰になって，異質な意見が排除されやすくなり，その結果，深く考えないままに決定がなされ，しかもそれが訂正されにくくなることがわかっています（Column ❻）。

　そして3つめが，**社会的手抜き**です。個人が本来できるはずの努力をしていない，あるいは，能力を発揮していないために，集団のパフォーマンスが本来あるべき水準を下回ることがあるというものです。これまでの研究では，集団のサイズが大きくなればなるほど，個人が単独で作業した場合の努力量と，集団で作業した場合の努力量の差が大きくなることがわかっています。

　たとえば，集団で綱引きをしたとします。もし全員が全力で綱を引っ張ったとして，力の総量を単純に合計したときには，図9.2の一番上方の実線のようになるはずです。つまり，集団のサイズが増えれば増えるほど，全員の力の総量が，人数の増加に比例して多くなるはずなのです。しかし実際には，このような場合の人々の力の合計は，最も下方にある屈折線のようになってしまうのです。しかも，集団のサイズが大きくなればなるほど，個人が全力で作業を行った場合の力の総量と，集団で行った場合の総量との差は大きくなります。これは，集団で行うことによる1人1人の動機づけの低下による低下（「私くらいやらなくてもいいや……」）と，メンバー間の調整ミスによる低下（たとえば，綱引きで引っ張るタイミングが合わなかったりするなど）という，2種の低下によって生じます。前者が，ここでいう社会的手抜きにあたり，発見者にちなんで「リンゲルマン効果」と呼ばれています。

　以下の3つの問題のうち，社会的手抜きは，1人1人が独立して課題をこな

Column ❻　集団浅慮が引き起こした世紀の大惨事

　1986年1月28日。スペース・シャトル，チャレンジャー号が打ち上げ直後に爆発し，日系宇宙飛行士を含む7名全員が死亡するという大惨事が起こりました。この事故の原因は，宇宙工学的には「スペース・シャトル本体に取り付けられた固体燃料補助ロケットのブースターにあるOリングの不具合」なのですが，そこにはまた，組織行動論的な原因も伏在していたのです。端的にいえば，「アメリカ航空宇宙局NASAというエリート集団において，集団浅慮が発生していた」ということです。

　じつは，このチャレンジャー号の大惨事に先立って，同機の発射そのものの延期を申し出るグループがありました。チャレンジャー号の推進器を製造したサイアコル社のスタッフでした。サイアコル社のスタッフは，NASAに対して，低温帯での発射は，Oリングの硬化を招き，そのことが大きな爆発事故につながりうるとの警告を発していたのです。当時のNASAには，スペース・シャトルの発射のような重大事象に関しては関係者全員の「GO」サインを必要とするという，入念な意思決定ルールが存在していました。メンバーの誰かが些細な問題を発見したとき，それが全体の決定に影響を与えられるようなルールが，すでに存在していたのです。つまり，当時のNASAには，チャレンジャー号発射の中止・延期を可能にするだけの条件が，ある程度揃っていたわけです。

　にもかかわらず，チャレンジャー号は発射されてしまいました。その背景には，サイアコル社からの警告や，NASA内からの発射に対する異論や懸念に耳を閉ざしてしまう，組織的な問題があったのです。問題となったチャレンジャー号の打ち上げの前に，NASAのスタッフたちは，種々のトラブルによって複数回の発射延期を経験していました。たび重なる発射の延期は，計画自体の見直しや予算規模の縮小にもつながるため，さらなる発射の延期は，スタッフたちにとって何としても避けたい事態だったのです。このとき，チャレンジャー号の乗組員には，教員を宇宙に送るというNASAのプロジェクトによって選出された高校教師が含まれており，「ついに一般市民が宇宙へ行く」と話題を呼んだこともあって，通常以上に全世界からの注目が集まっていました。そのことがまた，この世界最高峰の頭脳集団の判断を誤らせたのかもしれません。

　結局NASAは計画通りの実施を決定し，反対意見は黙殺されてしまいました。くしくも打ち上げ当日の発射台の気温は氷点下。人類の夢を乗せ飛び立ったかに見えた72秒後，耳をつんざくような爆発音とともに，7名の尊い命が空に散ってしまったのです。

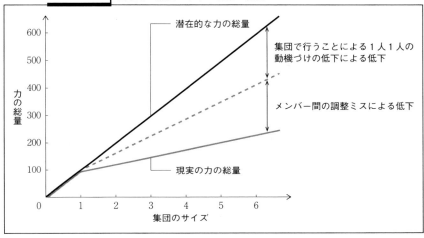

図9.2 集団のサイズと力の総量

す加算的な協働においても発生しえますが、集団圧力や集団浅慮は、連接的な協働と離接的な協働、とりわけ後者において発生する問題といえます。1人1人の貢献を注意深く丁寧に擦り合わせる離接的な協働においては、多様なタイプのメンバーをただ揃えるだけでなく、そうしたメンバーが多数派の意見に流されたり、自信過剰に陥って異質な意見を排除したり、あるいはほかの誰かの努力にただ乗りしたりせずに、積極的にディスカッションに加わるような条件設定が重要になります。状態推定問題のような加算的な協働の場合には、個々人がそれぞれに独立して作業をすることが重要でしたが、この場合はむしろ、メンバー間のフラットなコミュニケーションをいかに活性化させるかということが課題となるのです。

このように、人々が複数集まることで、私たちが1人1人で活動するときには起きえないような、さまざまな問題が発生することになります。集団において発生するさまざまな現象を、**グループ・ダイナミクス**と呼びます。多様な特徴を有した集団が、高い成果を上げたり、反対に、きわめて乏しい成果に終わったりすることがあるのには、このグループ・ダイナミクスが大きな鍵を握っています。

```
メンバーの多様性 ➡ グループ・ダイナミクス ➡ 集団としての成果
```

カナコ グループ・ダイナミクスが起こるから,「三人寄れば文殊の知恵」になったり,「船頭多くして船山に上る」になったりしてしまうのですね。

先生 その通り。どちらの諺も決して間違ってはいないのだけれど,これらには,集団がどちらになってしまうかという条件に関する文言が,抜けているんだね。

ショウゴ 正しくは,「加算的な協働の場合には3人のアイディアを単純に足し合わせれば文殊の知恵で,連接的な協働と離接的な協働の場合には,フラットなコミュニケーションを活性化させれば文殊の知恵」なんですね。

カナコ 「連接的な協働と離接的な協働の場合に,フラットなコミュニケーションが行われないと,船頭多くして船山に上ることになる」もね。

先生 今日はカナコちゃんまでショウゴくんみたいなことを言うんだな(笑)。まぁ,諺としてはいまいちキレが悪いけれど,要するに,そういうことだね。

ショウゴ・カナコ (笑)

集団の問題の克服

では,具体的にどうすれば,グループ・ダイナミクスをポジティブな方向へと向け,集団を活性化できるでしょうか。「三人寄れば文殊の知恵」という諺が示す通りに集団が機能するためには,どうすればよいのでしょうか。社会心理学者のアービング・ジャニスは,なぜ集団が集団圧力や集団浅慮などに陥るのか,その理由を5つあげています。

① 集団の孤立化:集団が外から独立していて,影響を受けにくいこと
② 手続きについての規範の欠如:最終的な決定をどのように行うかという点に関する暗黙的あるいは明示的なルールが存在しないこと
③ 凝集性が高い:メンバーの団結が強い場合,メンバー相互の愛着が強い場合
④ メンバーのバックグラウンドの同一性:考え方が似ていると互いに衝突せず意見を合わせてしまう
⑤ リーダーシップの欠如:強いリーダーがいないと,議論が勝手な方向に流れる

これらの中で，①と②は，集団が置かれた環境や，組織マネジメントの方針に関わる問題です。たとえば，ある集団が物理的にも心理的にも外部から隔離されている場合，集団浅慮のような問題が発生していたとしても，そのことを冷静に捉え，是正することは難しいでしょう。また，その議論をどうやって収束させ，最終的な結論を導き出すかということに関するルールがなければ，集団内でパワーを持っている人や声の大きな人の意見に引っ張られたり，多数派の意見に従ったりという集団圧力が働きやすくなるはずです。あるいは，熟議を尽くす前に多数決によって安易な着地が図られるということだってあるでしょう。

　次に，③と④は，いずれもメンバーの多様性に関わる問題です。たとえば，メンバーの団結が強く，相互に愛着を持っているような場合，仮に他人とは異なる意見を持ったとしてもそれを表明せず，自分の意見を他人のそれへと合わせるということが起こりえます。また，メンバーが同じような価値観を共有していたり，思想的に同じような意見を持っていたりする場合にも，互いに意見を衝突させることなく話が進んでいくことでしょう。

　⑤は，リーダーシップの問題です（▶第**7**章・第**8**章）。仮に個々のメンバーの能力が高く，与えられた課題への参画意欲が十分にあったとしても，それを束ねるリーダーに能力の欠如が見られたり，メンバーを束ねたりするだけの十分なパワーを持ち合わせていなければ，集団は機能しません。

4 多様性のマネジメント　▶▶多様性を力に変えるために

多様性のバリエーション：表層と深層

　ここまで見てきた通り，「三人寄れば文殊の知恵」を実現するためには，状態推定問題のように加算的な課題であれば，推定を行うメンバーの数を十分に多くすることと，それぞれが独立して作業を行うことが必要になり，連接的あるいは離接的な課題であれば，外部との関係を保持してメンバーを外部から孤立させないこと，その課題の解をどのように導くのかという決め方のルールを

表9.1 協働が引き起こす問題と解決策

	加算的協働	連接的協働	離接的協働
課題の特徴	メンバーの貢献が単純に加算されるような課題	全員が達成しなければ集団として達成したことにならない課題	メンバーの誰かが達成すれば、それが集団の成果になる課題
具体的な課題例	状態推定問題、募金を集める、多くのアイディアを出す、など	チームでのスポーツ、合唱、綱引き、など	集団で問題の正解を出す場合、予算や生産量の決定、など
起こりうる問題	社会的手抜き	集団浅慮、集団圧力、社会的手抜き	
問題の解決策	推定を行うメンバーの数が十分に多いこと、それぞれが独立して作業を行うこと	集団を外部とリンクさせる、決め方についてのルールの設定、多様なコミットメントや価値観を持ったメンバーの取り込み、強いリーダーシップの設定	

明確に持っておくこと、集団へのコミットメントや考え方や価値観といった点に関して多様な人々を集団に取り込んでおくこと、そして、集団の中に適切なリーダーシップを発揮できる人物を置いておくことが重要になるというように、その集団が解くべき課題のタイプによって何が必要かが微妙に異なるということが重要です（表9.1）。

このうちリーダーシップの問題は第**7**章で取り上げましたので、ここでは、多様性の問題についてもう少し深く考えてみましょう。「三人寄れば文殊の知恵」は、「人々が複数集まること」に関わる諺だといわれることが多いですが、これは、「多様な人が集まること」のプラスの側面を表したものともいえるわけです。

職場における人材の多様性というとき、それは大きく2種類に分けることができます。1つは**表層の多様性**、もう1つは**深層の多様性**です。表層の多様性とは、外から容易に識別可能なもので、たとえば性別や年齢、人種、民族などが、これに該当します。一方、深層の多様性とは、外からは判断しにくいものを指し、そこにはパーソナリティや価値観、習慣、趣味、職歴、スキル・レベルなどといった、さまざまな内面的特性が含まれます。企業による多様性の推進も、この2種類で考えることができます。前者への対応としては、たとえば女性、外国人、障がい者といった、それまでの組織メンバーには少なかった属性の人たちを雇用し、福利厚生等の制度を整備することがあげられます。それ

に対して，職歴，スキル，パーソナリティ，価値観，文化的背景など，外から認識できないような個性やアイデンティティの違いを企業経営に結びつけようとする取り組みは，後者の意味での多様性推進になります。

本章では，加算的・連接的・離接的な課題に取り組むにはメンバーの多様性が重要であると指摘してきましたが，ここでいう多様性は，主として深層の多様性を指しています。深層の多様性については，異なる考え方，教育的背景，価値観，知識，スキルを持った人々の組み合わせと相互刺激が，集団に新たなアイディアの創出や成果の向上をもたらすことが指摘されてきました。

一方，表層の多様性に関しては，それが組織や集団に対してプラスの影響を与えるのか，あるいはかえってマイナスの影響を与えるのかということに関して，確たる結論が出ていません。性別や年齢，人種や民族といった属性の多様性は，深層の多様性に比べてメンバー間のコミュニケーションを難しくし，信頼や互いのコミットメントの形成が困難になるという意味で，組織にとってコストが高いという指摘もあります。こうした多様性のマイナス効果は，メンバー間のコミュニケーションが進めば時間の経過とともに解消されていくという実証研究結果があるかと思えば，一度生じた軋轢は時間が経過しても容易には解消されないという結果もあるのです。

フォルトライン（組織の断層）

こうした中で近年注目されているのが，**フォルトライン**（組織の断層）という考え方です。これは，集団や組織における多様性には，複数の次元（▶第11章Column ❾）があるという点に注目する考え方です。

たとえば，10人のメンバーからなる職場があるとしましょう。そのうち5人が「日本人で30代，大卒の男性」であり，残りの5人が「アメリカ人で50代，高卒の女性」だったとしましょう。このような場合，前者と後者のメンバーの間には，それぞれ，「国籍，年齢，学歴，性別」という4つの次元で共通項があることになります。しかし，そのことは同時に，この二者の間に4つの次元で相違が存在することをも意味します。こうした状況下では，どうしても，似た者同士で固まってグループをつくってしまうことになるわけです。こうして，職場の中の断層（フォルトライン）が発生します（図9.3）。

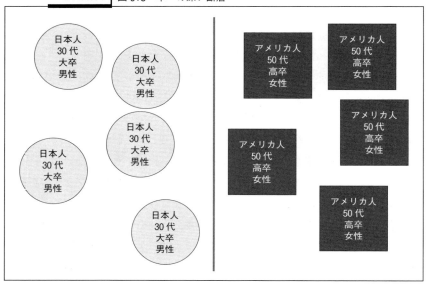

図9.3 単一の深い断層

　では、この職場の5人の男性メンバーが、日本人2人とアメリカ人が3人から構成されており、女性は、日本人1人とアメリカ人4人からなっているとしましょう。さらに、男性メンバーのうち2人が高卒であり、女性メンバーは5人中3人が大卒者であったとしましょう。こうなると、いずれの次元についても、それ以外のさまざまな表層レベルの断層が入り混じることになり、上のケースでは1本の境界線がグループをはっきりと2つに分けていたのに対し、メンバーを分ける境界線がうっすらとしたものに見えてこないでしょうか（図9.4）。実際、いくつかの実証研究において、複数の表層レベルで人々が混在する場合、集団内における対立はむしろ減少し、パフォーマンスも高くなるということが示されています。フォルトラインという考え方が教えてくれるのは、組織の中に多様性の持つパワーを取り込みたければ、中途半端な多様性ではなく、徹底的な多様性の推進が重要になる、ということなのです。

> メンバーの多様性　→　グループ・ダイナミクス　→　集団としての成果

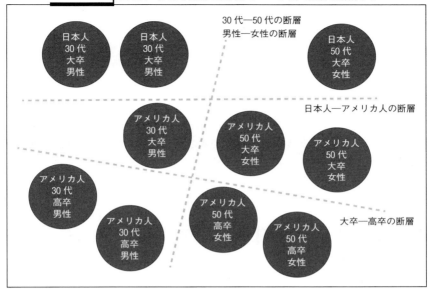

図9.4 多様な断層の混入がグループ間の断層を解消する

ショウゴ 集団は1人1人の人間の単純な合計よりもはるかに素晴らしいものになるし，また，それよりもはるかに愚かなものにもなるんですね。

先生 そう。そして，それはまさにやり方次第なんだ。そのことを理解することが，まず大事だね。「三人寄れば文殊の知恵」にしても，「役人多くして事絶えず」や「船頭多くして船山に上る」にしても，単純に「多くの人を集めて集団をつくればよい」とか，「あんまり多くの人を集めないほうがいいよ」ということを言っているのではなくて，前者は，1人では到底できないことを可能にする集団の素晴らしさを，後者は，そうした素晴らしさは，ただ漫然と人を集めるだけでは実現しないという集団の難しさを，それぞれ表していると考えるべきなんだろうね。

カナコ 昔の人ってすごいですね。

先生 離接的協働にせよ連接的協働にせよ，1人1人の能力やスキル，努力などが，相互補完的に結合して相乗効果を生むことによって，集団としての成果が1人1人の貢献の総和を超えたとき，その集まりは，単なる集団ではなくチームと呼べるようになるんだ（▶第3章）。最近，多くの企業が，チームを中心にさまざまな事業活動を行うようになっているんだけど，それはきっと，部門だとか職場だとかいった社内の人間の集団に，ただ人を集めたり，多様な人を取

り込んだりするだけでは，全体の成果が1人1人の貢献の総和を超えないということに，企業が気づき始めているからなんだね。

KEYWORD

認知的多様性　　知識の多様性　　視点の多様性　　解釈の多様性　　問題解決方法の多様性　　予測モデルの多様性　　加算的協働　　連接的協働　　離接的協働　　集団圧力　　集団規範　　集団浅慮　　社会的手抜き　　グループ・ダイナミクス　　表層の多様性　　深層の多様性　　フォルトライン

さらなる学習のための文献リスト　　　　　　　　　　　　　　　　**Bookguide**

- Scott, E. P. [2007] *The Difference: How the Power of Diversity Creates Better Groups, Firms, Schools, and Societies*, Princeton University Press.（スコット・ペイジ／水谷淳訳『「多様な意見」はなぜ正しいのか：衆愚が集合知に変わるとき』日経BP社，2009年）
- 釘原直樹［2011］『グループ・ダイナミックス：集団と群集の心理学』有斐閣。
- Lau, D. C., and Murnighan, J. K. [1998] "Demographic diversity and faultlines: The compositional dynamics of organizational groups," *Academy of Management Review*, vol. 23, no. 2, pp. 325-340.

CHAPTER 10

第 10 章

もめごとを乗り越える

コンフリクトと交渉

SITUATION PUZZLE

　　　　　　　　　　社長の強いリーダーシップと社員の結束に
よって業績を伸ばしてきたY社だが，製品ラインナップと販売網の拡充の
ために行った，ライバル企業K社との合併以降は，成績が芳しくない。景
気動向や他のライバル企業の動向など，さまざまな要因を検討したが，どう
やらそうした環境の変化が原因ではないようだ。そこで，Y社の経営企画部
門担当者は，問題は環境ではなく組織の内部にあると考え，全国に散らばる
営業所の職場の風土や人間関係に関する調査に乗り出すことにした。調査に
先立って，その担当者は，「旧Y社と旧K社の社員の間にわだかまりがある
営業所ほど，業績が悪い」という仮説を立てた。しかし，全国の営業所をく
まなく回り，所内の人間関係を丹念に調べ上げ，営業所の成績との関連を分
析した結果，意外な事実が判明した。当初の仮説とはまったく反対に，営業
所内の社員たちが「旧Y社と旧K社の社員の間にはわだかまりがない」「営
業所内の人間関係は良好だ」と考えている営業所ほど，むしろ業績が悪かっ
たのだ。こうした営業所では，かつてライバル同士だったY社とK社の社
員の関係を良好なものにしようと所長が努力していたのだが，そうした努力
が功を奏して人間関係が良好になった営業所ほど，業績が低迷するという皮
肉な結果であった。この現象を，どう理解すればよいだろうか？

先生　ショウゴくんとカナコちゃんは，これまでにお互いの意見が対立して喧嘩
になったようなことがあるのかな？

カナコ　そういえば，つい1週間前に。

ショウゴ　ありましたね（笑）。

先生　へぇ，そうなんだ。ちなみに，どんなことで対立したの？

カナコ　些細なことです。ある講義で，地域社会についてフィールドワークをし
て，その成果を発表するという課題が出たときです。たまたま同じグループに
なって。

ショウゴ　調査結果に基づいて，地域社会の発展に関して具体的に提案するとい
うものだったのですが，その提案内容について，2人の意見が真っ二つに分か
れてしまって。それで……

先生　対立しちゃったんだね。

カナコ　はい。思い出したら，なんかまた腹が立ってきちゃいました。

先生 まぁまぁ(笑)。で、2人はどうやって決着をつけたのかな?

カナコ とにかく意見が食い違ってしまって、どうにもならなかったんで、譲ったんです。

先生 カナコちゃんが?

ショウゴ いえ、僕が。

先生 そうか(笑)。さて2人に聞きたいんだけど。もしもう一度、その件で議論をすることができたら、今度はどうする?

ショウゴ 今度は譲りません。

カナコ でも、それじゃあ解決しないよ。私も譲りたくないし。

先生 2人に任せていたら、次も同じ結末を迎えそうだね。

1 コンフリクトとは

組織につきもののコンフリクト

　一般に、2あるいは3以上の個人や集団の間に生じる対立的ないし敵対的な関係のことを、**コンフリクト**と呼びます。個人と個人、集団と集団、企業と企業など、他者との関係が生じるあらゆるところ、そしてあらゆるレベルで、コンフリクトは起こりえます。当然ながら、組織の中でも起こります。

　組織行動論者のスティーブン・ロビンスは、組織におけるコンフリクトを3つに分けています(表10.1)。1つめは、当人たちが従事する仕事・課題の内容や目標達成に対する考え方における対立である、**タスク(課題)のコンフリクト**です。この種のコンフリクトは、製品開発部門では自社製品の質を最大限向上させることを目指しているのに対し、販売部門では質の向上よりもとにかく営業利益の最大化を目指しているというように、互いの目指しているものの中身やその方向性にズレがあるときに起こります。2つめは、仕事・課題の目標を達成する際に用いられる手段・アプローチ、手続きをめぐって起こるコンフリクトです。目標そのものではなく、それに至るプロセスにおいて発生するという意味で、**プロセス(過程)のコンフリクト**と呼ばれます。新製品の開発に

CHART 表10.1　3種のコンフリクト

生産的	タスク（課題）の コンフリクト	仕事・課題の内容や目標達成に対する考え方の違い，意見の対立によって生まれる。考え方や意見を調整していく中で対立を解消していくことが可能であり，組織活性化に向けて効果的な行動を生み出すことも可能
生産的	プロセス（過程）の コンフリクト	仕事を進める過程で，進め方や裁量権限の対立などによって生まれる。違いや対立を調整していく中で組織活性化を促進することが可能
非生産的	感情の コンフリクト	好き嫌いなど，人間関係の中での感情的な対立や緊張によって生まれる。基本的には非合理な感情であり，緩和や解消には多大なエネルギーや時間を要する。メンバー間に不安や緊張を生み出し，組織活動の成果を低下させることも出てくる

おいて，部下の進捗具合を逐一把握して事細かに管理しようとする上司と，過剰な管理を嫌い自分たちの自由な発想に委ねてもらいたいと願う部下との対立などが，これにあたります。そして3つめは，**感情のコンフリクト**です。仕事・課題の中身やその過程ではなく，「あの人が気に入らない」「あの人とは一緒にいたくない」といったような，相手に対する感情的な対立や緊張によって生じるものです。

コンフリクトの意外な効用

　コンフリクトは私たちのモチベーションを低下させたり，フラストレーション（欲求不満状態）を引き起こしたりするため，多くの人は，これを抑制することが必要だと考えるでしょう。ただ一方で，組織においては，必要最小限のコンフリクトを抱え込むことが，かえってよい結果をもたらすことがあるという考えもあり，実際にそのような実証研究の結果も示されています。

　それによると，まず，感情面でのコンフリクトについては，それが集団内で高まれば高まるほど，集団の成果に対してマイナスの影響があることがわかっています。相手に対して感情面での反発があると，「坊主憎けりゃ袈裟まで憎い」ではありませんが，相手の言動や仕事のやり方までよくないものに思えてきて，「あの人が気に入らない」→「あの人の発言が気に入らない」→「あの人が気に入らない」という悪循環に陥ってしまうのです。こうした感情のコンフリクトには，さしたる合理的な理由のないことが多いものですが（すなわち，

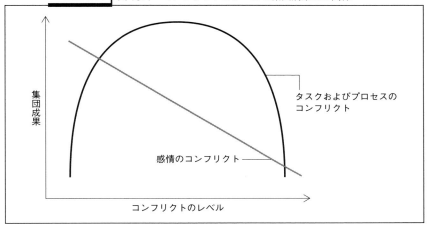

図10.1 コンフリクトのレベルと集団成果との関係

とにかく嫌だ,なんとなく合わない),それだけに,対立を緩和・解消することが困難です。また,組織内にこの種のコンフリクトがあると,雰囲気も悪くなり,組織内で活発な意見が出にくくなるなど,その影響は周囲の人にも及びます。感情のコンフリクトに百害あって一利なしです。

　これに対して,タスク(課題)に関わるコンフクリト,および,タスクにどのように取り組むかというプロセス(過程)に関わるコンフクリトは,互いの考え方や意見に耳を傾け,調整していく中で,解消していくことが可能です。これらについてはいずれも,「なぜ私たちは対立しているのか」「私たちはどの部分において対立しているのか」ということを,当事者自身が言語化し,理解することができます。そのため,「互いの考え方や意見に耳を傾ける」ことが,コンフリクト解消の鍵になります。感情面のコンフリクトの場合,この「互いの考え方や意見に耳を傾ける」こと自体が難しいわけです。

　さらにいうと,これらのコンフリクトは,それがあまりに過剰なものでない限り,かえって集団を活性化することすらあるのです。反対に,まったくコンフリクトがない完全なる仲よし集団であった場合,仕事のやり方・進め方に関する活発な意見交換などもなされず,集団がかえって停滞してしまうことがあります。したがって,タスク面とプロセス面については,コンフクリトが中程度のときに,集団としてのパフォーマンスが最も高くなり,コンフリクトのレベルと集団成果との関係は逆U字型になります(図10.1)。

コンフリクトの解決方法

　コンフリクトの解決方法には，大きく分けて，「強制」「服従」「回避」「妥協」「協調」の5つがあります。企業の研修などでよく使われる「国境ゲーム」というゲームを例に，それぞれのアプローチについて考えてみましょう。

国境ゲーム：
あなたと相手の間には国境線があり，その線の内側があなたたちそれぞれの領土です。さて今，あなたたちは，2分以内でお互いに相手を自分の領土に入れなくてはなりません。どうすればよいでしょうか？

(1) 強制 (win-lose)

　まず1つめは，強制というやり方。子どもにこのゲームをやらせると，多くの場合はこれになります。引っ張り合ったり，「こっちに入れよ！」と語気を荒らげたりして，相手に対して線の内側に入ることを「**強制**」するやり方です。これは，瞬時に回答が出る方法ではありますが，力ずくで押さえ込まれた側に否定的な感情が生まれ，かえって感情的なコンフリクトを助長することにつながってしまいます。

(2) 服従 (lose-win)

　2つめは，服従です。たとえば引っ張り合いをしたり，「どちらがどちらに従うべきか」を言い争ったりして，負けた側は，相手に対して「**服従**」したことになります。この場合，負けた側は，自らの願望や目的が果たされないためフラストレーションが溜まり，高度のストレスを抱えることになります。ゲームならともかく，仕事においては，その後の仕事モチベーションにも悪い影響が出る可能性があります。

(3) 回避 (lose-lose)

　3つめは，回避。互いが衝突することを避けて，何も言い出せずにもじもじしたり，毒にも薬にもならない話し合いを続けたりして，制限時間を迎えてしまうといったことが，これにあたります。このとき，2人の関係は一見対立のない穏やかなものに見えるかもしれませんが，実際には，互いの対立を「回

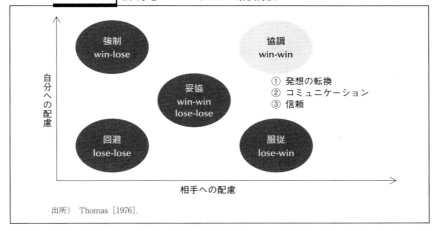

図 10.2　コンフリクトの解決方法

出所）Thomas［1976］．

避」しているだけであり，問題が先送りされているだけなのです。

(4) **妥協**（win-win, lose-lose）

「今回は自分が国境をまたいであなたの領土に入るから，次のゲームでは私に勝たせてくれ」というように，互いが譲り合うことで，問題が解決されることがあります。上記の場合であれば，2人が互いに半分ずつ譲り合うことで「**妥協**」し，痛み分けているわけです。これは，1つの理想的な解決方法ではありますが，双方が100％満足した結果ではなく，互いが少しずつ不満を抱えることでたどりついた結論ともいえます（**Column ❼**）。

(5) **協調**（win-win）

5つめの協調とは，双方が100％の満足を得るためのやり方です。国境ゲームの場合，互いが場所を入れ替わり，相手の領土に行くというのが1つの正解になるわけですが，そのためには「**協調**」が欠かせません。そのためには，互いが問題に対する発想の転換を行い，相互に積極的にコミュニケーションをとり，互いを信頼することが重要になります。まず「勝ち負けをつけろとは言われていない」という発想の転換がなければ問題は解決しませんし，それを相手にもわかって理解してもらい，かつ，自分のアイディアを相手に伝えることで，自分も国境をまたぐということを相手に信じてもらう必要があります。こうした解決は，ほかの4つの方法よりも時間や労力といったコストがかかりますが，双方が100％の満足に近づくという意味で，理想的な解決方法といえます。

Column ❼ 古典落語の世界に見る「妥協」

　古典落語の中には，私たち人間の愚かさや滑稽さを，じつに巧みに表現した演目が数多くあります。たとえば，以下に紹介する「三方一両損」には，頑固で偏屈な江戸っ子同士のコンフリクトが，名奉行の介入によって見事に解決される様子が描かれています。

　　江戸時代のある日，神田白壁町の長屋に住む左官工の金太郎が，柳原の土手で，神田堅大工町の大工・熊五郎の財布を拾った。財布には三両が入っており，親切な金太郎は早速，熊五郎の家を訪ねてこれを届けた。
　　ところが，宵越しの金を持たない頑固者の熊五郎。「俺を嫌って勝手におさらばした金なんぞ，いらねえ」と言い張り，なかなか受け取ろうとしない。金太郎も金太郎で，「人が親切心で届けてやったのに，なんだその態度は！」と逆にすごむものだから，2人の言い争いは一向に収まらない。騒ぎを聞きつけた熊五郎の大家が止めに入るが，かえって喧嘩が飛び火して，熊五郎が「この野郎，家賃はちゃんと納めてるんだから，大家のてめえなんぞにとやかく言われる筋合いはねえ」と毒づいたものだから，大家はカンカン。「こんな野郎はこっぴどく叱っておくから，今日のところはひとまず帰ってくれ」と大家が懇願するので，金太郎は仕方なしに引き上げるが，どうにも腹の虫が収まらない。
　　金太郎が自分の長屋の大家にこのことを話すと，こちらの大家も勝気な性格で，「向こうに先に訴えられたんじゃあ，こっちの顔が立たない」と，急いで願書を書き，奉行所へ訴え出た。

先生　つい1週間前に2人が対立してしまったとき，2人の頭の中にはおそらく，「強制」の選択肢しかなかったんだね。だから2人とも，自分の意見を通すことだけを考えていたわけだけれど，これだと2人の対決の結末は，「どちらかが負けて，どちらかが勝つ」以外にはありえないことになるね。
カナコ　そうですね。
先生　でも，コンフリクトの解決には，「強制」だけでなく，たとえば「妥協」という手もある。ショウゴくんは，そこに気づいたわけだ。
カナコ　それじゃあ，ショウゴくんのほうが大人で，私が子どもみたいじゃないですか。

　　　　ここに登場するのが，名奉行として名高い大岡越前守。金太郎と熊五郎それぞれの言い分を聞き，問題の金三両に自らの懐から一両を取り出して足すと，金太郎には正直さへの，熊五郎には潔癖さへの褒美として，各々に二両を与えた。金太郎は，拾った金をそのままとれば三両だったので，都合一両の損。熊五郎も，届けられた金を受け取っていれば三両で，これも一両の損。奉行も懐から一両出したから，一両の損。したがって三方が一両ずつ損をした，つまりは三方一両損で，これにて丸く収まるという名裁き。

　名奉行による，見事な「妥協」による解決です。これによって，たしかに 2 人のコンフリクトは解決したわけですが，この結末が 2 人にとってどういうものであったかを推測してみてください。決して，100％満足のいく結末ではなかったようにも思えますね。ちなみに，この話のサゲ（落ち）は以下のようになっています。

　　　　……名裁きによってめでたく仲直りした 2 人に，奉行の計らいで御膳が出された。「両人とも，いかに空腹でも，腹も身のうち。あんまりガツガツと食すなよ」という奉行の言葉に，「へえ，多かあ（大岡）食わねえ」「たった一膳（越前）」。

　最後は，なんということはないダジャレでした。というところで，お後がよろしいようで。

ショウゴ　さすが先生，わかってらっしゃる！　でも先生，とはいえ「妥協」も双方が 100％満足するような結果にはつながらないということですし，結局うまい解決の仕方って，あるんですか？

先生　そうだね。100％満足というのはなかなか難しいけれど，それに近づけようとする考え方というのは，たしかにあるんだ。それが「交渉」というものなんだよ。

3 創造的解決手段としての交渉

　雇用条件に関する中途採用者と人事担当者とのやりとり，来年度の賃金をめぐる労働組合を経営者とのやりとり，商品・サービスの価格をめぐる販売担当者と顧客とのやりとりなどといった場面において，交渉による双方の利害調整が可能です。ここで交渉とは，複数の当事者が何らかのモノを交換する場面において，互いがその交換の条件を話し合う過程を指します。コンフリクトの解決方法と交渉には，以下のような点において，微妙な違いがあります。1つは，強制や妥協，服従や協調は，両者が対立している状況を想定しているのに対し，交渉は対立がない場面においても行われます。また，コンフリクトは，意見が食い違う可能性のあるあらゆる場面で発生しうるのに対し，交渉は互いが何らかのモノを交換する場面において生じます。

マネジャーの交渉フィールド

　ミシガン大学のノエル・ティッシーは「交渉は企業のマネジャーの標準的な業務だ」だと言い，マギル大学のヘンリー・ミンツバーグは「交渉者としての役割こそが，マネジャーの仕事の最も重要な部分だ」と言い切っています。2人にいずれも世界的に著名な経営学者です。実際に，経営の現場では，交渉の重要性が高まってきています。企業の経営環境が変化し，国内外でライバルとの競争が激しくなっていく中で，経営者や事業責任者はもちろんのこと，営業担当部門の担当者にとっても，他企業との交渉は重要な業務になりつつあります。経営のグローバル化がさらに進むと，海外企業との戦略的な提携，外国政府との関係構築，外国人労働者との契約など，交渉の場は今後ますます広がっていくことでしょう。

　マネジャーの役割として，フォーマルな縦方向の関係性に加え，横方向（たとえば他の職場や他部門）との関わりの重要性が認識され始めたことにより，組織行動論においても交渉の重要性が高まってきました。図10.3にあるように，マネジャーには，自部門内（同図左下，実線の角丸三角内）における下方向だけ

CHART 図10.3 マネジャーによる交渉のフィールド

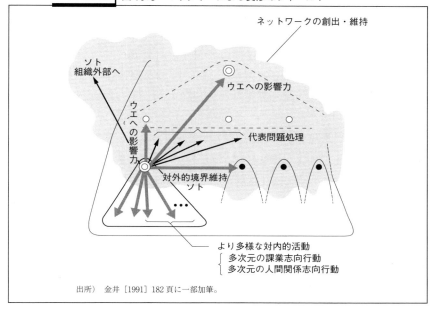

出所） 金井［1991］182頁に一部加筆。

でなく，上方向や横方向，場合によっては組織外部に対しても，影響力を行使することが求められます。こうした内外のさまざまな人々から，仕事を遂行するために必要な情報やサポート，その他種々のリソースを獲得するだけでなく，それらの人々との間に発生するコンフリクトに対処し，こじれた関係を解きほぐし，部門の問題解決を図ることが不可欠になっているのです。

交渉のバリエーション：分配型と統合型

古くから，交渉には大きく分けて，**分配型交渉**と**統合型交渉**の2種類があるといわれてきました。一定の領土を分配する場合のように，分配できるパイの量がすでに決まっていて，自分の取り分を増やすためには相手の取り分を犠牲にする必要があるのが前者。分配するパイ自体を大きくし，互いの取り分を増やそうとするのが後者です。

具体的な例で考えてみましょう。ある製品の売買に関する交渉をしており，売り手にとっても買い手にとっても，「価格」だけが交渉のターゲットだとします。売り手は100万円以上で売れないと利益が出ず，また買い手は，200万

CHART 表 10.2　分配型交渉における両者の利益

製品価格 (交渉材料)	売り手の利益 (A)	買い手の利益 (B)	利益の合計 (A + B)
100 万円	0 円	100 万円	100 万円
150 万円	50 万円	50 万円	100 万円
200 万円	100 万円	0 円	100 万円

円で買えればその製品を使って事業をして最低限の収益が得られるが，逆にいうと 200 万円以上では買う意味がないと考えているとします。このとき 100 万円で契約すれば，売り手には利益がもたらされませんが，買い手には 100 万円分の利益がもたらされます。150 万円で契約すれば，それぞれに 50 万円の利益があります。そして 200 万円で契約すれば，売り手にとっては 100 万円の利益がありますが，買い手にとっては追加の利益がまったくないことになります。表 10.2 に整理してある通りです。

この表から明らかなように，取引する製品が決まっていて金額だけが交渉の材料となる場合，交渉によって 2 人に生じる利益の合計は，常に同じになります。このような交渉が分配型交渉なのです。

ところが，少し条件を変えるだけで，これは統合型の交渉になりえます。たとえば，買い手のほうには，以前，他の会社から劣悪な製品を購入してしまい，その後始末のために多くのコストを支払った苦い経験があるが，売り手のほうは，自らが生産する製品に問題がないことに確信を持っているとします。そこで，「製品の質を保証すること」を交渉材料に加えてみたらどうなるでしょうか。もし仮に製品に欠損や破損が見つかったら，売り手がすべての費用を負担するというような保証です。ここで買い手は，劣悪な製品をつかまされるリスクを考慮して，その保証に 60 万円の価値があると考えたとします。ところが売り手は，自分の製品には欠損や破損などないという自信があるので，仮に保証をすることになったとしても，せいぜい 10 万円程度の損失で収まると考えているとします。

このように，「欠損や破損がないという保証」が交渉条件に含まれれば，買い手にとっては 60 万円のプラス，売り手にとっては 10 万円のマイナスとなり，全体で見れば 50 万円の新たな「利益」が発生したことになります。保証が得

られれば，買い手にとって60万円の得をしたことになるので，その分，製品価格自体を30万円上げたとしても，まだ30万円の利益が出ます。売り手にとっては，保証を付けることで10万円の見込み損が出るわけですが，価格自体が30万円上がれば，相殺して20万円分の利益が出ることになります。つまり，交渉当事者の双方に利益がもたらされる結果となるのです。保証を付けることによる売り手のデメリットは小さなものですが，それは買い手にとって大きなメリットとなります。そのため，そうした条件を付加する代わりに，製品の価格自体を売り手にとってメリットが大きくなるようにして，互いがハッピーになる結果に持ち込むことができたのです。これが統合型交渉の真骨頂です。

交渉における7つの落とし穴

1970年代終わりから80年代にかけて行われた行動経済学の研究成果，とりわけノーベル経済学賞を受賞したダニエル・カーネマンやエイモス・トヴァルスキーらの一連の研究成果は，交渉の研究に対しても，いくつかの重要な影響を与えました。行動経済学の知見を，組織におけるマネジャーが交渉時に行う判断・行動の問題に応用したマックス・ベーザーマンとマーガレット・ニールによれば，交渉場面には少なくとも，以下にあげるような7つの落とし穴があるといいます。

(1) **不合理なこだわり**

人は合理的な分析によって推奨されるやり方よりも，自分自身が過去に選んだやり方にこだわり，仮にそれが最良のやり方でないとわかっていても，それに囚われることがあります。たとえば，他企業を買収する場面で，競合企業が予想外に参入してきたことによって，そこに負けじと，当初予想していた何倍もの金額を支払う羽目になってしまう，というような場合です。

この場合，仮にその買収から手を引くほうが合理的だとしても，そして，そのことをわかっていたとしても，私たちは当初の計画に固執し，交渉の過程で多くの時間やお金や労力を浪費することになりかねません。さらに，そのように多くの浪費をしてしまうと，そのことによって交渉の場から退出することはさらに難しくなってしまいます。

このように，ある活動をする過程で使われ，もはや回収することのできない時間や労力などの投資のことを，サンク・コスト（埋没費用）といいますが，こうした場合には，もはや回収できないサンク・コストへのこだわりを捨て，現時点で最も合理的な選択肢はないかを冷静に考える必要があります。

(2) パイの総量に関する固定観念

互いが争うパイの大きさが決まっているという思い込みです。先にあげた分配型交渉のように，相手の利益が自分の損失になり自分の利益は相手の損失になるような状況を，ゼロサム・ゲームの状況といいます。たとえば，100万円を2人で按分するケースを考えてみましょう。この場合，100万円の一部を投資に回して2人の取り分の総量をさらに増やすといった選択肢もありうるわけですが，ゼロサム・ゲームを前提としてしまうと，そうした選択肢は考慮の対象外になってしまいます。パイの総量が決まっているという固定観念が，双方が勝者になるという選択肢の存在を見えにくくしてしまうのです。

(3) アンカリング効果

人はしばしば，さほど重要ではない些細な事実や情報にこだわって，愚かな判断をしてしまうものです。たとえば，中古車の値引き交渉をする場面で，売り手がその車の価値を85万円と見積もっていたとします。このとき，その車に「107万円」という値札を貼っておくと，「95万円」という値札が貼られているときに比べて，買い手が提示する値段が高くなるということがよく起こります。「107万円」という数字には何の根拠もないわけですが，にもかかわらず，買い手はその数字を頼りに，買い値の提示をしてしまうのです。

アンカーとは，もともとは船をつなぎとめる碇を指す言葉です。有能な交渉者は，交渉に直接関係のない枝葉となるような事実や情報によって思考の幅を狭めたり，愚かな判断に陥ったりすることなく，冷静にその車の値段を推測するのです。

(4) フレーミング作用

人は，どのような形で情報が提示されるかに，必要以上に影響を受けてしまうことがあります。客観的には同じ内容の情報であっても，それがどのように伝えられるかによって反応が異なってくるのです。先に紹介したカーネマンとトヴァルスキーによる実験を紹介しましょう。彼らは，150人の実験参加者に

対して，以下のような2つの質問をしました。

あなたに下記の2つの問題の両方について意思決定をしてもらいます。まずAとBの問題をよく読んでください。次にそれぞれについてあなたにとって好ましいほうの選択肢を選んでください。
　問題A　次のどちらかを選んでください。
　　a. 240ドルが確実に手に入る。
　　b. 25％の確率で1000ドルが手に入るが，75％の確率で何も手に入らない。
　問題B　次のどちらかを選んでください。
　　c. 750ドルを確実に失う。
　　d. 75％の確率で1000ドル失うが，25％の確率で何も失わない。

　問題Aのaとbとでは，bのほうが期待される報酬は少し大きいことになります。「25％の確率で1000ドルが手に入るが，75％の確率で何も手に入らない」という条件は，「250ドルが確実に手に入る」という条件と等価なので，aの「240ドルが確実に手に入る」というのは，それよりも少し悪い条件ということになります。これに対して問題Bでは，cとdはそれぞれ，客観的には同じ内容の情報です。「75％の確率で1000ドル失うが，25％の確率で何も失わない」ということは，確実に「750ドルを確実に失う」ということと，少なくとも理屈上は等価です。ところが，実験の結果，問題Aでは84％の参加者がaを選び，bを選んだのは16％に過ぎなかったのに対し，問題Bでは87％がdを選び，cを選んだのは13％でした。

　このような違いがなぜ生じるのでしょうか。カーネマンとトヴァルスキーが注目したのは，問題の提示のされ方の違いです。問題Aは，aとbとで方法こそ違いますが，いずれも参加者がお金を「もらえる」という状況です。このように「利益が出る」という形で条件が提示された場合（彼らの言葉を使えば，「利得にフレーミングされた」場合），人々はリスク回避的になるといいます。これに対して問題Bでは，cとdのいずれにおいても参加者がお金を「失う」ことになります。このように条件を提示された場合（彼らの言葉でいえば，「損失にフレーミングされた」場合），人々はむしろ積極的にリスクをとりがちになるといいます。問題Aの場合，客観的にはbのほうがメリットの大きい条件で

あったわけですが,「利益が出る」という形で条件が提示されていたがために,実際には,多くの人がより確実なaを選んだのです。これに対して問題Bでは,cとdは客観的には同じ条件であったわけですが,これがお金を「失う」という状況であったがために,人々はよりリスクのあるdのほうを選んだのです。

(5) 情報の入手しやすさの罠

私たちはしばしば,思い出しやすい情報,手に入りやすい情報を,より重要で質の高い情報よりも優先してしまうことがあります。普段の何気ないことよりも,印象的な出来事のほうが,より私たちの記憶に残り,ふとしたときに想起されやすいものです。また,頻繁に遭遇する出来事は私たちの記憶に残りやすく,それだけ私たちの判断に強い影響を与えます。そして,こうした情報が,本来であればそれを信じるべきではないような状況にあっても,信頼に値するものとして想起され,参照されてしまうことがあるのです。

たとえば,相手が自分を貶める詐欺的な人だとわかっていても,普段の接触の中でその人から優しくされたり,好印象を持たせるような仕草や言動を繰り返されたりすると,そうしたポジティブな印象に引っ張られて,その人のことを信頼に値するかのように思い込んでしまう,といったことがしばしばあります。有能な交渉者であれば,そうした容易に手に入る簡便な情報(上の例でいえば,その人が優しくしてくれたりしたこと)と,本当に重視するべき情報(上の例でいえば,その人が詐欺的な人であるという情報)とを,区別することができるものです。

(6) 勝者の呪縛

交渉の末,自分が勝利を勝ち取ったにもかかわらず,本当にそれでよかったのだろうかと不安になることがあります。企業が人材を採用する場面で考えてみましょう。あなたは企業の採用担当者として,あるとても優秀な人材を採用しようとしています。見るからに優秀なこの人には,多くの企業が目をつけており,そのことをあなたもわかっています。近年は,日本企業の新卒採用においても,とくに優秀な人材に対して他の人とは異なる破格の条件で採用することがありますが,この人材に対しても,予想通り多くの企業が内定通知を送るだけでなく,ある程度高い給与水準を提示したようです。交渉を有利に進めた

いあなたは，そうした他社の水準をはるかに上回るよい条件を提示し，見事，内定承諾を勝ち取りました。

あなたとしては「してやったり」なのですが，いよいよ雇用契約をするという段になって，急に不安になってきました。「この人材は，本当に自分が提示した破格の条件に見合う人なのだろうか」と。このような勝者の呪縛は，相手（この場合は採用した人材）が自分（この場合は担当者）よりも多くの情報を持っているために，自分が提示した条件が正当であったかどうか（この場合，その人材が本当に破格の待遇に見合う人かどうか）を客観的に判断できないことによるものです。採用した人材があなたの予想通りに飛び切り優秀であれば，破格の待遇にはまったく問題がないわけですが，その確証を持てないがために上記のような不安に襲われるのです。交渉においては，できるだけ多くの情報を入手し，あなたが提示しようとしている条件が，その交渉において本当に必要な金額か，それとも単にライバルに負けたくないという理由によって釣り上げられた金額なのかを，冷静に見極めなければなりません。

(7) 自 信 過 剰

自分の判断や自信の正しさについて，根拠のない自信を持ってしまうことがあります。これには，いろいろなメカニズムがありますが，1つは，望ましい結果に対する「期待」が，いつの間にか根拠のない「自信」にすり替わってしまうというものです。

(6)にあげた例で考えてみましょう。採用担当者としてあなたは，目の前にいる優秀な人材を「とりたい」。その時点では，これはあくまでもあなたの期待に過ぎませんが，このような期待を強く抱いていると，その人材のすべての言動に対して「優秀であるがゆえ」という判断をしてしまうことがありうるのです。たとえば，面接での返答にわかりにくい言葉があった場合にも，「頭がよいからなのだろう」というように，都合のよい（「優秀である」というあなたの信念に合致した）解釈がなされてしまうかもしれません。ライバル他社がその人に内定通知を送ったことを知れば，あなたのその確信はいっそう強化されることでしょう。こうした過程を経て，優秀なその人をとりたいというあなたの期待は，やがて「この人はきっと優秀に違いない」「絶対にこの人をとらなければならない」という確信へと変わっていくのです。

あなたの期待と確信との間にズレがない場合ももちろんありますが、私たちの「確信」は、こうした当初の期待と、その後の過程における期待の強化の産物であることが、多々あるのです。こうした問題に陥らないためには、適切な第三者の助言を受けるか、少なくとも複数のメンバーで判断することが必要です。

> コンフリクト → 交渉 → 成果

ショウゴ　人間関係って奥が深いんですね。
カナコ　自分にとって有利に物事を進めるために相手と交渉するなんて、普段あんまり考えたことがないな。
先生　そうだね。日本人はコンフリクトへの対処だとか、相手との交渉ということが、あまり得意ではないのかもしれないね。ちなみに心理学では、性格特性や性別や年齢といった要因と交渉結果との関係に関する研究なんかが行われているんだけど、そうした要因の影響はそれほど強くないことがわかっているんだ。それからもう1つ、当事者のパワー関係のように交渉を取り巻くさまざまな客観的な要因の影響も検討されているんだけれど、そうした要因の影響もあまり大きくないということがわかってきているんだ。
カナコ　じゃあ、何が強い影響を与えるのですか？
先生　まだ不確定な部分も多いんだけど、可能性があると言われているものの1つが、当事者の認識だよ。両者の客観的なパワー関係ではなく、その関係をお互いがどう捉えているかが大事だということだね。そしてこの認識には、社会や文化的な要因が大きく影響すると言われている。文化の違いによって、望ましい解決のあり方のイメージや適切なコミュニケーションのあり方などが違っているからね。そういう意味でも日本の文化を考慮した研究がもっと必要なんだよね。

> **KEYWORD**
>
> コンフリクト　タスク（課題）のコンフリクト　プロセス（過程）のコンフリクト　感情のコンフリクト　強制　服従　回避　妥協　協調　分配型交渉　統合型交渉

さらなる学習のための文献リスト　　　　　　　　　　　　　　　　Bookguide

- Thomas, K. [1976] "Conflict and conflict management," in M. D. Dunnette ed., *Handbook of Industrial and Organizational Psychology*, Rand McNally, pp. 889–935.
- Bazerman, M. H., and Moore, D. A. [2009] *Judgment in Managerial Decision Making* (*7th ed.*), Wiley.（M. H. ベイザーマン = D. A. ムーア／長瀬勝彦訳『行動意思決定論：バイアスの罠』白桃書房，2011 年）
- Kahneman, D. [2011] *Thinking, Fast and Slow*, Farrar, Straus and Giroux.（ダニエル・カーネマン／村井章子訳『ファスト＆スロー：あなたの意思はどのように決まるか？』上下，ハヤカワ・ノンフィクション文庫，2014 年）

CHAPTER

第 **11** 章

貢献を引き出す関わり合い

文化とコミットメント

SITUATION PUZZLE

　S社でつい先日実施された社員満足度調査の結果が，どうも釈然としない。「この会社でずっと働きたい」という質問に対しては社員たちの 90 ％以上が「はい」と回答しているのだが，一方，「この会社のことが好きだ」という質問に「はい」と回答した社員の割合は 60 ％にとどまっていたのである。不思議に思って何人かの社員に尋ねてみたところ，なんともはっきりしない答えが返ってきた。「会社のことが好きかって？　まぁ，嫌いではないですが，とくに好きというわけでもないですよ」「じゃあ，他社に比べて給料やその他の待遇がいいかというと，そういうことでもないんですけどね」「でも，僕はこれからもここで働くことになるんじゃないかな」といった具合だ。いったい，この会社では何が起こっているのだろうか？　これは，会社にとって「よい状況」なのだろうか？

先生　突然だけど，ショウゴくんやカナコちゃんは，卒業までこの学校に居続けようと思ってる？

ショウゴ　はい。もちろんです。

カナコ　そうですね，はい。

先生　それはよかった。では，なぜそう思うのかな？　2人のように若ければ，今から他の学校に移ることもできるし，すぐに就職活動をして働き始めることだってできるよね？

カナコ　たしかに，そういうことを考えたことあります。この後，なんとなく就職活動して，なんとなく働くくらいなら，少しでも早く将来の方向性を定めて，専門学校に行くなり，就職するなりしたほうがいいんじゃないかって。でも，実際にどうすればいいかってなると，大学に居続けるよりほかに，いい選択肢も思いつかなかったから……。

ショウゴ　え？　カナコちゃん，そんな意味で言ってたの？　僕は純粋に，この学校が好きだからですよ。友達もたくさんできたし，なんだかんだ言って，いい学校だし。それにしても，2人とも「この学校に居続けよう」と思っていたとはいえ，理由がかなり違いましたね。

カナコ　そうね。でも，これほどとはね（笑）。

先生　大事な点に気づいたね。これを組織の立場から考えてみようか。2人の違いは，学校側がメンバーを惹きつけて辞めさせないためには，いろいろな手段

があることを意味しないかな？

ショウゴ　あぁ，なるほど。

先生　たとえばショウゴくんのように，学校のことを好きになってもらうというやり方もあれば，カナコちゃんのように，「ほかに選択肢がない」と思わせるというやり方もある。

カナコ　なるほど。そうですね。

先生　ただね，どのような理由によって組織に居続けているか，その理由によって，組織の中での行動に微妙な差があることも事実なんだよ。今日はこの辺りのことを考えてみようか。

1　組織の存続の難しさ

組織の存続につながる3つの行動

　組織が存続し続けるために必要不可欠な行動には，メンバーが「組織に居続けること」（参加），「最低限のパフォーマンスを上げて，勤勉に働くこと」（役割内行動），「職務の範疇外の自発的・革新的な行動をすること」（役割外行動）という3種類があるといいました（▶序章）。

　ただ，こうした行動を引き出すのは，決して簡単ではありません。最も基本的な行動である「居続けること」ですら，簡単には実現できないのです。私たちは，多くの場合，所属している組織以外にも，家族，地域，仲間集団など，複数の居場所を持っています。働くということに限定しても，いま所属している組織以外に，「働く場」の選択肢をいくつか持ち合わせていることは，決して珍しくありません。アルバイトであれば，複数の所属先を掛け持ちすることはよくあるでしょうし，正社員の中にも，1つの組織に所属しながら，副業のような形でその組織とは関係のない仕事をする人の割合が増え始めています。また，そもそも，組織で働く誰もが，現在の所属先以外の組織で働く権利を有しています。

　その意味で，「今いる組織に居続ける」という選択は，「他の場所にいる時

間」や,「他の組織で働く」という選択肢を犠牲にした上で,成り立っているといえます。そして私たち自身,たいていはそのことを自覚しています。ですから,メンバーを参加させ,メンバーであることを維持させるために,組織としては,「他の組織で働く」という選択肢を諦めさせる,あるいは,そうした選択肢があることを考えさせないようにする,何らかの仕組みを持つ必要があるわけです。

　組織にとどまることを決断させられたとしても,今度は,「高いパフォーマンスを上げるために努力をする」という行動を引き出す必要があります。これもまた,難易度が高いのです。個人の雇用がある程度保障されている企業では,とくに高いパフォーマンスを上げなかったとしても,社員にはある程度の給与が払い続けられることでしょう。そうなると,社員の中には,「ある程度の給与さえもらえればよい」と考え,最低限の仕事成果をよしとして,それ以上の努力をしなくなる人が,必ず現れます。とりわけ,合理的な理由がない限り個人の雇用を保障することが会社側の義務となっている日本企業においては,雇用保障を盾に組織にしがみつく人がどうしても現れるため,この問題がとくに深刻になりえます。個人の給与や処遇が,その人の上げたパフォーマンスに連動する制度下であれば,この問題はある程度解消されるかもしれませんが,この場合にも,「そこそこの給与でいいや」と考える人は必ず出てきます。そのように考えている人たちをどうやって焚きつけ,どうやって通常よりも高い仕事成果を引き出すかは,組織として,きわめて大事な問題なのです。

　3つめの「職務の範疇外の自発的・革新的な行動をすること」もまた,難易度が高いでしょう。**序章**第②節で「役割を超える行動」として紹介した,役割外行動の多くは,ほとんどの組織において,それを行うことがメンバーの義務とは見なされていません。周囲の仲間を支援したり,組織の問題・課題を発見したりすることが組織の中で奨励されることは多いですが,それがメンバーの義務として位置づけられていたり,業績評価の対象となることはあまりないでしょう。たとえば,創造的な提言をすることは,長期的には昇進や給与に反映されるかもしれませんが,少なくとも短期的には,それをしたことが評価されたり,反対にそれをしなかったことで咎められたりすることはないという企業は,多いと思います。その意味でまさに,「役割外」の行動です。しかし,個

Column ❽　組織市民行動

　市民が法律さえ犯さなければ何をしてもよいという姿勢でいるようでは，その社会がみなにとってよりよくなることはありません。困っている人がいれば進んで助けたり，マナーやエチケットを守るといった行動を，みながとることで，その社会は暮らしやすく，よい社会となります。組織でも同じように，言われたことだけしかしない従業員ばかりの組織と，従業員がみな，よき市民のように振る舞う組織では，後者のほうが働きやすい組織といえます。このような，よき組織市民としての行動を，組織市民行動（organizational citizenship behavior）と呼びます。1980年ころから，組織行動論においても組織市民行動の研究が始まり，多くの研究が蓄積されてきました。

　組織市民行動には3つの特徴があります。①役割外行動であることから公式的には報酬に結びつく行動ではないこと，②組織にとって有意義な行動であること，③自らが必要であると判断して行う自己裁量的個人行動であることです。したがって，報酬につながるからやろうと考えている行動や，同僚の不祥事を一緒になって隠す行動などを，組織市民行動とは呼びません。

　こうした組織市民行動は，公式的な職務と職務の間に落ちてしまうような業務を埋めることや，部門間あるいはメンバー間の協働を円滑にすること，そして，そのことでマネジャーが職場のさまざまな調整活動に時間をとられずにより重要なタスクに集中できること，などを通じて，組織のパフォーマンスによい影響を与えると考えられています。スポーツにおいても，キャプテンや監督がメンバーの生活態度に関する指導やメンバー間のもめごとの調整に時間をとられているチームよりは，そのようなことに煩わされることなくチームが強くなるための取り組みに時間を割いているチームのほうが強いだろうことは疑いがありません。

　組織市民行動には5つの要素があるといわれています。すなわち，①愛他主義，②誠実さ，③スポーツマン精神，④丁重さ，⑤公衆道徳です。それぞれに該当する行動は，たとえば以下のようなものです。①愛他主義的な行動には，休んでいる同僚のために仕事を代わることなどが，②誠実さには，求められている以上の役割を自主的に果たそうとすることなどが含まれます。また，③スポーツマン精神には，つまらないことで不平を漏らしたりしないこと，④丁重さには，問題が発生しそうなときには事前に伝えて注意を喚起すること，⑤公衆道徳には，役割以外の行動であっても組織の意思決定に沿って責任をもって参加し行動することなどが含まれます。

人の側からすればそれをすることは決して当たり前ではないが，組織の側から見れば健全な組織の維持と発展にきわめて重要な行動をどう引き出すか，これが問題なのです（Column ❽）。

組織と個人の根本的なズレ

このように，組織側と個人側にズレが生じてしまう理由は，そもそも個人が目指す目的と組織が目指す目的とが根本的に違うことにあります。個人にとって「組織で働く」ということは，「幸せに暮らす」とか「社会と関わりを持つ」といった，より大きな個人的目的を達成するための，手段でしかありません。「この会社の発展に貢献したい」ならまだしも，「この会社にいること自体が人生の目的だ」と本気で考えている人は，いることはいるでしょうが，よほど奇特な人か，あるいはオーナー経営者のように組織と完全に利害が一致している人だけでしょう。したがって，組織は，自分自身のために考え，自分のために意思決定し，自分のために行動している個人が，可能な限り，組織のために考え，組織のために意思決定し，組織のために行動してくれるよう，アレンジする必要があります。組織の中の人間行動をマネジメントする難しさの根源は，まさにこの点にあります。

経営学の中で，この問題を真剣に考えたのが，チェスター・バーナードでした。バーナードはアメリカの企業経営者であり，アメリカ電話電信会社（AT&T）に約40年勤務し，後半の約20年にわたって傘下のニュージャージー・ベル電話会社の社長まで務めた人物です。このバーナードがニュージャージー・ベル電話会社社長在任中の1938年に著した『経営者の役割』は，80年の時を経て現在も読み継がれている，経営学の古典的名著です。

この本の中でバーナードは，組織の中の個人が持つ2つの「人格」について触れています。組織の役割に規定され，役割を担っている者としての人格と，組織に関わらない，個人的な全人的存在としての人格です。バーナードは，前者を**組織人格**，後者を**個人人格**と呼びました。組織の中で業務を行う場合，個人を支配しているのは組織人格の側面になるわけですが，管理職であれ現場の一般社員であれ，そして彼らがどのような役割を担っている場合であっても，その人の本来の側面である個人人格からの影響を免れることはできません。た

とえば,顧客のために自社の製品を売り込むという個人の行動は,一方で会社の売り上げを伸ばすために行われるわけですが,他方では,そうすることで自分自身の社内での評価を高め,給与を上げることを意図したものかもしれません。その意味で,およそ組織に関与するあらゆる行動は,個人の組織人格と個人人格という二重の人格の表れといえるのです。

こうした**人格の二重性**は,仕事をするにあたって個人が目指す「**目標の二重性**」という問題につながります。組織の中でとられる多くの行動は,組織が定める目標（組織目標）を実現するためのものですが,そうした行動を個人がとる理由は,突き詰めていけば,「報酬を得たいから」とか「評価されたいから」といった,もっと個人的な動機（個人目標）にあることが多いのです。このように,多くの場合,組織目標と個人目標とは必ずしも一致しておらず,組織の中の人間行動は,時に矛盾するこうした二重の目標のもとでとられています。

このような二重性こそが組織の本質ともいえますが,経営者や管理者の役割は,このうち組織人格や組織目標を優先させ,個人が組織に持ち込む個人人格や個人目標を最小限にすることでは,決してありません。すべてのメンバーが個人人格に基づき,個人目標だけを追求する組織がうまくいかないのは当然ですが,すべてのメンバーが個人人格を捨て,組織目標のために動いている組織もまた,決して健全な組織とはいえないでしょう。こうした二重性をどのように統合し,バランスさせるかが,経営者や管理者の重要な役割であると,バーナードは主張しているのです。

 組織に居続け,努力し,革新を起こす行動を説明するコミットメント

3つの関わり合い：コミットメントの3次元モデル

では,個人を,組織にとどまり,そこで努力を続け,組織のために革新を起こすよう仕向けるのに,組織として,何ができるのでしょうか。言い換えれば,本来は個人人格を持ち,個人的な目標を追求する個人から,組織はどのように

組織人格としての行動を引き出せるのでしょうか。

これは組織行動論そのものの課題であり，この問いをめぐって膨大な数の研究が蓄積されてきました。第**1**章〜第**3**章では，仕事へのエネルギーをどのように引き出すかということを考えましたが，そこで問題となるのは，そうして引き出されたメンバーのエネルギーが，てんでバラバラの方向ではなく，組織の成果に貢献する方向へと向かうためには，どうすればよいかということです。仕事エネルギーのベクトル合わせ，といってもよいでしょう。そのための有力な手段の１つは，リーダーシップです。職場の上司の行動によってメンバーのモチベーションが喚起され，かつ，それが職場として１つの方向にまとまるということは，十分にありうる話です。第**7**章で説明した，「リーダーシップ → モチベーション → 成果」というルートです。

一方，本章では，メンバーの**組織コミットメント**（organizational commitment）を高めるという，もう１つのルートを紹介します。組織コミットメントは，組織と個人の関わりを分析する概念として，50年以上も前から多くの研究が積み重ねられてきた，経営学の一大領域です。その中でも有名で，多くの研究者に受け入れられているのが，ともにカナダのウェスタン・オンタリオ大学の心理学者であるジョン・マイヤーとナタリー・アレンが提唱する３次元モデルです。マイヤーとアレンは，組織コミットメントを「組織と従業員の関わり方を特徴づけ，組織におけるメンバーシップを継続もしくは中止する決定に関わる心理的状態」と定義しています。やや難解な定義ですが，要するに，組織とそこに所属する従業員との関わり合いに関して，メンバーがそこに居続ける，あるいはそこを去ることに影響する，心理的な状態を捉えた概念です。彼らはその構成要素として，以下の３つをあげています（表11.1）。

１つめは，そこが好きだからそこに居続けるというもので，**情緒的コミットメント**と呼ばれます。もしあなたが，組織に対する感情的・情緒的な愛着，あるいは会社と自分との同一化によってそこに居続けているのであれば，あなたは組織に対して強い情緒的コミットメントを持っているといえます。

２つめは，会社が好きであるかどうかにかかわらず，社会通念上そうすべきと考えるから，そこに居続けるというもので，**規範的コミットメント**と呼ばれます。1990年ごろまでの日本には，「一度入社した会社をすぐに辞めるべきで

CHART 表11.1　組織コミットメントの3次元モデル

	個人が組織へコミットするメカニズム
情緒的コミットメント	組織あるいは組織内のメンバーに対する感情的な愛着，組織に対する同一化，一体感
規範的コミットメント	組織に居続けることへの義務感，忠誠心，恩義
継続的コミットメント	組織を去ることによって失うデメリット，組織に居続けることのメリット，代替的な選択肢の欠如

はない」「すぐに会社を辞めたりしたら，周囲の人から何をいわれるかわからない」といった考えを持つ人が多くいましたし，今でも業界によっては，「一度入った組織はよほどのことがない限り辞めるべきではない」という暗黙の了解があるように思います。このような義務感や規範的な意識によって組織に居続けているのだとしたら，それは規範的コミットメントの影響を受けていることになります。

　そして3つめは，他の所属先を探すのが大変だし面倒である，ほかによい所が見当たらない，あるいは今の組織に居続けることに大きなメリットがあるといった理由で，そこに居続けるというものです。代替的機会の少なさ，あるいはそれを探索するコストを考えた上でそこにとどまっているという意味で，上記の2つに比べてかなり計算高い，功利的なコミットメントといえるかもしれません。この種のコミットメントを，**継続的コミットメント**と呼びます。

　マイヤーとアレンによれば，情緒的コミットメントはメンバーが組織にぜひとも居続けたい（want to）と思うこと，規範的コミットメントはそうすべき（ought to）と思うこと，継続的コミットメントはそうする必要がある（need to）と思うことに，それぞれ関わっています。この3つのうち少なくとも1つが高ければ，その人は現在所属している組織のメンバーであり続けるというのが，マイヤーとアレンのモデルのポイントです。

組織コミットメント　→　組織への貢献行動

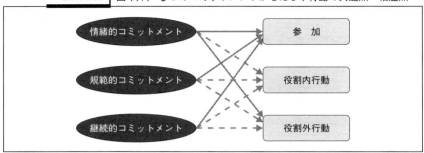

図11.1 3つのコミットメントがもたらす行動の共通点・相違点

3つのコミットメントがもたらす行動の共通点・相違点

つまり、組織にとって必要な3つの行動のうち、参加（組織に参加し、そこに居続けること）という行動を引き出すためには、①組織にぜひとも居続けたいとメンバーに思わせる、②そうすべきだと思わせる、そして③そうする必要があると思わせる、という3つのオプションがあるのです。社会科学の諸現象には、まったく異なる複数の手段によって、まったく同じ目的が達成できることがしばしばあり、このような現象を機能的等価性と呼びます。たとえば、「国民に社会のルールを遵守させる」という目的にとって、①罰則の強化によってコントロールするやり方と、②法律を遵守するようなマインドを教育によってつくり上げるというやり方は、機能的に等価です。これと同じように、メンバーを組織に参加させ、居続けさせるという目的に対して、上記3つのコミットメントは機能的に等価な関係にあります。

ただし、ある目的の達成に対しては機能的に等価なもの同士であっても、他の目的についてはまったく異なる効果が表れてしまうということが、しばしばあります。組織コミットメントの3次元もまた、そうなのです。上述の通り、組織の存続に必要な3つの行動のうち、参加という行動に対しては3つのコミットメントはすべてプラスの影響を与えるわけですが、その他の行動への影響については、それぞれのコミットメントで微妙な違いがあります（図11.1）。

役割外行動を引き出すためには、情緒的コミットメントが重要になる一方で、規範的コミットメントや継続的コミットメントは必ずしもそうした行動につながらないことがわかっており、継続的コミットメントについては、むしろマイ

ナスの影響を与えてしまうという研究結果さえ出ています。組織のために創造的提言をする，周囲のメンバーを助けるといった役割外行動を引き出すためには，組織に愛着を持ち，組織の価値観に共鳴している状態をつくり出す必要があるのです。

役割内行動については，行動への影響がさらに複雑です。役割内行動に該当するさまざまな行動のうち，マナーや規則を遵守するとか勤勉に働くといった行動については，情緒的コミットメントや規範的コミットメントがプラスの影響を与えることがわかっていますが，組織にとって最大の関心事である仕事成果を上げるという行動については，情緒的コミットメントを含めた種々のコミットメントによるプラスの効果が，はっきりとは示されていません。従業員の強いコミットメントは，たしかに組織にとって重要ないくつかの行動をもたらすのですが，その一方で，仕事成果を上げるという重要な行動については，組織と個人の関わり合いを強化するだけでは必ずしも十分ではなく，上司のリーダーシップや仕事の設計など，本書全体を通して説明することになる，さまざまな問題を考慮する必要があるのです。

> コミットメント ➡ 離職，役割外行動，業績（努力）

カナコ　日本企業の社員って，アメリカだとかヨーロッパの企業の社員と比べて，会社に居続ける年数が長いっていう話を聞いたことがあります。
先生　その通りだね。近年少しずつ，会社を辞めて他の企業へと移る中途採用が増えてきてはいるけれど，それでもやっぱり，日本企業の社員は1つの会社に居続ける割合が多いと言っていいだろうね。
ショウゴ　会社へのコミットメントが強いんだなぁ。
先生　そうだね。でも，コミットメントが強いといっても，3つのコミットメントのうち，どれが強いんだろう？
ショウゴ　情緒的コミットメント！
先生　なぜ，そう思う？
ショウゴ　なんとなく。
先生　こらこら，ちゃんと頭を使って考えなさい。じつは，このことを調べた研究者がいたんだよ。1980～90年ごろのことだから，今よりずいぶん前の話に

> **Column ❾ 次元とは**
>
> 　本文で説明した組織コミットメントのモデルに関して重要なのは，マイヤーとアレンが，3つの構成要素を相互に独立した「次元」(dimension) だとしている点です。この次元という考え方は，本書の他の部分にも登場する大事な考え方なので，ここでもう少し説明しておきましょう。
>
> 　「組織への関わり合いの強さ」のように目に見えない現象を捉えるためには，それを端的に表現する明確な概念を設定する必要があります。「引力」という概念を設定することではじめて，物体が地面に落ちる現象を捉えることができたように，私たちは「組織コミットメント」という概念を想定することではじめて，「個人の組織に対する関わり合いの強さ」を捉えることができるわけです。「引力」や「組織コミットメント」のように，目に見えない現象を捉えるために便宜的に設定された概念のことを「構成概念」(construct) と呼びます。現実の世界に「組織コミットメント」などという目に見える現象が存在するわけではないのですが，そのような概念を想定することで，「組織と個人の関わり合い」をよりよく理解できるようになります。
>
> 　構成概念の中には，それを1つの塊として見るのではなく，いくつかの特性の集合として捉えるものが多くあります。たとえば，現代において主流とされる心理学の中に，「ビッグ・ファイブ」という概念がありますが，そこでは私たちの性格が「神経症傾向」「外向性」「開放性」「協調性」「誠実性」という5つの特性の集合として捉えられています。この「神経症傾向」「外向性」「開放性」

なるけど，ジェームズ・リンカーンらの研究グループが，この問題に挑んだんだ。

ショウゴ　へぇ，そうなんですか。

先生　当時，欧米の研究者や企業家にとって，日本企業と社員との関わり合いというのは，大きな謎だったんだ。

カナコ　謎，ですか？

先生　そうなんだ。彼らは，欧米企業に比べて賃金水準が決して高いとはいえない日本企業の社員が，なぜ長く組織に居続け，企業が低い離職率をキープできるのかということをとても不思議に思って，日本企業の調査に乗り出した。そこで彼らが発見したのは，日本企業の社員の行動の秘密は，年功序列や長期雇用といった日本の雇用の仕組みにあるということだった。より具体的には，組織に所属する個人を定年までの長期にわたって雇用し続け（長期雇用），しか

「協調性」「誠実性」といった特性を「次元」と呼び，5つの次元は相互に独立したものであることが想定されています。あるものが高い（低い）ことと，他のものが高い（低い）ことは基本的に別の問題であるということであり，「外向性が高く」かつ「協調性が高い」人もいれば，「外向性が高い」が「協調性は低い」人もいる，ということです。このように，複数の次元の組み合わせとしてある現象を表現することを，特性論と呼びます。

これに対して，あるものに該当することと他のものに該当することが相互に排他的な関係にあるような捉え方を，類型論と呼びます。たとえば，人間の血液型にはA型・B型・AB型・O型の4つがあるというのが通説ですが，これは類型論の典型です。A型に該当する人が，他の血液型に該当することは絶対にありえません。

組織コミットメントは，特性論の観点を採用しています。組織に対して，情緒的にコミットしていることと，規範的にコミットしていることと，継続的にコミットしていることとは，相互に独立した別々の問題だという前提に立っているのです。したがって，人々の中には，「情緒的コミットメントも規範的コミットメントも継続的コミットメントもすべて高い」人もいれば，「情緒的コミットメントと規範的コミットメントは高いが，継続的コミットメントは低い」人もいるわけです。マイヤーとアレン以降の研究では，このようにさまざまなパターンが，実際に存在することが示されています。

も，彼らのポジションを年齢に応じて序列化する（年功序列）という仕組みによって，多くの社員にとって組織を辞めずにそこで頑張り続けたほうがメリットが大きくなるような状況がつくり出され，そのことが社員の帰属意識につながっていたというんだ。

ショウゴ それってつまり……

カナコ 継続的コミットメント！

先生 そう。日本企業の社員の行動の秘密は，継続的コミットメントにあったんだ。ちなみに同じ調査で，情緒的コミットメントについては，日本企業の社員とアメリカ企業の社員との間に大した差はない，ということもわかったんだよ。

ショウゴ ちょっと意外な結果ですね……。

コミットメントを引き出す文化

コミットメントを引き出す諸要因

　では，組織への強いコミットメントを引き出すために，組織には何ができるのでしょうか。その答えの1つが，組織全体で**強い組織文化**や価値を共有するということです。組織側から強い組織文化や価値を打ち出すことが，従業員のコミットメント，とりわけ情緒的なコミットメントにつながり，それが結局，組織にとってよい成果を生むというわけです。強い組織文化を打ち出していた1980〜90年代の日本的経営や，今日でも見られるクレド（信条，行動指針）などを活用して経営理念の浸透を図る方法は，こうした考え方に基づくものといえるでしょう。こうしたやり方には，一定の効果があることが実証されています。

　近年は，「好業績の企業においては，組織と個人の間に長期的で良好な関係を生み出すような人事施策が導入されている」という，アメリカ人研究者リチャード・ウォルトンらの調査結果に基づき，文化や理念によるのではなく，積極的な人材育成やキャリア開発を通じて，強い情緒的なコミットメントを引き出すことが有効だ，という考え方も浸透してきています。

　そのほかにも，自律性や求められるスキルの多様性といった職務特性（▶第**2**章）や，上司との関係性，昇進機会など，さまざまな要因がコミットメントを高めることに寄与することがわかっています。他方で，組織規模が大きくなりすぎたり，組織の管理体制が中央集権的になりすぎたりすると，メンバーのコミットメントが低下するなど，組織の成長という組織にとって本来は望ましいものが，メンバーにとっては必ずしもポジティブなことと受けとめられず，組織からの離反につながりうるという指摘も重要です（図11.2）。

組織の文化 → コミットメント → 組織への貢献行動

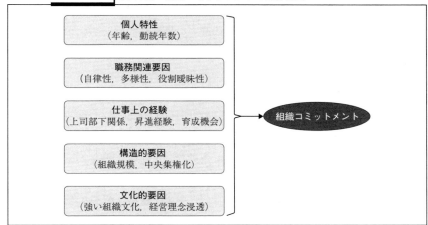

図11.2 組織コミットメントの先行要因

組織文化とは

　組織文化を通じてコミットメントを高めることが従業員のコミットメントを引き出し，そのことが組織への貢献を誘発しうるということを確認しました。ここで少し，組織文化そのものについて考えてみましょう。

　組織文化とは，組織のメンバーに共有された価値観・信念・行動規範のパターンと定義されます。狭義には，経営理念やビジョンのような形で表現され，組織の中で共有されている，種々の**価値観**や信念，および，さまざまな状況下でどう振る舞うべきかという行動規範を指すわけですが，広い意味では，そうした価値観・信念・行動規範の背後にある無意識の**基本仮定**，また価値観・信念・行動規範を体現した具体的な**文物**（たとえば，経営理念が書かれたパンフレット，会社のロゴやオフィス・レイアウト）をも含みます。

　経営学の中で組織文化が注目された背景には，1980年代に大躍進を遂げた日本企業への関心の高まりがあります。前節末でも少し紹介しましたが，世界のマーケットを席巻する日本企業の観察を通じて，欧米の研究者は，「日本企業の躍進は，ヒエラルキー組織による垂直的なコントロールではなく，経営理念や価値観の共有に基づくコントロールと，メンバーの強いコミットメントがある」という仮説を立てました。それがどこまで正しい理解であったのか，今日的な視点から見れば議論の余地がありますが，当時の研究者たちは，トップ

3　コミットメントを引き出す文化　●　229

から現場の従業員に至るまで特定の価値観・信念・行動規範が深く浸透している，いわば「強い文化」こそが，組織の高い成果の鍵になると考えたのです。

強い組織文化の弊害

ところが，第5章第3節でも述べたように，強い組織文化，そしてそれがもたらす強いコミットメントには，いくつか問題のあることがその後の研究によって，指摘されています。端的にいえば，組織への過剰な愛着や一体感が，かえって組織の変革を妨げたり，そうした動きに対して心理的な抵抗感を生み出したりする，ということです。強い文化とそれがもたらす強いコミットメントは，組織がうまくいっているときには，人々を組織につなぎとめ，人々の意識のベクトルを合わせ，大きな貢献を引き出す力を提供してくれます。しかし，それまでのやり方ではうまくいかず，変革が必要なフェーズへと突入すると，強い文化とコミットメントはかえって，人々を守旧的な抵抗勢力に変えてしまうように作用するのです。とりわけ，多くの人々が，かつての「古きよき」組織に愛着を持っている場合には，組織の変革はその人々にとってコミットメントの対象の喪失を意味することになります。したがって，このような変革期には，むしろそれまで組織に対する強いコミットメントを持たなかったような人たち，場合によっては組織の辺境や窓際にいたような人たちのほうが，積極的な貢献を果たすということさえあるのです。

安定的な状況下で，個人を引きとめ積極的な貢献を引き出すためには，強い文化とコミットメントが必要であるにもかかわらず，組織が変革を求めるときには，かえってそれを減じるように作用してしまうのだから，何とも皮肉なことです。個人を組織へコミットさせることと，ある意味で，組織へコミットしない人たちをキープし続けること。組織のマネジメントには，このような二面性の間で絶妙なバランスを取り続けることが求められるのです。

組織は文化を「保存」したがる

いったん形成された文化は根強く残り続け，よくも悪くも，人々の思考や行動に大きな影響を与え続けることが多いようです。アリゾナ大学のベンジャミン・シュナイダーは，A-S-Aモデルによって，このことを説明しています。

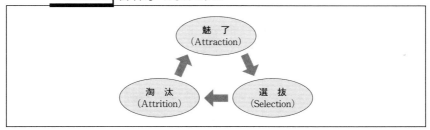

図11.3 A-S-Aモデル

シュナイダーは、組織がどのような文化や慣行を持つかは、そこにどのような人々が「魅了」され（Attraction）、「選抜」され（Selection）、そして「淘汰」されるか（Attrition）に、大きく影響されるといいます。A-S-Aとは、これらの頭文字をとったものです（図11.3）。1つ1つについて見ていきましょう。

企業にエントリーする求職者は、その企業の経営者や人事担当者、リクルーター、そこから類推される企業の文化や雰囲気などに惹かれて、エントリーを決断することが多いでしょう。説明会や選考会で出会った採用担当者や経営者、リクルーターの言動から、自分が求める「何か」がそこにあると感じたとき、求職者はその企業に惹かれ、エントリーすることになるわけです。そのため、エントリーしてくる求職者の中には、どうしても、企業の既存のメンバーと似たような性格・価値観・思考パターンを持った人が、多く含まれることになります（▶第4章）。これが「魅了」のメカニズムです。

次に、エントリーしてきた「候補者群」に対して面接や適性検査による選抜が行われますが、そこでも、組織の価値観や思考パターンに合致する人々が、より高い評価を受け、採用されやすいことがわかっています。反対に、その企業に馴染まない気質・価値観・思考パターンを持つ人々は、採用の過程でネガティブに評価され、排除されやすくなります。つまり企業は、エントリー段階で形成した均質化した「候補者群」の中から、さらに均質化した人々をピックアップすることになるのです。これが「選抜」のメカニズムです。

最後が「淘汰」です。もし仮に、何らかの理由で、企業の既存のメンバーとは異なった気質・価値観・思考パターンを持つ人が入社してきたとしても、入社後に時間をかけて行われる組織社会化（▶第5章）や、人事評価（▶第3章）といった、一連のプロセスの中で、同化されるか、あるいは淘汰されてしまう

ということです。会社の雰囲気に馴染まない人は，会社に馴染むべく必死に適応しようとするか，さもなくば，辞めてしまうからです。

　募集の段階で企業の内部者に似た人々が惹きつけられ，その人たちが採用活動において選抜され（そうでない人々が排除され），組織における昇進の階段を上っていく。こうしたメカニズムがあるからこそ，時間の経過とともに人々が流動化しても，組織は組織らしくあり続けるわけですが，見方を変えればこれは，組織内のメンバーが同質化し，硬直化し，閉塞的になっていくメカニズムでもあります。

　そして，このようなサイクルが回り出すとき，組織は単なる個人人格を持った人々の集まりではなく，共通の価値観や信念を持った人々からなる集合体になります。これこそが，組織に文化が生まれ，固定化していくメカニズムです。

　文化の固定化は，組織の中のメンバーの組織に対する態度の固定化につながり，それはメンバーの行動の画一化をもたらします。だからこそ，採用段階では，多様な人材を取り込む努力が，組織社会化や評価の段階では，個人を組織に引き込みつつも，そこに過剰に同化させない努力が，組織には求められるわけです。それでも組織の固定化やメンバーの画一化が避けられないときには，組織のリーダーによる思い切った変革が必要になります。だからこそ，変革型のリーダーシップ（▶第 **8** 章）が重要になるのです。

ショウゴ　一見いいことづくめのように見える情緒的コミットメントにも，マイナス面があるんですね。

先生　コミットメントというのは，要するに，何らかの意味で組織との間に強い繫がり，いわば「抜き差しならない関係」を築くということだからね。とくに，感情的に組織に愛着を持っているために「抜き差しならない関係」にある人は，もはや組織のことを冷静に見られなくなっている可能性があるわけだ。

カナコ　なるほど，たしかにそうですね。

先生　その点，継続的コミットメントが高い人は少し違う。これは，ともすれば功利的で，計算高いコミットメントなので，役割外行動なんかの規定要因としては弱いところがある。だけど，継続的コミットメントが強い人というのは，組織に対してちょっと距離をおいている分，組織のことを冷静に見ることができている人でもあるわけだ。あらゆる物事に二面性があるということの，いい例だね。

ショウゴ はい。

カナコ 先生，さっきからずっと引っかかっていたんですけど，シュナイダーのA-S-Aモデルによれば，「魅了」と「選抜」と「淘汰」のメカニズムがあると，組織の文化や慣習はなかなか変わらないんですよね。でも，もし組織に魅了される人の性質がこれまでとまったく変わり，選抜される人や，内部で評価され，淘汰される人が変われば，組織も大きく変わるということになりませんか？

先生 大事なところに気づいたね。その通りだよ。決して簡単ではないけれど，もしそれが実現すれば，組織は大きく変わっていくだろうね。私たち1人1人は小さな存在かもしれないけれど，それが集まれば，組織のあり方さえも変わりうるということだね。

カナコ 個人と組織の関係って，私たちが思っているほど単純ではないんですね。

KEYWORD

参加　役割内行動　役割外行動　組織人格　個人人格　人格の二重性　目標の二重性　組織コミットメント　情緒的コミットメント　規範的コミットメント　継続的コミットメント　強い組織文化　組織文化　価値観　基本仮定　文物　A-S-Aモデル

さらなる学習のための文献リスト　　　　Bookguide

- Barnard, C. I. [1938] *The Functions of the Executive*, Harvard University Press.（C. I. バーナード／山本安次郎・田杉競・飯野春樹訳『経営者の役割（新訳版）』ダイヤモンド社，1968年）
- 鈴木竜太［2002］『組織と個人：キャリアの発達と組織コミットメントの変化』白桃書房。
- Schein, E. H. [2009] *The Corporate Culture Survival Guide (new and rev. ed.)*, Jossey-Bass.（E. H. シャイン／尾川丈一監訳『企業文化：ダイバーシティと文化の仕組み（改訂版）』白桃書房，2016年）

CHAPTER 12

第12章

「私らしさ」と「我々らしさ」

組織アイデンティティ

SITUATION PUZZLE

　　　　　　　　　　　Z社が，新しい人材採用の方法を考案した。すべてのプロセスを人工知能によって管理する，その名も「AI採用」というものだ。求職者から送られてくるエントリーシートの評価から，面接での質問内容の選択，内定通知を出したときにそれを受け入れて入社を決断する人の予測まで，活動の至るところにAIの機能を活用した斬新な採用だ。
　「AI採用」は，たちまち求職者や人事担当者の間で話題になって多くのメディアにも取り上げられ，その年の採用では，多くの求職者を惹きつけることに成功した。そして，これはZ社の採用担当者にとっても意外だったのだが，Z社は「AI採用のZ社」としての評判を確立し，有名になった。ところが困ったことに，その後，多くの企業がこれを模倣したため，それらとの差別化が難しくなってしまったにもかかわらず，Z社からは「AI採用」を超えるような斬新なアイディアが登場しなくなってしまった。採用担当チームのメンバーも，メンバー個々の能力や意欲も，以前と変わらないとすれば，Z社にいったい何が起こったのだろうか？　この組織はなぜ，かつては可能であった採用のイノベーションを起こせなくなってしまったのだろうか？

ショウゴ　うーん。どうしたものか……。
先生　どうしたの，ショウゴくん。珍しく神妙な顔をしちゃって。
カナコ　先生，ちょうどいいところに来てくれましたね。今，ショウゴくんは「僕って何者なんだろう」って，考えているんですよ。
先生　ずいぶん難しいことを考えているんだね（笑）。何かあったの？
ショウゴ　この前，入学してからずっと続けてきたクラブを辞めちゃったんです。
先生　へぇ，そうなんだ。辞めてしまったことを後悔しているの？
ショウゴ　いえいえ。辞めたこと自体は問題じゃないんです。ただ，辞めてしまった日から，新しい友達ができたときなんかに，どうやって自己紹介したらいいか，困るようになってしまったんです。
先生　自己紹介？　どういうこと？
ショウゴ　それまではいつも，新しい友達ができるたびに，「〇〇クラブの△△ショウゴです」って自己紹介をしていて，すごく便利だったんです。〇〇クラブは学校でもけっこう有名だし，そこにいるって言えば，みんな「あぁ，あそ

こに入っているんだね」って，すぐわかってくれたんです。
先生 でも，辞めちゃったから，自己紹介のときに「○○クラブの△△ショウゴです」って言えなくなってしまったと。なるほどね。
ショウゴ そうなんです。で，クラブを辞めたくらいで自分のことを紹介する言葉に困ってしまうなんて，僕っていったい何者なんだろうって考えてしまったんです。

1　「私らしさ」とは

　あなたにとって，「私らしさ」とはいったい何でしょうか。この問いにズバリ答えられる人はあまりいないと思いますが，「『私は○○○です』という文章の『○○○』に入る単語を10個あげる形で，あなた自身のことを説明してください」と聞かれたら，どうでしょう。「大学生」「負けず嫌い」「男性」「読書家」「バイオリン奏者」「スポーツマン」「××クラブのメンバー」「帰国子女」「プレゼンテーションが上手」「お酒が大好き」などなど……10個程度であれば，案外すぐに思い浮かぶのではないかと思います。突然「私らしさ」といわれても困惑するけれども，「私は○○○です」という形であれば，それほど苦労せずに自分のことを説明できるはずです。
　では，こうしてあがってきた10個の単語の中身を詳しく検討してみましょう。上記の例でいえば，「負けず嫌い」「プレゼンテーションが上手」「お酒が大好き」などは，個人の性格，能力，趣味や嗜好に基づく自己理解であるのに対して，残りはいずれも，自分自身を何らかの社会的なカテゴリーにあてはめたものであることに気づいたでしょうか。（高校生でも社会人でもない）大学生，（女性ではなく）男性，（近ごろは読書嫌いな人もいるが）読書家，（楽器を弾ける人は少なくないが，私はその中でも比較的珍しい）バイオリン奏者……というように，さまざまな社会的カテゴリーを想定し，その中に自分を置くことによって自分自身を理解し，説明しようとしているのです。私たちは，自分のことを，社会におけるさまざまなものとの関係性によって理解している，といってもよいでしょう。

つまり，私たちには，ある社会的カテゴリーのメンバーであることを自覚したり，あるカテゴリーの組織やそこに属する人々と距離を置いたりすることで，自分らしさを確認するという側面があるのです。このように，ある社会カテゴリーのメンバーであるという形で成立する自己意識を，社会心理学では**社会的アイデンティティ**（social identity）と呼んでいますが，これが，私たちの自己理解にきわめて重要な影響を与えるだけでなく，私たちが自らが所属する組織に対してどのようなイメージを持ち，どのように理解するのかということにも，さらには，私たちが組織の中でどのように振る舞うのかということにまで，深刻な影響を与えるのです。この問題を議論する前に，次項ではまず，「私らしさ」について考えてみましょう。

「私らしさ」をめぐる探求

　「私とは何者か」という問いは，古くから多くの研究者を惹きつける重要な問いであり続けていますが，この問題に関して重要な貢献をした1人に，精神分析学者のエリク・エリクソンがいます。エリクソンは，私たちの人間的成長は，大きく分けて8つの心理・社会的な発達段階から構成されており，その1つ1つにおいて，個人が超えるべき発達課題が存在すると考えました。そのうち5段階めにあたる「青年期」の発達課題としてエリクソンが提唱したのが，**アイデンティティ**（identity）という概念なのです。いまや日常語にもなっていますので，読者のみなさんにとってもすでに馴染みのある言葉かもしれません。

　青年期になると私たちは，自分が認識する「私」に比べて，他人の目に映る「私」がどのようなものかということや，教育の過程で身につけたり獲得したりしてきた役割や技術などをどのように自分の理想に結びつけていくかということに，悩むようになるものです。エリクソンのいうアイデンティティとは，このような問題，つまり「私は何者か」という，きわめて素朴かつ根源的な問いに対して，私たち自身が見出す答えとしての「自己同一性」を指すのです。エリクソンによれば，アイデンティティは，過去から現在までの時間的連続性，そして幼少期から現在まで，自分が時間的に連続して同一の自己であるという記憶の一貫性に支えられています。こうした「自己の一貫性」が，自分は他の誰でもなく自分として生きるという「自己の独自性」と結びつき，アイデン

ティティが形成されるのです。

アイデンティティとパーソナリティ

 ちなみに，アイデンティティとよく似た概念であり，しばしば混同されるのが，パーソナリティ（personality）です。これは，ギリシア語で仮面を意味する「ペルソナ」を語源に持つ概念で，代表的な研究者であるゴードン・オールポートによれば，「個人を特徴づけている行動と思考を決定する精神・身体的システムであり，その個人の内部に存在する力動的な組織である」とされます。少し難しい定義ですが，要するに，私たちの行動や思考の前提にあって，それに強い影響を与える内面的な特性が，パーソナリティです。パーソナリティもまた，他者との関係の中で形成され，理解されていくという側面があるわけですが，これはあくまで他者の目から見た客観的なその人の特性であり，私たちの内面的な性質などを表す言葉です。この点で，自分自身の視点から見た「私らしさ」であり，「他者とは違う自分自身についての価値の認識」を意味するアイデンティティとは，大きく異なります。

「私らしさ」は，社会的？

 上述の通り，アイデンティティは「私らしさとは何か」という問いに関わるわけですが，1970年代に，これがじつは「社会的」なものであるという研究が，主に社会心理学者や社会学者によって行われました。中でもとりわけ有名なのが，社会心理学者のヘンリ・タジフェルらによる一連の研究です。ここでは，その中でも代表的なものを紹介しておきましょう。

 1971年に発表された論文において，タジフェルらは，「クレーの絵とカンディンスキーの絵のどちらが好きか」という基準により，実験対象者たちを2つのグループに分けました。実験対象者たちは，自分がどちらのグループに所属するかは知らされていましたが，自分のグループに誰が所属しているのかは知らされていませんでした。この状態で，実験対象者には，「自分以外のグループのメンバーと，もう一方のグループのメンバーに，お金を分配する」という指示が下されます。

 その結果，多くの実験対象者が，グループに所属するメンバーの性格や特性

などについては何も知らず，あらゆるメンバーと対面接触もしていないにもかかわらず，自分の属する集団メンバーのほうに多くのお金を配分するという決断をしました。「クレーの絵とカンディンスキーの絵のどちらが好きか」という，それ自体は取るに足らない理由によって形成されたカテゴリー化によって，そこに所属するメンバーとそれ以外のメンバーとの間の，「内輪びいき」が発生したのです。

　この実験結果は，集団・組織との関わりが私たち自身の態度・行動に重大な影響を与えることを示しています。直観的にもわかるように，私たちは，1人の孤独な状態では「私らしさ」を確立することができません。他者との日常的なやりとりや社会的な活動の中で獲得される，さまざまな属性（職業，地位，評価）を強く意識したり，反対に，そうした属性から距離を置いたりすることによって，自分自身のアイデンティティが確立されていくのです。試しに，本節の冒頭で紹介した「私は○○○です」というエクササイズをやってみれば，あなたが認識する「私らしさ」は，あなたが所属する組織や集団，そこでのあなたの立場，住んでいる地域や職業などによって強く規定されていることが，よくわかるはずです。このように，社会的行動や社会的属性（国家，民族，地位）によって自己の存在意義や役割行動を強く自覚する形のアイデンティティを，社会心理学の世界では社会的アイデンティティと呼び，今もなお，研究が蓄積され続けています。

「我々らしさ」とは

組織アイデンティティとは

　自分自身に向けて「私らしさとは何か」と問うのと同じように，私たちは，「自分が所属するこの組織らしさとは何か」「我々は何者か」といった，自らが所属する組織や集団についてのイメージを持つことがあります。企業のメンバー（成員）が，「わが社は革新的なベンチャー気質の企業」といったふうに他社との違いを強調したり，「わが社は格式ある伝統的な企業だ」という自負

を持ったりすることなどが、これにあたります。

このように、「我々らしさとは何か」「我々は何者か」ということに関する組織メンバーの自己認識を表す概念として注目されてきたのが、**組織アイデンティティ**（organizational identity）です。これは、「我々はどのような存在であるか」「我々はどのようなビジネスを行っているか」「我々は何になりたいか」といった問いに関わるものであり、①**中心性**、②**独自性**、③**連続性**という3つの基準を満たすものであるというのが、現在の共通理解となっています。

ここで、中心性とは、それが当該組織の本質的特性に関わっているということであり、独自性とは、それが他の組織との比較において際立ったものであるということであり、連続性とは、その特性がある程度時間的に持続しているということを指します。たとえば、ある企業のメンバーが自社に対して「革新的なベンチャー気質の企業」というイメージを持っているとして、それが自社のさまざまな特性の中でとりわけ重要なものであり（中心性）、他社との際立った違いであり（独自性）、かつ、ある程度の期間一貫したものであるとき（連続性）、このイメージはその企業の組織アイデンティティといえるのです。

ここで重要なのは、この概念があくまで組織メンバーの認識に注目しているということです。ある特性に関して、①それが組織の本質的特徴であり、②他組織から際立っており、③持続的なものであると、組織メンバーが考えているとき、その特性が仮に他の組織においても見られる平凡なものであったとしても、それは組織アイデンティティであるといえます。反対に、組織がある際立った特性を有していたとしても、メンバーがそれを認識していなければ、それは組織アイデンティティとはいえません。重要なのは、第三者の目から見た「らしさ」ではなく、あくまで組織メンバーが知覚した「らしさ」だということです。

アイデンティティと組織アイデンティティ

ここまで、個人のアイデンティティ、および組織アイデンティティを取り上げてきました。個人のアイデンティティが、「私は何者か」という、きわめて素朴かつ根源的な問いについて私たち自身が見出す答えとしての「自己同一性」を指す、個人レベルのアイデンティティであるのに対し、組織アイデン

ティティは，よりマクロなレベル，つまり社会の中での組織そのものについてのアイデンティティ（「我々は何者か」についての理解）であるというように，両者は異なったレベルで，それぞれ独立したものとして存在しています。

ただ，両者の間には密接な関係があることも見逃せません。まず，組織レベルのアイデンティティへの認識によって，個人のアイデンティティが規定されるという側面があるでしょう。前述した社会的アイデンティティという考え方が示すように，個人のアイデンティティは，社会的な関係性の影響を強く受けて形成されるものですから，私たちが認識する「私らしさ」が所属する組織の特性から強く影響を受けることは十分にありえます。「革新的なベンチャー気質の企業」という組織アイデンティティが，個人に強く意識され，そのような組織にいることがその人にとって重要な意味を持つとき，それはいつしか「革新的なベンチャー企業にいる私」という形で，その個人にとって重要なアイデンティティとなっていくかもしれないのです。このように，組織の中にいる個人が，その組織らしさから強い影響を受けて形成するアイデンティティを，**組織に基づくアイデンティティ**（organizationally based identity）と呼びます。

あるいは反対に，個人レベルのアイデンティティが組織レベルのそれに影響することもあるでしょう。組織の採用方針が変わり，これまでとは異なったアイデンティティを持つ人が多数を占めるようになると，メンバーたちが意識する「組織らしさ」にも変化が生じる可能性があります。

このように，組織レベルのアイデンティティが個人レベルのアイデンティティに影響を与え，個人レベルのアイデンティティもまた組織レベルのアイデンティティに影響を与えるというように，両者は互いに影響し合う関係にあるといえるのです（図12.1）。

カナコ 所属する組織のアイデンティティが私たち個人のアイデンティティに強く影響を与えたり，反対に，私たち1人1人のアイデンティティが組織のアイデンティティに影響を与えたりすることがある。……なんだか難しいなぁ。

先生 まず前半の，「所属する組織のアイデンティティが私たち個人のアイデンティティに強く影響を与える」という部分だけど，たとえば，「グローバルに活躍する学生を育てる，国際色豊かな学校」という確固たる組織アイデンティティ（我々らしさ）が，世間的にも学生や教職員などの学内のメンバーにも共

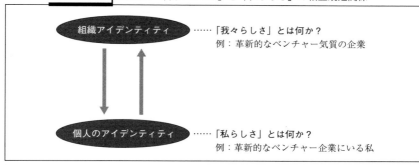

図12.1 「我々らしさ」と「私らしさ」の相互規定関係

有されている学校があるとしよう。この学校では、メンバーのみんなが、「私は、グローバルに活躍する学生を育てる、国際色豊かな学校のメンバーだ」というふうに自分のことを理解して、そこにいること自体を自分自身の重要な特徴だと思っていたり、場合によっては誇りに思ったりすることは、ありうるよね？

カナコ はい。それはわかります。

先生 次に後半の、「私たち1人1人のアイデンティティが組織のアイデンティティに影響を与えたりする」という部分。これは、上の学校の例で言えば、「この学校は、グローバルに活躍する学生を育てる、国際色豊かな学校だ」という組織アイデンティティ（我々らしさ）が、メンバー1人1人の、個人のアイデンティティ（私らしさ）によって支えられているということを意味するんだ。

カナコ そこがよくわかりません。組織アイデンティティが個人アイデンティティに支えられている？

先生 組織アイデンティティとは、「我々らしさとは何か」ということに関する組織メンバーの自己認識だったね？

カナコ はい。

先生 上の例で言えば、この学校には「グローバルに活躍する学生を育てる、国際色豊かな学校」っていう「我々らしさ」があったわけだけれど、仮に、この学校に入ってくる学生の気質だったり、教えている先生のタイプだったりが少しずつ変わっていって、グローバルに活躍することをあまり好まない人の割合が増えていったらどうだろう？ そういう人たちは、グローバル教育にあまり熱心に取り組まないだろうし、そういうことを言葉や態度に表すかもしれない。そういう人の数が増えるにつれて、「この学校は、表面上は国際色豊かに見え

> **Column ❿　機能主義と解釈主義**
>
> 　組織アイデンティティという概念に関し，研究者の間では，本文で述べた程度には緩やかな了解がなされているものの，じつは，その具体的な内容に関して統一された見解は，まだ存在していません。そもそも組織アイデンティティとは何かということに関してすら，研究者の間には微妙な相違があります。これはそもそも，経営学，そしてその一分野である組織行動論の中に，さまざまな立場をとる研究者が存在することによるものです。組織アイデンティティに限らず，経営学および組織行動論の中にはさまざまな立場の研究者がいます。それぞれは時に対立し，時に手を取り合って，研究を前に進めてきました。ここでは，中でも代表的な 2 つの立場を紹介しておきましょう。
>
> 　まず 1 つめは，「機能主義」と呼ばれる立場です。機能主義では，経営学や組織行動論が対象とする社会的現象が，誰の目から見ても変わることのない客観的な実在物であり，それはある一定の法則によって支配されていると考えます。研究者の役割は，そうした現象を外から観察し，そこに潜む法則を明らかにすることにあるわけです。誤解を恐れずにいえば，機能主義とは，社会的な現象を物理学などの自然科学に近い観点から見る立場といえるでしょう。この立場に立てば，組織アイデンティティという現象は，誰の目から見ても明らかに存在する実在物であり，組織メンバーが物事を認識したり，判断したりするのに重要な影響を与えるものとなります。つまり，組織アイデンティティを，客観的に観察可能で，操作可能なものと捉え，組織のリーダーにとってもマネジメントの道具の 1 つになりうると考えるのです。

るけれど，実際にはドメスティックな学校だ」というふうに，メンバーが認識する組織アイデンティティ（我々らしさ）が変わってくるかもしれないよね。それが，「私たち 1 人 1 人のアイデンティティが組織のアイデンティティに影響を与えたりすることがある」の部分で言いたいことなんだ。

カナコ　なんとなくわかってきた気がします。シュナイダーの A-S-A モデル（▶第 11 章）を習ったときに，私が先生にした質問にも関わってきますよね。でも，やっぱり難しいな。

もう1つは,「解釈主義的」な立場です。解釈主義とは,社会的現象を考える際に,組織あるいは集団の内部者の視点を重視する立場であり,この立場に立つ研究者は,組織アイデンティティや組織文化といった現象を,客観的に実在し,操作可能な現象だとは考えません。こうした立場の研究者は,「わが社らしさ」に関して,それぞれのメンバーが別々の認識を持っているという点,しかも,メンバーの認識が日々の活動の中で刻々と変化していく点に注目します。このような立場に立ったとき,組織アイデンティティは,長期安定的な実在物などではなく,メンバーの認識の変化に合わせて変動するダイナミックなものとして捉えられることになります。「解釈主義的」な視点には,さらにいくつかのバリエーションがあります。

　このように,社会的な現象に対してどのような立場をとるかによって,同じ「組織アイデンティティ」という現象であっても,ずいぶん捉え方が変わってくるわけです。機能主義の立場に立つ研究者にとって組織アイデンティティとは,「我々は何者かについての共通された信念」を指し,解釈主義の立場に立つ者にとっては,「我々が我々自身を何者と考えているかについての,一時的で断片的な理解」ということになるでしょう。前者の研究者の目には,組織のメンバーによって共有され,長期安定的に保持され,メンバーの行動や意識を強く規定するものとしての組織アイデンティティが,後者の目には,組織の中でさまざまなメンバーによって散発的かつ断片的に理解され,しかも時間の経過に伴って次第に変化していくものとしての組織アイデンティティが,それぞれ映っているのです。あなたの見方は,どちらにより近いでしょうか。

3　組織アイデンティティと組織イメージ

「我々らしさ」の形成

　「我々はどのような存在であるか」ということに関する組織メンバーの自己認識（つまり組織アイデンティティ）は,組織メンバーの独善的な思い込みでは決してなく,「他者が自分たちをどう見ているか」ということに大きく影響さ

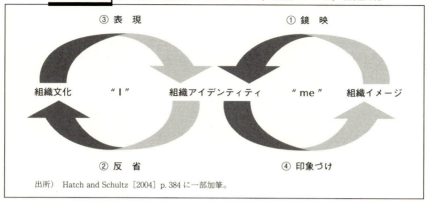

図12.2 組織アイデンティティ，組織イメージ，組織文化

出所）Hatch and Schultz [2004] p.384 に一部加筆。

れます。このように，組織外にいる第三者が組織に対して持つイメージを，**組織イメージ**（organizational image）と呼びます。たとえば，自分たちは自社のことを「革新的なベンチャー気質の企業」と考えたいとしても，顧客やマスコミなどが「伝統的な老舗企業」というイメージを持っている場合，このイメージが組織メンバーの自己認識に強い影響を与えることになるでしょう。組織イメージは，外部者との日常的なやりとりを通じて組織メンバーに伝えられ，組織メンバーの「我々はどのような存在であるか」という認識に，徐々に影響を与えていくのです（図12.2の①鏡映）。

これとは反対に，組織イメージが組織アイデンティティによって規定されるという側面もあります。メンバーが自組織に対して持つ組織アイデンティティは，当然のことながら，そのメンバーの種々の行動・選択・言動に色濃く反映されるでしょう。たとえば，自社に対して「伝統的な老舗企業」という自己イメージを持つメンバーは，日々の業務や仕事上の意思決定においても，「伝統的な老舗企業」らしい振る舞いをし，「伝統的な老舗企業」のイメージに合う選択をすることになります。その結果，そうしたメンバーとの相互作用を通じて，今度は組織外にいる第三者のほうが，その組織に対して「伝統的な老舗企業」というイメージを持つようになるのです。このように，組織アイデンティティと組織イメージは，相互に影響を与え合う関係にあるという点が重要です（図12.2の④印象づけ）。

これまでの議論からもわかったかもしれませんが，組織アイデンティティは，

組織文化（▶第11章）とも密接に関わっています。組織外の第三者がある種の組織イメージを持ち，それが組織メンバーによって認識され，組織アイデンティティとして取り込まれると，今度はそのイメージが，組織メンバーによって組織文化の中に埋め込まれていくのです。たとえば，「伝統的な老舗企業」というイメージが，組織メンバーの組織理解（つまり組織アイデンティティ）として定着すれば，メンバーたちはやがて，その観点から自組織の価値観や理念などを反省的に捉え出すことでしょう。こうした反省作用を通じて，組織アイデンティティは組織文化に影響を与えます（図12.2の②反省）。あるいは，組織の中に存在する多様な価値観や理念の中で，その組織をより象徴的に表現し，強い印象を与えるものは，広告やコーポレート・アイデンティティ，商品デザインや制服など，さまざまなシンボルとなって際立たされることによって（図12.2の③表現），組織アイデンティティとして，組織メンバーや外部の第三者に対して強く印象づけることになるわけです。

「我々らしさ」の変化

「自分たちはどのような存在だと思われているか」という組織アイデンティティと，「自分たちはどのような存在だと見られるべきか」というメンバーによって解釈されたイメージや理想に乖離が生じ，その乖離が重要であると認識されたとき，アイデンティティの変化が起こります。自分たちは自社を「革新的なベンチャー気質の企業」だと考えているにもかかわらず，世間が自分たちを「伝統的な老舗企業」と見ているとすれば，組織アイデンティティと組織イメージとの間には大きなギャップがあることになります。この場合，そうした世間のイメージに合わせて，「伝統的な老舗企業」のほうが組織アイデンティティとして定着することもありうるのです。つまり，組織アイデンティティが変化するのです。

ただ，「伝統的な老舗企業」というイメージが，当該組織にとって好ましくないものである場合，組織メンバーは世間の持つこの組織イメージを変更するという形で，アイデンティティとイメージとのギャップに対処することになります。上述のように，自分たちは「革新的なベンチャー気質の企業」だと考えているのに，世間がそのようには見ていない場合，製品開発や広告活動やマー

Column ⓫　ダットンとデュークリッチによるケース・スタディ

　アメリカのミシガン大学に所属する心理学者ジェーン・ダットンとテキサス大学オースティン大学の経営学者であるジャネット・デュークリッチは，ニューヨーク・ニュージャージー港湾管理委員会（以下，港湾管理委員会）によるホームレスへの対応について調査し，組織アイデンティティが外部者の持つ組織イメージによって影響を受けることを明らかにしています。調査対象である港湾管理委員会が直面していた問題とは，委員会が所管する施設の中で寝泊りするホームレスの数が増加している，というものでした。港湾管理委員会の従業員 25 名に対するインタビューやフィールドワーク，種々の書類，雑誌や新聞記事などの分析を通じて，ダットンらは，ホームレス問題と港湾管理委員会の対応が，大きく 5 つのフェーズに分けられることを明らかにしました。

　第 1 のフェーズは，「ホームレス問題は警察の治安の問題である」という認識の段階です。問題が起こった 1980 年代初頭，街のバスターミナルが改築され，このエリアで一人部屋を主体としていたホテルの多くが廃業したことにより，周辺にホームレスが目立つようになっていました。この段階では，港湾管理員会のメンバーは，ホームレス問題の大部分はバスターミナル側の問題であると，きわめて限定的に捉えていました。このとき港湾管理委員会がとった行動は，コンサルタントを雇って警察官のトレーニングを行うこと，および，港湾管理委員会が所管する施設からホームレスを追い出すために，福祉サービスを提供する組織と連携をとることでした。

　第 2 フェーズは，それから数年後に，「ホームレス問題は企業の問題だが，港湾管理委員会はソーシャル・サービス・ビジネスは行っていない」という認識を持つ段階です。この段階になると，バスターミナル以外の主要な施設でもホームレスが散見されるようになり，港湾管理委員会のメンバーにとっても彼（彼女）らの姿は目につくものになっていたといいます。それを受けてこの時期には，フェーズ 1 に比べて「ホームレス問題」が広く認識され，バスターミナル単独の問題ではなく，より大きな問題であると捉えられるようになっていました。ただ，依然として，委員会のメンバーたちはホームレス対策を自分たちの仕事であるとは考えておらず，事業計画の中で時折言及され，問題に関するデータ収集をしたり，一施設へのアクセスを制限するといった程度の対応しかとられませんでした。

　第 3 フェーズは，「ホームレス問題はビジネス上の問題であり，モラルに基づ

いた解決が必要だ」という段階です。この時期になると，一晩に集まるホームレスが1000人を超えるようになり，警察中心の解決策が機能しないことも明らかになってきました。また，新聞紙上に批判的な記事が掲載され始めたこともあり，ここへきてようやく，港湾管理委員会のトップ・マネジメントがこの問題に関心を持つようになります。やっと，真剣に対応を考えるようになったのです。ここで港湾管理委員会がとった対策は，より人道的な対応策の模索，ホームレス問題対策のプロジェクト・チームの形成，ホームレス問題研究への資金提供といったことでした。

　第4フェーズでは，「ホームレス問題は地域のイメージを規定する重要な問題であり，他の誰にも対処できないものである」という認識が保たれるようになっていきます。ホームレス問題の解決が，「我々らしさ」を構成する重要な仕事として認識され出したのです。この段階にきてとうとう，港湾管理委員会は，自分たちがホームレス問題に関与し，解決しなければならないと考えるに至りました。こうした認識を反映する形で，ホームレスたちが立ち寄ることのできるドロップ・イン・センターを設立するなど，さまざまな対策が打たれていきます。

　そして最後の第5フェーズでは，「ホームレス問題は地域の競争力の問題であり，港湾管理委員会はその問題に対する静かな支援者である」という認識が形成されていきます。*Newsweek* 誌に，これまでの消極的な姿勢への批判的な記事が掲載されたこともあって，この段階になると，管理委員会は，地域の問題であるホームレス問題をともに解決するパートナーを探すなど，より効果的な解決策を模索しています。ただ，このように自らを「ホームレス問題」のリーダーと考えるようになる一方で，メンバーたちは，そのような立場に立つことに対する抵抗感も感じ始めていました。こうした葛藤の中で組織としてとったスタンスは，対策の前面には出ずにホームレスの静かな支援者になるということ，そして上述のように，この問題をともに解決するパートナーを探すことでした。

　このケースは，「自分たちはどのような存在だと思われているか」という組織アイデンティティが，外部者の持つ組織イメージに対していかに敏感であるかということ，さらに，メンバーの自己イメージと外部者の組織イメージの乖離によって，組織アイデンティティの変化が引き起こされるということを，鮮やかに描き出しています。

ケティング活動を通じて，顧客やマスメディアに対して「革新的なベンチャー気質の企業」であることを印象づけようとするかもしれません。このように，外部からの評価を変えることによっても，イメージとアイデンティティのギャップは解消可能なのです。

一方，組織アイデンティティが組織イメージと合致していて，それらのイメージが自分たちの理想と近いとき，組織アイデンティティは安定的なものとなります。組織メンバーは，組織アイデンティティと組織イメージの，いずれについても変更する必要性を感じないでしょう。

> 他者による組織のイメージ ➡ 組織アイデンティティ

カナコ 組織アイデンティティについて，少しずつですが，わかってきたような気がします。
先生 それはよかった。
ショウゴ でも先生，組織アイデンティティって，組織のパフォーマンスにどんな影響を与えるのですか？
先生 いい質問だね。ショウゴくんはどう思う？
ショウゴ よくわかりません。なんというか，組織アイデンティティって，それがあったほうがよい成果につながるとか，そういうことではないような……。
先生 今日は冴えているね，ショウゴくん。そうなんだよ。組織アイデンティティが組織に対して与える影響って，「それが強い会社ほど業績がよい／悪い」とか，そういう話ではないんだよ。大事なのは，むしろ，特定の組織アイデンティティがあることによって，メンバーの物の見方だったり，考え方だったり，そういうものに対してどういう影響があるか，ということなんだよ。

4 組織アイデンティティの影響

組織アイデンティティによる意味提供

組織アイデンティティが重要なのは，それが組織メンバーの情報処理や解釈

の仕方に影響を与え，組織メンバーの物の見方を決定するからです。場合によっては，企業が誰をライバルと考え，どこでどのように競争するのかという選択についても，影響を与えてしまいます。たとえば，組織内で「革新的なベンチャー気質の企業」というアイデンティティが共有されている場合，製品開発担当者は，自社と似たイメージを持つ企業の動向により注意し，革新的でデザイン性の高い製品を開発しようとするはずです。同様に広報担当者も，自社ホームページについて革新的なベンチャーのイメージに合うようなデザインを志向し，それにそぐわない情報が発信されることにはきわめて神経質になることでしょう。これに対して，「伝統的な老舗企業」というアイデンティティが組織内に共有されている場合には，製品開発担当者が注目するのは，自社に近い伝統的な老舗企業の動向になるでしょうし，開発される製品についても，そうした企業のイメージを体現した，より「落ち着いた」デザインが志向されるかもしれません。当然ながら，広報担当者もまた，そのようなイメージを発信することを志向するでしょう。

　重要なのは，組織アイデンティティが，経済的あるいは合理的な評価とは別の観点から，組織メンバーに影響を与えてしまう場合があるということです。仮に自社の顧客が「落ち着いた」デザインを好んでいたとしても，もし組織メンバーが自社を「革新的なベンチャー気質の企業」として定位していた場合には，「落ち着いた」デザインを選択することにためらいを覚える可能性もあるでしょう。このとき，組織アイデンティティが要求する行動と，市場における経済的な観点から求められる行動とは乖離していることになります。このような局面において，強いアイデンティティは，担当者にアイデンティティに合わせた行動を選択させる方向へ影響する可能性が，十分にあるのです。組織アイデンティティによって組織メンバーの組織に対する理解が形成され，彼らの情報処理や行動が方向づけられる側面を，**意味提供**（sense giving）**の機能**と呼びます。

「我々らしさ」の呪縛

　前項で，組織アイデンティティには，組織メンバーの組織に対する理解を形づくり，彼らが行う情報処理や行動を方向づける，意味提供の機能があると説

明しました。これは一方で，日常の業務において，メンバーが物事を理解し，判断し，選択をすることを，円滑にしてくれます。前述の例でいえば，自分たちのことを「革新的なベンチャー気質の企業」と理解している組織の製品開発担当者は，自社と似たイメージを持つ企業の動向により注意し，革新的でデザイン性の高い製品を開発しようとするでしょう。これは，メンバーの情報処理をきわめて効率的にする一方で，自社とは違う（と認識する）伝統的な老舗企業の動向から目を逸らせ，「落ち着いた」デザインの製品を「自社らしくない」として退けてしまうことにもつながるのです。

　企業の採用担当者・マーケティング担当者・広報担当者といった，組織外部とのインターフェイスに関わる業務をこなすメンバーにとって，これが持つ意味は重大です。こうした業務に就くメンバーは，業務の性質上，自分たちの組織が外からどのように見られているかということに敏感になるものです。したがって，特定のイメージがメディアなどを通じて社会的に共有されており，外部者もそのイメージを強く持っている場合，それはたとえば採用担当者の認識に対して，強い影響を与えることになります。

　プロ野球チームの広島東洋カープは，「若い有望な選手を採用し，それを自前で育成する組織」として，野球ファンの間で知られています。この背景には，資金豊富な他球団のように「すでに他のチームで育成された選手を高額の年俸で引き抜く」という採用戦略をとれない同チームの事情があったわけですが，ファンの間ではこれが，「生え抜き選手を大切にするよいチーム」というイメージでもって共有されてきたのです。こうなると，もし仮に広島東洋カープが，他球団のように資金豊富なチームになって，「すでに他のチームで育成された選手を高額の年俸で引き抜く」という採用戦略をとることが合理的な状況になったとしても，上記のような組織イメージを持たれ続けている限り，メンバーはこの選択をしにくいはずです。

　このように，かつては合理的であり，その組織に多くのメリットをもたらした組織イメージが，時間の経過とともに有効性を失ったり，陳腐化したりしたときでさえ，組織はそのイメージにしがみつくことがあるのです。皮肉なことに，それがかつて成功を収めたものであればあるほど，そしてメディアなどに取り上げられ話題になったものであればあるほど，そうした傾向が強くなりま

す。このような**組織アイデンティティの呪縛**を逃れ，アイデンティティを刷新していくことができるかどうかが，組織の存続にはきわめて重要なのです。

> 他者のイメージ × 自己認識 → 組織アイデンティティ → 行動（成果）

カナコ 私たちはなんとなく，「私たちの組織ってこういう存在」って思い込んでしまうのだけれど，じつはそういう思い込みによって，私たちの物の見方が影響を受けてしまっているんですね。考えたこともなかった。組織アイデンティティって，難しいけど，それだけに奥が深いですね。

先生 ところで，「僕って何者なんだろう」っていうショウゴくん自身の問題は，解決したのかな？　これからは，どうやって自己紹介することにしたの？

ショウゴ あぁ，解決しました。とりあえず，「現在，私らしさ模索中の△△ショウゴです」っていうふうに，自己紹介をすることにしました。

先生 本当に問題が解決したのかどうかよくわからないけれど……。まぁいいか。

KEYWORD

社会的アイデンティティ　アイデンティティ　パーソナリティ　組織アイデンティティ　中心性　独自性　連続性　組織に基づくアイデンティティ　組織イメージ　意味提供の機能　組織アイデンティティの呪縛

さらなる学習のための文献リスト　　　　　　　　　　　　　　　　**Bookguide**

- Albert, S., and Whetten, D. A. [1985] "Organizational identity," in L. L. Cummings and B. M. Staw eds., *Research in Organizational Behavior, Vol. 7*, JAI Press, pp. 263-295.
- 佐藤郁哉・山田真茂留［2004］『制度と文化：組織を動かす見えない力』日本経済新聞社。
- 佐藤秀典［2018］『組織アイデンティティの機能：環境変化への対応における役割』有斐閣。

CHAPTER

終章

組織行動論を「使う」ということ

ショウゴとカナコは，期末試験の勉強のためにしばらくお休みしていた喫茶店でのアルバイトを久々に再開しました。試験期間中は勉強のため，あるいは試験勉強からの逃避のために訪れる学生たちで賑わっていた店内も，今日はいつもの落ち着きを取り戻し，コーヒーを片手に思い思いの時間を過ごす常連客がちらほら見える程度です。そんな店内をぐるっと見回した2人は，窓際の小さなテーブルに，先生が座っていることに気づきました。

カナコ　先生！　いらしてたんですね。
先生　カナコちゃん，ショウゴくん。こんにちは。今学期の試験はどうだった？
ショウゴ　完璧でした……と言いたいところなんですけど。
カナコ　後は祈るのみです。先生が担当された組織行動論の試験も，もう終わったんですよね？
先生　目下，採点中だよ。学生たちに「撃墜王」っていうあだ名を付けられることになってしまいそうだけど（笑）。
ショウゴ　怖いなぁ……。
先生　でもまぁ，君たち学生にとって，試験で点数がとれることはもちろん大事だろうけれど，勉強は試験のためにするわけではないはずだよね。もっと大事なのは，講義を通じて，組織行動論の「考え方」を身につけることのはずだよね。
ショウゴ　考え方，ですか？
先生　うん。このお店で，2人とはじめて話をしたときのことを，思い出してもらいたいんだ。あのとき私は，「組織行動論の考え方の特徴は，因果を考えるところにある」と言ったね。
ショウゴ　覚えています。原因となるXと，その結果である行動や態度との間に「関係がある」ということを知るだけでなく，なぜその因果関係があるのかを考えるのが大事だ，という話ですね（▶序章）。
先生　ちゃんと覚えているじゃないか！　ちょっと感動したよ。そう，その話だよ。組織行動論を学ぶ意義は，まさにこの因果関係の理解にあるんだ。アルバイトが始まるまで，2人はまだ少し時間があるようだから，最後に，このことをもう少し詳しく話しておこうかな。

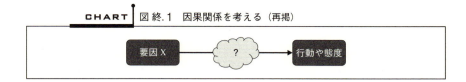

図 終.1 因果関係を考える（再掲）

1 how と what と why

　組織行動論に限らず，経営学から，私たちは何を学ぶことができるでしょうか。たとえば，「部下のモチベーションを上げたい」と思っている人がいたとして，この問題の解決に，組織行動論を学ぶことはどのように役立つのでしょうか。答えは，少なくとも2つあると思います。

　1つは，さまざまな原因の中で，いったい「何」(what)に注目すべきかがわかることです。現実の人間の行動や態度は，きわめて多様な原因が渾然一体となって影響した結果として，生起するものです。部下のモチベーション1つとっても，その原因には，第1章や第2章で取り上げた以外にも，その日の体調，上司との相性，オフィスの物理的な環境や，プライベートでの出来事など，じつにさまざまなものが考えられます。それらが複雑に絡み合って生起するのが，モチベーションという現象なのです。ただ，忙しい毎日を送っている多くのビジネスパーソンにとって，「モチベーションに影響を与えそうな，すべての要因を考慮する」ことは，現実的なアプローチとはいえないでしょう。日々の仕事に追われている人々にとって，「何に注目し，何に時間を費やすか」，逆にいえば，「何に注目せず，何には時間を費やさないか」という，「注意の配分」(attention allocation)は，とても大事な問題です。

　組織行動論を学ぶことのメリットの1つは，その「注意の配分」を可能にしてくれることです。たとえば，マズローの欲求階層説（▶第1章）を知れば，そもそも人々が持つ欲求にはさまざまなものがあり，それぞれの人によって，あるいは同じ人であっても状況によっては，異なる欲求で行動するということがわかるでしょう。また，職務特性理論（▶第2章）が理解できれば，内発的な動機づけには，技能の多様性や自律性など，職務設計のあり方に配慮が必要

であると気づくことでしょう。これらの理論は，私たちに，部下のモチベーションを上げたいならば，その人がそもそも何によって動機づけられているのかという「欲求の源泉」の理解，それから，その人が従事する「職務の設計」へと注目すべきことを，教えてくれるのです。問題のすべてをこれで解決できるわけではありませんが，まずはこうした点から取り組んでみるとよいということを，つまり，忙しい人々の「注意」という稀少なリソースをどの部分に振り分けるべきかということを，組織行動論は教えてくれるのです。

　私たちが組織行動論から学ぶことのできるもう1つの点は，そうした要因 (what) が，「なぜ」(why) さまざまな成果をもたらすのかという，メカニズムの理解です。たとえば，「技能の多様性や自律性など，職務設計のあり方がモチベーションを高める」というのが上記の「何」(what) に関わる知識だとすれば，「そうした職務設計の特徴が，なぜ，モチベーションを高めるのか」というのが，ここでいう「なぜ」(why) にあたります。職務特性理論によれば，技能の多様性がモチベーションを高めるのは，それが働く個人に自分自身の仕事の有意義感を提供することになるからに，ほかなりません。組織行動論は，このように，物事がなぜ生起するのか，そのメカニズムを教えてくれるのです。

　組織行動論が提供する what と why は，「では具体的にどうすればよいか」という，私たちが実際に打つべき手，つまり how について考えることを，可能にしてくれます。すなわち，「技能の多様性が重要だとして，それをいかにして高めるか」ということです。それにはたとえば，「仕事を高度に専門化してしまうのではなく，すべてのメンバーに組織内にあるさまざまな業務を経験させることで，キャリアを通じて多様な技能を形成できるよう，定期的なジョブ・ローテーションを行う」といった方法 (how) がありうると思いますが，この how を考えるための強力な知的バックボーンを提供してくれるのが，組織行動論なのです。

 可変的な how，安定的な what と why

人々の行動や態度に影響を与える要因は何なのかという「what」に関する

知識と，それがなぜ行動や態度に影響を与えるのかという「why」に関する知識，そしてそうした知識を前提に，実際にどのような手を打つことによって行動や態度に影響を与えるかという「how」。このうち，社会や企業，業種や職種などの違い，あるいはその時々の時代によって，有効性が最も変化しやすいのが，how の部分です。

具体的な例で考えてみましょう。上で述べたジョブ・ローテーションという方法（how）は，1980 年代くらいまでは多くの日本企業が実施していた一般的な方法でした。日本企業は，採用した新人を組織内のさまざまな部門に配置し，定期的にローテーションを行うことで，彼らのキャリアを形成させてきたのです。ローテーションの実施には，時間をかけて個人の適性を見抜くとか，組織の事情を幅広く知ってもらうことで将来の幹部候補を育成するといった，さまざまな理由があったわけですが，それは結果として，社員が幅広い技能を身につけることを可能にしていたのだと思います。ところが，1990 年代に入り，働く個人の価値観や社会状況が変わってきたことで，その有効性は徐々に失われつつあります。個人が自身の専門性を追求するようになったこと，また，ビジネスのスピードが加速したことによって，時間をかけてローテーションされる中で幅広い技能を身につけさせるというやり方に，限界が生じてきました。時代の変化によって how の有効性が変わってしまった，典型的な事例といえるでしょう。

この例において注目したいのは，「定期的なジョブ・ローテーション」という「how」の有効性が低下したからといって，「技能の多様性がモチベーションを高める」という「what」や，「技能の多様性がモチベーションを高めるのは，それが働く個人に自分自身の仕事の有意義感を提供するからだ」という「why」の有効性が低下したわけではない，ということです。上記の例でいえば，限界を迎えたのはあくまで「定期的なジョブ・ローテーション」という方法であって，「技能の多様性がモチベーションを高める」ということ自体は依然として有効なのです。

ショウゴ how は移ろいやすいが，why や what は色褪せない……ということか。
カナコ なにカッコイイこと言ってんのよ。
先生 まぁ（笑），そういうことだね。

ショウゴ あれ？　じゃあ先生……

先生 お，何か気づいたかな？

ショウゴ じゃあ，なんで what と why をともに理解する必要があるんでしょうか？　どちらも安定的なのであれば，直接的な手の打ち方（how）につながりそうな what のほうだけを理解すればいいってことにならないでしょうか？

先生 ショウゴくん，今日は冴えてる日みたいだな。大事な点だね。why を学ばなくてはならない理由は，2 つほどあるんだ。まず第 1 に，why を理解しておくことで，「なぜだかよくわからないが，技能の多様性を高めるとモチベーションが上がるから，とにかくそうしよう」というような愚を犯さずに済むからだよ。たとえば，「技能の多様性がモチベーションをもたらす」という知識（what に関する知識）を勉強した人が，なぜそうなるのかわからずに，とにかく技能の多様性を高めようとしたらどうなるだろう？　それが有効なうちはいいけれど，何かの拍子に技能の多様性がモチベーションに影響を与えなくなったとしても，どうしてそうなってしまったのかが理解できないよね。それでは困るわけだ。

ショウゴ・カナコ なるほど。

先生 そして第 2 に，why を理解しておけば，特定の what 以外にも有効な what がありうるという発見をする可能性が開かれるんだ。たとえば，さっき紹介した日本企業の例のように，もはや定期的なジョブ・ローテーションを実施できなくなってしまい，個人を特定の部署の特定の職務に長期間固定しなくてはならなくなったとしよう。どう考えても，どうやっても，技能の多様性を高められない状況になってしまったということだね。それでも働く人のモチベーションを高めることは必要だから，何か代替手段を考えなくてはならないよね。このとき，「技能の多様性がモチベーションを高めるのは，それが働く個人に自分自身の仕事の有意義感を提供するからだ」ということを理解してればどうだろう？

ショウゴ ええと……

カナコ 仕事の有意義感を感じることができるような，ほかの手段を考える！

ショウゴ あ，先に言われた！

先生 カナコちゃん，その通り！　たとえば，職務の重要性を強く認識させるとか，職務の完結性を高めるとか，あるいはまったく別の手段でもいい，とにかくメカニズムさえわかっていれば，同じメカニズムをもたらす他のさまざまな what を考えることができるんだ。

ショウゴ　why を理解することって，すごいことなんだなぁ。
先生　物事の what と why をともに理解するということ，とくに，私たちがつい見落としがちな why を問う姿勢を大切にすること。私が言いたかった「組織行動論の考え方」というのは，そういうことなんだ。
カナコ　よくわかりました。ところで先生，今，組織行動論の最先端ではどういうことが研究されているんですか？　これまでに教えていただいたことが，研究のすべてではないと思うんですが。
先生　これまで話してきたのは，組織行動論の研究の中でも，とくに有名なもの，すでにある程度の研究蓄積があるものについてだったわけだけど，当然，世界の研究者たちは，これらのテーマ以外にもさまざまなことを探求しているんだよ。

3　組織行動論の挑戦は続く

　現在，世界の組織行動研究の最前線ではどのようなことが研究されているのでしょうか。あくまで一部にはなりますが，代表的なものを紹介しておきましょう。

プロアクティブ行動

　2000年代以降，最もさかんに研究が行われているテーマの1つが，プロアクティブ行動（proactive behavior ▶第5章）です。これは，組織の中の個人が，将来を見越して，組織や仕事に何らかの変化をもたらすことを意図して起こす，主体的で先取り志向の行動を指します。この背景には，企業間競争がますます激しくなり，また，メンバーのマネジメントのみならずプレーヤーとしての役割も求められるようになっていることなどから，上司が多忙を極める中で，上司の指示を待たなくとも自ら積極的に動ける個人の重要性が高まっているといったことがあると考えられます。

創 造 性

　前項と並行して，個人や集団の創造性（creativity）に関する研究も増加しています。じっくり時間をかけて，1つ1つ積み重ねるように新製品やサービスを開発するのではなく，よりスピーディに新しいアイディアを創出し，急ピッチで事業化しなければならない今日の企業にとって，創造性をいかに高めるかという問題は，まさに死活問題なのでしょう。こうした現場からの要請に対応すべく，組織行動論の研究者も，素晴らしいアイディアを生み出すような個人や集団に注目し，それがどのような要因（what）によって，なぜ（why），可能になったのかということを探求しているのです。

スター社員

　2000年以降に登場した研究の中でとりわけユニークなのが，平均をはるかに凌ぐ，きわめて高い成果を上げるスター社員（star employee）の研究です。背景には，1人の人物の移籍が組織全体の成果を大きく左右するという現象が，スポーツの世界だけでなく，ビジネスの世界でも少なからず見られるようになってきたという問題意識があります。たとえば，いくつかの企業においては，従業員の上位10％だけで，企業全体の成果の約30％が決定されることが，インディアナ大学のアーネスト・オボイルとジョージ・ワシントン大学のヘルマン・アグイニスによって報告されています。このようなことは，製薬企業や大学における研究の世界，あるいは特定のエンジニアの世界などで起こっています。

　こうした現実を受け，組織行動論においても，そのような社員を社内に惹きつけ保持するためには，どのように処遇すればよいか。そうした人物を引きとめるためには，どうしても他の社員と比べて特別扱い（idiosyncratic deals）をする必要があるが，その場合，どうすれば周囲のメンバーの不満足を最小化しつつ，実際にスター社員を引きとめることができるだろうか，といった問題に関する研究が，世界中で始まっているのです。

従業員のウェルビーイング・幸福・健康

　もう1つ，近年の重要な展開として，従業員のウェルビーイング（well-being）への注目があげられます。組織行動論は，経営学のサブ領域であり，その究極的な目標は，組織全体の成果に貢献するような組織行動をどのように引き出すかという点にあります。事実，これまでの多くの組織行動研究は，業績，モチベーション，組織コミットメント，離職など，組織の成果に直結するような要因をめぐって行われてきました。これに対して近年，単に組織に貢献するような成果を追求するだけでなく，組織の中の個人の幸せと組織の成果をいかに両立させるか，個人の健康を損なうことなく組織としての成果や効率性を追求するためにはどうすればよいかといった視点，いわばウェルビーイングに関わる研究にも，注目が集まっています。

倫理の問題

　最後に紹介したいのは，倫理の問題です。職場のリーダーに強い倫理観が求められることについては，誰もが納得すると思いますが（▶第8章），意外にもこの倫理の問題について，これまで組織行動論者はあまり多くを語ってきませんでした。「何が正しく，何が間違っている」という倫理についての議論は，哲学などの領域の問題であって，組織行動論の問題ではないということだったのかもしれません。ところが近年，組織行動論者の中から，この問題に本格的に挑む研究者が現れ始めました。

　たとえば，職場のリーダーの倫理性とユーモアの関係を検討するという，シンガポール国立大学のカイ・チ・ヤムらによる面白い研究があります。上述のように，職場のリーダーに高い倫理性が求められるというのは，おそらく誰しも認めることだと思います。他方で，どうせなら職場のリーダーには，ユーモアのある面白い人物であってもらいたいと思うのも人情でしょう。この2つは，果たして両立するのでしょうか。倫理観の強いリーダーは，同時にユーモアに溢れたリーダーでありうるでしょうか。直観的には，倫理観の強いリーダーほど面白みのない堅物であり，反対に，ユーモアに溢れた人物ほど倫理の意識が希薄で軽薄な人であるようにも思えます。まだ確定的な答えが出ているわけで

はありませんが，こうした点について実証的に検討する研究も，すでに始まっています。

4 組織行動論には終わりがない

真新しい研究ばかりを紹介してきましたが，じつは，2000年以降に蓄積された研究の大多数は，本書で紹介したモチベーション，心理的契約，リーダーシップ，グループ・ダイナミクス，交渉，組織コミットメント，組織アイデンティティといったトピックに関する，後続研究なのです。本書で紹介したパイオニアたちのアイディアに刺激され，その概念をさまざまな国のさまざまな組織で検証したり，パイオニアが提示したモデルに若干の修正を加えて精緻化したりといったことが，現在もなお行われていて，それこそが組織行動論のメイン・ストリームなのです。そうした研究は，一見すると地味で取るに足らないもののように見えるかもしれません。しかし，そうした地道な積み重ねによって，パイオニアたちがいったことは本当に正しかったのか，今日の社会においても，それが登場したころと同じようにその理論を使い続けてよいのか，といったことを検討するのはとても大事なことで，これもまた立派な科学的貢献なのです。

先生 一部のパイオニアたちが新たな理論や概念を発表し，それに刺激を受けた後の研究者たちがそれを検証し，批判し，修正し，必要であればその理論を棄却する。本書で紹介した理論や概念の多くは，こうした長い長い検証のプロセスを経て生き延びたものたちなんだ。

ショウゴ 気が遠くなるような話ですね。

カナコ 逆に言えば，今もなお残っているものは，それだけ信頼の置ける理論・概念だってことですね。

先生 まぁ，そういうことになるね。ただね，そうやって長いこと生き延びた理論や概念だって，決して永遠に生き延びられるわけではないと思うんだ。さっき what や why は，how に比べて安定的だと言ったけれど，もっともっと長い目で見れば，それらだって変わることは十分にありうるんだ。

ショウゴ whatやwhyすらも，変わってしまうことがあるんですか？

先生 そうなんだ。もちろん，それは容易には起こらないだろうけれど，でも，絶対に起こらないなんて誰にも言えない。だから私たちは，組織行動論でも何でも，既存の理論のwhatやwhyをそのまま鵜呑みにするようなことがあってはならないんだ。どれほどの偉人が提唱したwhatやwhyであっても，「本当にそうなのか。自分自身の身の回りで起こっていることは，本当にそのwhatやwhyで十分に説明できるだろうか」と，自分なりに頭でしっかりと考えなければならないんだ。

カナコ 組織行動論というのは，私たちに物事のwhatやwhyを教えてくれると同時に，私たちが自分の頭で物事のwhatやwhyを考えるきっかけを提供してくれる……そんな感じでしょうか？

先生 素晴らしいね。組織行動論に限らず，社会科学を学ぶということは，まさにそういうことなんだよ。

参考文献一覧

第1章
Dunnette, M. D., and Kirchner, W. K.［1965］*Psychology Applied to Industry*, Prentice-Hall.
Pinder, C. C.［1984］*Work Motivation: Theory, Issues, and Applications*, Scott, Foresman.

第2章
Deci, E. L.［1980］*The Psychology of Self-determination*, D. C. Heath.（石田梅男訳『自己決定の心理学：内発的動機づけの鍵概念をめぐって』誠信書房，1985年）
Deci, E. L., and Ryan, R. M.［1985］*Intrinsic Motivation and Self-determination in Human Behavior*, Plenum Press.
Hackman, J. R., and Oldham, G. R.［1975］"Development of the job diagnostic survey," *Journal of Applied Psychology*, vol. 60, no. 2, pp. 159-170.

第3章
Harris, M. M., and Schaubroeck, J.［1988］"A meta-analysis of self-supervisor, self-peer, and peer-supervisor ratings," *Personnel Psychology*, vol. 41, no. 1, pp. 43-62.
Steers, R. M., and Black, J. S.［1994］*Organizational Behavior (5th ed.)*, HarperCollins College Pub.
髙橋潔［2001］「多面評価法（360度フィードバック法）に関する多特性多評価者行列分析」『経営行動科学』第14巻第2号，67-85頁。

第4章
Chapman, D. S., Uggerslev, K. L., Carroll, S. A., Piasentin, K. A., and Jones, D. A.［2005］"Applicant attraction to organizations and job choice: A meta-analytic review of the correlates of recruiting outcomes," *Journal of Applied Psychology*, vol. 90, no. 5, pp. 928-944.
March, J. G., and Simon, H. A.［1958］*Organizations*, Wiley.
Steers, R. M., and Black, J. S.［1994］*Organizational Behavior (5th ed.)*, HarperCollins College Pub.
Wanous, J. P.［1992］*Organizational Entry: Recruitment, Selection, Orientation, and Socialization of Newcomers (2nd ed.)*, Addison-Wesley.
服部泰宏［2016］『採用学』新潮社。

第5章
Ashford, S. J.［1986］"Feedback-seeking in individual adaptation: A resource perspective,"

Academy of Management Journal, vol. 29, no. 3, pp. 465-487.

Chao, G. T., Walz, P. M., and Gardner, P. D.［1992］"Formal and informal mentorships: A comparison on mentoring functions and contrast with nonmentored counterparts," *Personnel Psychology*, vol. 45, no. 3, pp. 619-636.

シャイン，E. H.（金井壽宏訳）［2003］『キャリア・アンカー：自分のほんとうの価値を発見しよう』白桃書房。

第 **6** 章

Lee, T. W., and Mitchell, T. R.［1994］"An alternative approach: The unfolding model of voluntary employee turnover," *Academy of Management Review*, vol. 19, no. 1, pp. 51-89.

Robinson, S. L.［1996］"Trust and breach of the psychological contract," *Administrative Science Quarterly*, vol. 41, no. 4, pp. 574-599.

Robinson, S. L., Kraatz, M. S., and Rousseau, D. M.［1994］"Changing obligations and the psychological contract: A longitudinal study," *Academy of Management Journal*, vol. 37, no. 1, pp. 137-152.

Rousseau, D. M., and Tijoriwala, S. A.［1999］"What's a good reason to change? Motivated reasoning and social accounts in promoting organizational change," *Journal of Applied Psychology*, vol. 84, no. 4, pp. 514-528.

服部泰宏［2013］『日本企業の心理的契約：組織と従業員の見えざる約束（増補改訂版）』白桃書房。

第 **7** 章

Fiedler, F. E.［1964］"A contingency model of leadership effectiveness," *Advances in Experimental Social Psychology*, vol. 1, pp. 149-190.

House, R. J., and Mitchell, T. R.［1974］"Path-goal theory of leadership," *Journal of Contemporary Business*, vol. 3, no. 4, pp. 81-97.

Porter, L. W., and Lawler, E. E.［1968］*Managerial Attitudes and Performance*, R. D. Irwin.

第 **8** 章

Epitropaki, O., and Martin, R.［2004］"Implicit leadership theories in applied settings: Factor structure, generalizability, and stability over time," *Journal of Applied Psychology*, vol. 89, no. 2, pp. 293-310.

Judge, T. A., and Piccolo, R. F.［2004］"Transformational and transactional leadership: A meta-analytic test of their relative validity," *Journal of Applied Psychology*, vol. 89, no. 5, pp. 755-768.

Keller, T.［1999］"Images of the familiar: Individual differences and implicit leadership theories," *The Leadership Quarterly*, vol. 10, no. 4, pp. 589–607.

McCall, M. W., Jr.［1998］*High Flyers: Developing the Next Generation of Leaders*, Harvard Business School Press.（リクルートワークス研究所訳『ハイ・フライヤー：次世代リーダーの育成法』プレジデント社，2002 年）

Shamir, B., House, R. J., and Arthur, M. B.［1993］"The motivational effects of charismatic leadership: A self-concept based theory," *Organization Science*, vol. 4, no. 4, pp. 577–594.

小野善生［2016］『フォロワーが語るリーダーシップ：認められるリーダーの研究』有斐閣。

金井壽宏［2002］『仕事で「一皮むける」：関経連「一皮むけた経験」に学ぶ』光文社。

金井壽宏［2005］『リーダーシップ入門』日本経済新聞社。

第 9 章

Lau, D. C, and Murnighan, J. K.［1998］"Demographic diversity and faultlines: The compositional dynamics of organizational groups," *Academy of Management Review*, vol. 23, no. 2, pp. 325–340.

Osborn, A. F.［1953］*Applied Imagination: Principles and Procedures of Creative Thinking*, Scribner.

Page, S. E.［2007］*The Difference: How the Power of Diversity Creates Better Groups, Firms, Schools and Societies*, Princeton University Press.（水谷淳訳『「多様な意見」はなぜ正しいのか：衆愚が集合知に変わるとき』日経 BP 社，2009 年）

第 10 章

Bazerman, M. H., and Neale, M. A.［1992］*Negotiating Rationally*, Free Press.（奥村哲史訳『マネジャーのための交渉の認知心理学：戦略的思考の処方箋』白桃書房，1997 年）

Thomas, K.［1976］"Conflict and conflict management," in M. D. Dunnette ed., *Handbook of Industrial and Organizational Psychology*, Rand McNally, pp. 889–935.

金井壽宏［1991］『変革型ミドルの探求：戦略・革新指向の管理者行動』白桃書房。

第 11 章

Meyer, J. P., and Allen, N. J.［1997］*Commitment in the Workplace: Theory, Research, and Application*, Sage.

鈴木竜太［2002］『組織と個人：キャリアの発達と組織コミットメントの変化』白桃書房。

第 12 章

Hatch, M. J., and Schultz, M.［2002］"The dynamics of organizational identity," *Human*

Relations, vol. 55, no. 8, pp. 989-1018.

Hatch, M. J., and Schultz, M.［2004］"The dynamics of organizational identity," in M. J. Hatch and M. Schultz eds., *Organizational Identity: A Reader*, Oxford University Press, pp. 377-406.

終章

O'Boyle, E., Jr., and Aguinis, H.［2012］"The best and the rest: Revisiting the norm of normality of individual performance," *Personnel Psychology*, vol. 65, no. 1, pp. 79-119.

Yam, K. C., Christian, M. S., Wei, W., Liao, Z., and Nai, J.［2018］"The Mixed blessing of leader sense of humor: Examining costs and benefits," *Academy of Management Journal*, vol. 61, no. 1, pp. 348-369.

索　引

事項索引

● アルファベット

A-S-A モデル　230, 244
ERG 理論　24
MPS　46, 47
X 理論と Y 理論　27

● あ 行

愛他主義　219
アイデンティティ　106, 238, 239, 241
　　組織に基づく――　242
アンカリング効果　208
安全欲求　22, 24
アンダーマイニング効果　39
暗黙のリーダーシップ論　169
育　成　55
意思決定のプロセス　84
一貫性　67
移動の容易さ　122
意味提供の機能　251
因果関係　3
インセンティブ　→誘因
ウェルビーイング　263
内輪びいき〔身びいき〕　60, 240
衛生要因　31
エラー　60
オハイオ研究　138
オペラント条件づけ　132

● か 行

解釈主義　245
会社組織　93
外的報酬　39, 41, 42, 62, 135
回　避　200
回避動機　19, 31

回避欲求　29
確　信　212
過去の経験　134, 140
加算的協働　183, 187
過少推定　177
過剰推定　177
価値観　229
活性化　88, 188
カリスマ型リーダーシップ〔リーダー〕
　　157, 162
関係性の安定や平衡　121
関係的契約　115–117
関係欲求　24
間接的報酬　63
寛容化傾向　60
管理者　→マネジャー
技術的挑戦状況　166
期　待　133, 211
　　――の形成　140
　　相互――　115
期待理論　83, 133, 137, 139, 144, 146, 151,
　　162
　　――のプロセス・モデル　134
機能主義　244
機能的等価性　224
技能の多様性　43, 45, 48
規範的コミットメント　222, 224
基本仮定　229
キャリア発達　104
強化理論　132
強　制　200
業　績〔→成果〕　32, 54
　　――と報酬の関係　133, 139
　　努力と――の関係　133, 134, 139
協　調　201

271

強　度　19
協　働　69
業務成果〔仕事（の）成果〕　56, 63, 80, 225
グループ・ダイナミクス　187, 188
経営学　4, 48, 220, 244, 257
経営管理　26
経営者の役割　221
経済的な組織体　93, 94
継続的コミットメント　223, 224, 227
契約の不完備性　113
契約の不履行　→心理的契約の不履行
結果についての理解　45
厳格化傾向　60
現　実　11
交換型リーダーシップ　159
貢　献　66
公衆道徳　219
交　渉　204
　——の落とし穴　207
構成概念　226
肯定的な感情　20
行　動　4, 6, 56, 64
行動規範　229
行動経済学　207
幸福度　32
公平性　65, 119, 136
　結果の——　65
　プロセスの——　65
公平理論　66
顧客との関係確立　50
互恵的な交換関係　113
個　人　3
　——の要因　5
個人合計　182
個人人格　220, 221, 232
個人的誤差　61
　——の平均　181
個人的特性　57, 64
個人目標　221
国境ゲーム　200

古典的リーダーシップ　151
コミットメント　→組織コミットメント
コミットメント効果　81
コミュニケーション　201
　フラットな——　187
コミューン　98
雇用の仕組み　226
コンティンジェンシー・アプローチ　48
コントロールの機能　42
困難さ　64
コンフリクト　197
　——の解決方法　200, 204
　感情の——　198
　タスク〔課題〕の——　197, 199
　プロセス〔過程〕の——　197, 199

●　さ　行

採用（活動）　75, 77, 232
　——のプロセス　86
　よい——　88
裁　量　64
作業条件　26
参　加　6, 217, 224
参加型リーダーシップ〔リーダー行動〕　144, 148
産業組織心理学　4
サンク・コスト　208
3次元モデル　222
360度評価　58
支援型リーダーシップ〔リーダー行動〕　144, 148
刺激─反応モデル　132
次　元　191, 226
自己（の）一貫性　162, 238
自己概念　162
自己価値　162
自己決定　42
自己裁量的個人行動　219
自己実現欲求　22, 24
仕　事
　——環境の特性　146

──（の）成果　→業務成果
　　──の組み合わせ　48
　　──の選択　85
　　──の特性　86
　　──の満足度〔職務満足〕　32, 79
　　自然な──ユニット　49
自己同一性　238, 241
自己認識　241
自己の独自性　238
自己評価　57, 59
自己表現　162
自己理解　237
指示型リーダーシップ〔リーダー行動〕
　　144, 147
資質や才能　135
自　信　211
　　──過剰　211
持続性　19
自尊心　134, 140, 162
自尊欲求　22, 24
実　践　51
シニオリティ　64
社会化　95
社会科学　265
社会化過剰　103
社会化戦術　97, 98, 101
　　社会的──　98
　　内容的──　98
　　文脈的──　98
社会心理学　4
社会的アイデンティティ　238, 240, 242
社会的カテゴリー　237
社会的交換関係　120
社会的行動　240
社会的条件　26
社会的属性　240
社会的手抜き　185
社会的欲求〔→親和欲求〕　22, 24
集合知　69, 178
集合的誤差　181
就職活動　84

修正可能性　67
集　団　3, 193
　　──のパフォーマンス　183
集団圧力　184, 187, 188
集団規範　185
集団決定　182
集団浅慮　185-188
自由放任型のリーダーシップ　160
主観的適合感　86
状況好意性　142, 143
条件要因　49
上　司　57
勝者の呪縛　210
状態推定問題　178, 183
情緒的コミットメント　222, 224, 227, 228
情　報
　　──開示　80
　　──処理　250
　　──の正確性　67
　　──の入手しやすさの罠　210
職能資格制度　64
職　場
　　──の人間関係　26
　　──やリーダーの要因　5
職務充実　51
職務設計　63
職務特性　43, 45
　　──モデル〔理論〕　43, 47, 257
職務の完結性　44, 45, 48
職務の重要性　44, 45
職務の垂直的な拡大　50
職務満足　→仕事の満足度
ジョブ・ローテーション　51, 258, 259
自律性　11, 44
人格の二重性　221
人事施策　228
人事上の意思決定　55
深層の多様性　190
新卒一括採用　88
信　念　229
信　頼　201

──関係　119
　　組織への──　119
信頼性　57, 58
心理学　4
心理的エネルギー　19, 20
心理的契約　96, 112, 114
　　──〔契約〕の不履行　118, 121, 122
親和欲求〔→社会的欲求〕　22, 24, 28
スター社員　262
スポーツマン精神　219
成　果〔→業績〕
　　──と報酬の関係　133, 139
　　努力と──の関係　133, 134, 139
生産性　26, 32
誠実さ　219
生存欲求　24
成　長　71
成長欲求　24, 46
青年期　238
制約された合理性モデル　85
生理的欲求　22, 24
責　任　64
　　──の実感　45
接近動機　19, 31
説明としての意義　10
セルフスクリーニング効果　81
ゼロサム・ゲーム　208
選　技　75, 76, 231
　　──の基準　76
相互作用アプローチ　172
創造性　262
属　性　240
測定尺度　58
組　織
　　──の成長　228
　　──の存続　217, 253
　　──の特性　86
　　──の要因　5
　　──への信頼　119
組織アイデンティティ　241, 244, 245, 248, 250

　　──の呪縛　253
組織イメージ　246, 248, 252
組織行動論　3, 51, 58, 222, 244, 257
　　──の考え方　256, 261
　　──の最先端　261
　　──のメイン・ストリーム　264
　　──を学ぶ意義　9
組織コミットメント〔コミットメント〕
　　12, 79, 80, 99, 119, 222, 226-228
　　強い──　230
組織市民行動　219
組織社会化　94, 96, 99, 101, 103, 231, 232
　　──の一次的な成果　97, 98
　　──の二次的な成果　97, 98
　　社会による──　101
　　新人の──　100
組織人格　220, 222
組織成果　5, 150
組織的公正　65, 68
組織の中の人間行動　3, 220
　　──を理解するフレームワーク　4
組織文化　96, 163, 229, 247
　　──の固定化　232
　　強い──　228, 230
組織変革　117, 230
組織目標　221
ソマパズル　37

●た　行

態　度　4
代表性　67
対面コスト　100
妥　協　201, 203
他者評価　59
タスク志向　137, 139, 143, 144
タスクの構造化　142
達成志向型リーダーシップ〔リーダー行動〕
　　144, 148
達成の承認　42
達成欲求　28
　　──理論　27

妥当性　59
多面的評価　59, 60
多様性　179, 189–191
　　——予測定理　181
　　予測の——　181
探索コスト　100
探索と実行のコスト　100
チーム　69, 193
　　——業績奨励給制度　70
　　——の業績評価　69
　　——の効率性　139
注意の配分　257
抽象的な概念　11
中心化傾向　60
中心性　241
長期雇用　116, 226
直接的報酬　62
直近効果　61
丁重さ　219
適応的挑戦状況　166
手続き的公正〔手続きの公正さ〕　66, 86
展開モデル　123
転職　6, 122
動機づけ要因　31
統合型交渉　205
当事者の認識　212
同質的な集団　88
淘汰　231
同僚　57
独自性　241
特性論　227
特別扱い　262
取引的契約　115–117
努力　64
　　——と成果〔業績〕の関係　133, 134, 139
　　——の方向　135, 140

● な　行

内的報酬　63, 135
内発的動機づけ　11, 37, 39, 42, 45, 46

日本企業　229
2要因理論　31, 43
人間関係志向　137, 139, 143, 144
人間行動　3
人間的成長　238
認知的多様性　179, 181
年功序列　227
能　力　64, 76
　　——開発　55

● は　行

パイの総量に関する固定観念　208
パス＝ゴール理論　144, 146, 149, 151
パーソナリティ　116, 239
発想の転換　201
発達課題　238
ハッピー・ワーカー仮説　32
パブロフの犬　132
ハロー効果　60
パワー欲求　28
ハングリー精神　32
非金銭的報酬　63
ビッグ・ファイブ　226
否定的な感情　20
人々の共同体　93, 94, 96
評　価　54, 62, 232
　　——主体　57
　　——の基準　56
表層の多様性　190
フィードバック　45, 50, 55, 62
　　——探索　100
　　オープンな——・チャネル　50
　　有能さの——の機能　42
フォルトライン　191
フォロワー　165
　　——の特性　145
　　——のモチベーション　162
　　受動的な——　165
　　能動的な——　165
　　リーダー（行動）と——の関係　142, 146

リーダーの――への影響　163
フォロワーシップ　165
部　下　57
服　従　200
不合理なこだわり　207
フラストレーション　198
フルレンジ・リーダーシップ　159
フレーミング作用　208
プロアクティブ行動　100, 101, 261
プロジェクト　69
プロフィット・シェアリング制度　70
文書化された契約　111, 113
分配型交渉　205, 208
分配的公正　65, 66
文　物　229
分離のメカニズム　99
平均的リーダーシップ・スタイル　171
変革型リーダーシップ　159, 232
偏見抑制　67
方向性　19
報　酬　38, 55, 62, 66, 135, 219
　　――システム　64
　　――に対する主観的価値　162
　　――の基準　64
　　――の魅力　133
　　成果〔業績〕と――の関係　133, 139
募　集　75
ホーソン工場実験　26, 94

●ま　行

マッチング　77
　　期待の――　78, 80
　　能力の――　79
　　フィーリングの――　82
マネジメント　220, 230, 244
マネジャー〔管理者〕　207
　　――の役割　204, 221
満　足　31, 136
満足化原理による意思決定　84
ミシガン研究　138, 144
ミスマッチ　79

身びいき　→内輪びいき
魅　了　231
メカニズムの理解　258
目標の二重性　221
モチベーション　11, 19, 25, 133, 137, 139, 140, 198, 222, 257
　　――の内容理論　132
　　――のプロセス理論　132
　　フォロワーの――　162
モデレータ　49
　　――効果　46
モラール　26

●や　行

役割外行動　6, 217-219, 224
役割内行動　6, 217, 225
やりがい　45
有意義感の実感　45
誘意性　162
誘因〔インセンティブ〕　98, 131
融合のメカニズム　99
有能感　42
　　――の確認　42
有能さのフィードバックの機能　42
ユーモア　263
よい人材　87
予期的社会化　101
予測としての意義　9
欲　求　20, 21, 28, 33
　　――の間の関係性　22
欲求階層説　22, 24, 42, 47, 257
欲求不満退行仮説　24

●ら　行

リアリスティック・ジョブ・プレビュー〔RJP〕　81
リアリティ・ショック　102, 104
リクルーターの特性　86
離　職　6, 79, 121, 122
　　――の意思決定　124
　　――率　226

リスク回避　209
離接的協働　183, 184, 187
リーダー
　　――像の構成要素　169
　　――とフォロワーの関係　142
　　――のエピソード　163
　　――の地位の力　142
　　――のフォロワーへの影響　163
　　――の役割　150
　　職場や――の要因　5
　　配慮型の――　48
リーダー（の）行動　137, 144
　　――とフォロワーの関係　146
　　――の効果　142
　　効果的な――　147
リーダーシップ　137, 144, 165, 189, 222
　　――・スタイル　171
　　――の空振り　170
　　――の幻想　170
　　――の交換関係アプローチ　171
　　――の行動論　157

　　――のコンティンジェンシー理論　142, 144, 148
　　――の実践　149
　　――の2つのモード　165
　　非――の要素　169
理　論　11
リンゲルマン効果　185
倫理（性）　67, 263
倫理的リーダーシップ　167
類型論　227
連接的協働　183, 184, 187
連続性　241
ローカス・オブ・コントロール　145
ロジック　6, 10

● わ 行

ワクチン効果　81
ワーク・モチベーション　19
私らしさ　237, 239
我々らしさ　241
ワン・ベスト・ウェイ・アプローチ　48

人名索引

● あ 行

アグイニス，H.　262
アシュフォード，S.　100
アルダファー，C.　24
アレン，N.　222, 223, 226, 227
ウォルトン，R.　228
エピトロパキ，O.　169
エリクソン，E.　238
オズボーン，A.　182, 183
オボイル，E.　262
オルダム，G.　43, 45, 47, 51
オールポート，G.　239

● か 行

カーネマン，K.　207-209
カンター，R. M.　98, 99

● さ 行

サイモン，H.　84
シャイン，E.　104, 107
ジャニス，I.　188
シャミア，B.　161, 162
シュナイダー，B.　230, 231, 233, 244
ジョーンズ，G.　97

● た 行

タジフェル，H.　239
ダットン，J.　248
チャオ，G.　96, 97
ティッシー，N.　204
デシ，E.　37-42
デュークリッチ，J.　248
トヴァルスキー，A.　207-209
ドゥシャーム，R.　43
トレノアー，J.　177, 180

● な 行

ニール，M.　207

● は 行

ハイフェッツ，R.　165, 166
ハーズバーグ，F.　30, 43, 51
ハックマン，R.　43, 45-47, 51
バーナード，C.　220, 221
フィードラー，F.　143, 149
フォウガティ，R. S.　98
ブリッドウェル，L.　47
ペイジ，S.　181
ベーザーマン，M.　207

● ま 行

マイヤー，J.　222, 223, 226, 227
マグレガー，D.　27
マクレランド，D.　28, 29, 33
マズロー，A.　22-25, 42, 47, 257
ミンツバーグ，H.　204
メイヨー，E.　26

● や 行

ヤム，K. C.　263

● ら 行

リンカーン，J.　226
レヴィン，K.　51
レスリスバーガー，F.　26
レン，R.　100
ロビンス，S.　197

● わ 行

ワウバ，M.　47

組織行動:組織の中の人間行動を探る
Organizational Behavior:
Exploration for Human Behavior in Organization

| 2019 年 4 月 30 日 | 初版第 1 刷発行 |
| 2025 年 2 月 20 日 | 初版第 8 刷発行 |

著　者　　鈴　木　竜　太
　　　　　服　部　泰　宏

発行者　　江　草　貞　治

発行所　　株式会社　有　斐　閣
　　　　　郵便番号 101-0051
　　　　　東京都千代田区神田神保町 2-17
　　　　　https://www.yuhikaku.co.jp/

印刷・萩原印刷株式会社／製本・大口製本印刷株式会社
©2019, Ryuta Suzuki and Yasuhiro Hattori.
Printed in Japan
落丁・乱丁本はお取替えいたします。
★定価はカバーに表示してあります。
ISBN 978-4-641-15066-9

|JCOPY| 本書の無断複写(コピー)は、著作権法上での例外を除き、禁じられています。複写される場合は、そのつど事前に(一社)出版者著作権管理機構(電話03-5244-5088、FAX03-5244-5089、e-mail:info@jcopy.or.jp)の許諾を得てください。